本书获得国家自然科学基金面上项目（42271263）、国家自然科学基金青年项目（41901232）、中央高校基本科研业务费项目（SWU-KT22008）和西南大学创新研究2035先导计划项目（SWUPilotPlan031）联合资助。

中国耕地的资产价值与社保功能

王亚辉 著

西南大学出版社
国家一级出版社 全国百佳图书出版单位

图书在版编目(CIP)数据

中国耕地的资产价值与社保功能/王亚辉著.—重庆:西南大学出版社,2022.12
ISBN 978-7-5697-1743-3

Ⅰ.①中… Ⅱ.①王… Ⅲ.①耕地保护—社会保障—研究—中国 Ⅳ.①F323.211

中国版本图书馆CIP数据核字(2022)第250374号

中国耕地的资产价值与社保功能
ZHONGGUO GENGDI DE ZICHAN JIAZHI YU SHEBAO GONGNENG

王亚辉 著

责任编辑:	叶晓丽
责任校对:	李 炎
装帧设计:	观止堂_未 氓
排 版:	江礼群
出版发行:	西南大学出版社(原西南师范大学出版社)
	地址:重庆市北碚区天生路2号
	市场营销部:023-68868624
	邮编:400715
印 刷:	重庆市国丰印务有限责任公司
幅面尺寸:	170 mm × 240 mm
印 张:	17
字 数:	277千字
版 次:	2022年12月 第1版
印 次:	2022年12月 第1次印刷
书 号:	ISBN 978-7-5697-1743-3
定 价:	68.00元

前言

20世纪80年代以来,"农地社保论"或土地是农民的"命根子"的说法在社会各界广泛流行。这种观念大致概括为"土地既是农民的财产,又是农民的生产资料""土地对于农民最基本的功能就是社会保障功能"。然而,近年中国丘陵山区出现了大量耕地"零租金"流转和撂荒等现象。比如,依据农村固定观察点数据库的统计显示,在已流转的耕地中,以"零租金"形式流转的比例已超过40%;2015年,中国科学院的调研发现,全国78.3%的山区村庄发生过耕地撂荒现象,全国耕地撂荒率接近15%。耕地"零租金"流转和撂荒等现象表明,农户家庭的耕地资产可能正在发生"贬值"。

随着社会经济的快速发展,农民收入和消费水平的提升,从农业经营中获得的收入占比越来越低,"农地社保论"开始受到部分学者的质疑。遗憾的是,以上认识尚未通过科学的方法和翔实的数据被论证。事实上,耕地社保功能的大小取决于农户家庭耕地资产的价值。那么,在丘陵山区耕地"零租金"流转和撂荒等现象普遍发生的现实背景下,耕地的社会保障功能到底还有多大呢?因此,当前有必要系统性评估耕地资产价值变化及其对家庭社会保障功能的影响,清晰地刻画农村土地社会保障功能的变迁规律,提升社会公众对耕地社会保障功能的科学认知,同时为制定区域差别化的耕地保护政策提供科学依据,以期提升不同区域农户生计水平。鉴于此,本研究从长时间序列和不同农业区的角度揭示农户耕地资产价值的演变特征,剖析农户耕地资产价值变化的驱动因素与发生机理,定量评估耕地资产价值变化对家庭耕地社会保障功能的影响程度,深入探究农村土地社会保障功能的变迁规律,给出新时代农村土地保障功能的科学判断,为农村土地制度改革、区域农业支持保护政策完善以及乡村全面振兴等提供科学建议。本研究主要包括以下章节:

第一章至第三章分别为绪论、基础理论和数据来源。其中绪论部分包含选题背景与意义、关键科学问题、国内外研究进展、研究目标、研究内容以及研究技术路线等。基础理论部分包含了可以为本研究借鉴的经典理论,比如劳动力转移理论、地租理论、农地边际化理论、要素替代规律以及报酬递增理论等。研究范围与数据来源部分重点介绍了农村固定观察点系统(1986—2018)、典型农业区特征、农产品成本—收益资料汇编、土地利用现状遥感监测数据以及相关统计资料等。

第四章则系统揭示了全国和典型农业区农户耕地资产价值的变化特征。本章尝试采用亩均耕地净收益、亩均耕地流转租金、"零租金"流转比例、耕地租金与日均劳动力工资比值以及耕地撂荒率等多种指标,系统厘清家庭耕地资产价值的演变特征与区域差异,反映农户家庭耕地资产价值变化的规律。

第五章和第六章则在厘清耕地资产价值变化的基础上,系统识别耕地资产价值变化的驱动因素并揭示其发生机理。其中第五章借助C—D生产函数分别从省(区、市)面板和微观农户家庭层面实证分析技术进步对耕地资产价值变化的作用机制。第六章则以典型农业区耕地撂荒作为耕地资产"贬值"的代表,实证分析了不同时期耕地撂荒的变化特征、决定因素以及发生机理。两章内容分别从宏观和微观视角揭示了耕地资产价值变化的动力机制,为科学理解耕地"贬值"提供实证依据。

第七章至第九章分别评估了耕地资产价值变化的效应,即耕地作为农户家庭的生产资料、养老保障和金融抵押的作用。其中第七章分别从长时间序列和不同农业区测算了耕地作为农户家庭一项生产资料的作用,结果表明从1986—2018年家庭耕地资产作为生产资料的作用不断下降,以主粮作物为例,2018年农户经营自家承包的耕地,其收益仅占家庭总收入的5.53%。纯粹经营主粮生产的农户,若想获得全国农村户均收入水平,当前需要经营接近240亩,即需要租入其他农户耕地232亩。结果表明,农户家庭耕地收益对家庭收入的支撑作用已十分微弱,并且不同农业区存在明显差异。第八章则同样分别从长时间序列和不同农业区测算了耕地作为农户家庭一项养老保障的作用,结果显示从

1986—2018年家庭耕地资产作为养老保障的作用同样不断下降,当前农户耕地资产已不具备基本养老保障功能,并且不同农业区存在明显差异。第九章则同样从长时间序列和不同农业区测算了耕地资产作为金融抵押品的作用,结果表明研究期内家庭耕地资产作为金融抵押品的作用也在不断下降,耕地抵押贷款功能十分微弱,难以满足农户的基本贷款需求,并且不同农业区存在巨大差异。

第十章则系统揭示不同农业区农户生计资本与生计稳定性的耦合协调关系。以都市农业区、集约农业区、主粮作物区和山地农业区为典型农业区,基于可持续性农户生计框架探究不同农业区农户生计资本与生计稳定性的特征及其耦合协调程度,根据不同农业区农户可持续生计的差异,以期制定差别化的农户生计提升策略。

第十一章则为本研究的结论与启示。由于近年耕地资产价值的不断下降和农村居民生活水平的不断提高,中国农户家庭耕地资产原有的社会保障功能(比如生产资料功能、养老保障功能和金融抵押功能)不断下降。农户仅依靠其拥有承包权的耕地,已无法支撑家庭最基本的生计需求。在这种情况下,新时代农村居民的社会保障必须建立在公共社会保障体系的基础之上,而不能指望家庭拥有的少量耕地。值得注意的是,耕地除了提供粮食安全保障功能外,在现行的社会经济发展条件下,对于个体农户家庭而言,农户拥有承包权的那部分耕地资产已失去了基本的社会保障功能。本研究提升公众对耕地资产价值功能的科学认知,为土地制度改革与耕地保护制度调整提供实证依据。

受作者能力所限,本研究仍然存在一系列不足之处。由于中国人多地少,耕地资源一直被认为是农民的"命根子",同时耕地资源的社会保障功能也被认为是中国城市化和工业化发展过程中的"稳定器"和"压舱石"。从耕地资源给农民提供的价值来看,耕地除了具有生产资料、养老保障和金融抵押功能外,还具有维持国家粮食安全等社会价值(尤其在国际地缘政治冲突不断加剧的背景下,耕地维持粮食安全的价值更加凸显),水源涵养、水土保持、净化空气和维持生物多样性等生态功能,休闲观光、农耕文化遗传等文化景观功能以及吸纳劳动力人群、稳定农民心理预期等空间满足价值。耕地的社会价值、生态功能、文化功能以及空间满足价值虽然不能为个体农户家庭提供直接收益,但这些功能可能会间接通过作用社会或国家进而影响农户家庭收益,受限于数据收集和精力,本研究尚未对耕地的以上价值或功能进行测度,这为后续研究指明了方向。

本研究是作者博士阶段部分成果的延伸。首先感谢我的博士生导师李秀彬研究员，从研究选题、数据收集、逻辑搭建到书稿修改等均凝聚了李老师的大量心血和智慧。感谢谈明洪、辛良杰、李升发、王仁靖师兄和王学师姐在问卷设计和逻辑搭建等方面给予的建议。感谢师弟徐羽、李薇和王佳月师妹在数据收集等方面的帮助。感谢山东师范大学李子君教授、中南民族大学刘成武教授、中国地质大学（武汉）李士成老师、西南大学李惠莲老师等在召集调研员方面的帮助。感谢王仁靖师兄，徐羽师弟，李薇、王佳月和金芳芳师妹在野外调研的帮助。感谢信阳师范学院陈飞燕老师，武汉大学马小芳、中南民族大学郭元武、山东师范大学李倩、北京航空航天大学李东、重庆理工大学余雯、西南大学张帅等多位同学在野外调研中的辛苦付出。农户野外调研工作量大、时间有限，白天进村上山，晚上熬夜检查问卷和录入问卷，每晚都要到凌晨才能休息，每个人的工作态度都非常认真。感谢各位的辛苦努力。

感谢西南大学地理科学学院杨庆媛教授及其"杨家将"成员。自从我入职西南大学地理科学学院以来，迅速融入到杨庆媛教授的团队，师门科研氛围浓厚，不断激励着我快速进步。感谢我的两位学生叶靓俏和杨遨郗，两位同学在数据处理、基础理论知识点收集和书稿修改等方面均付出了宝贵时间和精力。感谢西南大学出版社编辑在书稿审核、定稿等方面付出的心血。再次感谢所有关心我、帮助我的老师、同学与亲友，今后我将继续在科研的海洋里力争上游。祝福各位生活平安喜乐，事业蒸蒸日上。由于作者水平有限，书中一定还有诸多欠缺和值得商榷之处，恳请广大读者批评指正。

王亚辉于西南大学
2022年11月30日

目录

第一章　绪论
　　第一节　选题背景与意义 / 3
　　第二节　科学问题 / 6
　　第三节　国内外研究进展 / 7
　　第四节　研究目标、内容与创新 / 15
　　第五节　技术路线 / 16

第二章　基础理论
　　第一节　劳动力转移理论 / 21
　　第二节　地租理论 / 23
　　第三节　农地边际化理论 / 27
　　第四节　要素替代规律 / 29
　　第五节　报酬递增理论 / 30
　　第六节　相关理论的启示 / 33

第三章　研究区概况与数据来源
　　第一节　农村固定观察点系统 / 37
　　第二节　案例区概况与数据收集 / 38
　　第三节　农产品成本收益资料汇编 / 51
　　第四节　土地利用遥感监测数据 / 53
　　第五节　统计数据及其他数据库 / 54

第四章　农户耕地资产价值演变特征

第一节　耕地资产价值的测度 / 57

第二节　耕地净收益年际变化 / 63

第三节　耕地流转租金年际变化 / 70

第四节　耕地"零租金"流转比重 / 75

第五节　耕地租金与劳动力工资之比 / 80

第六节　耕地撂荒规模 / 81

第七节　耕地资产价值变化讨论 / 83

第八节　本章小结 / 85

第五章　耕地资产价值演变驱动机制

第一节　耕地资产价值变化的理论分析 / 89

第二节　省级面板数据的实证分析 / 93

第三节　微观农户层面的实证分析 / 102

第四节　本章小结 / 108

第六章　耕地资产价值演变机理案例剖析

第一节　问题提出 / 113

第二节　数据与方法 / 114

第三节　耕地撂荒变化与驱动机理 / 118

第四节　本章小结 / 126

第七章　家庭耕地资产作为生产资料的作用

第一节　问题提出 / 131

第二节　家庭耕地收益收入比变化 / 131

第三节　实现平均收入所需耕地规模 / 135

第四节　不同农业区农户耕地收益收入占比 / 139

第五节　不同农业区实现户均收入所需耕地 / 144

第六节　本章小结 / 145

第八章　家庭耕地资产作为养老保障的作用

第一节　问题提出 / 149

第二节　数据与方法 / 150

第三节　耕地养老保障价值的年际特征 / 154

第四节　不同农业区耕地养老保障价值比较 / 160

第五节　本章小结 / 167

第九章　家庭耕地资产作为金融抵押品的作用

第一节　问题提出 / 171

第二节　数据与方法 / 173

第三节　耕地资产抵押价值的年际特征 / 179

第四节　不同农业区耕地资产抵押功能 / 184

第五节　本章小结 / 189

第十章　农户生计资本与生计稳定性耦合协调分析

第一节　问题提出 / 193

第二节　数据来源与研究方法 / 194

第三节　农户生计资本与生计稳定性耦合协调比较 / 198

第四节　本章小结 / 204

第十一章　结论与启示

第一节　主要结论与政策启示 / 209

第二节　创新点、研究不足与展望 / 215

参考文献

附录

附录一：农村固定观察点调查问卷 / 233

附录二：不同农业区村庄调查问卷 / 246

附录三：不同农业区农户调查问卷 / 250

第一章 绪论

第一节 选题背景与意义

一、选题背景

自20世纪80年代以来,中国城镇化和工业化步入快速发展阶段,城镇每年新增人口接近2000万;与之对应的是,30多年来乡村人口整体减少超过1/4(Wang et al.,2020),农民工的不断增长和农业劳动力数量的持续减少已成为2003年以来中国劳动力变化的显著特征,近年全国平均每年减少农业劳动力约1100万人(李升发,等,2017)。乡村劳动力析出过程中产生了大量留守妇女、留守儿童以及空巢老人等"空心村"和农村"空心化"问题(刘彦随,等,2009;龙花楼,等,2009;马良灿,康宇兰,2022),乡村衰落已成为当前中国亟待解决的社会问题(Liu and Li,2017)。

土地是人类活动的载体,城镇化进程中暴露出的各种社会经济问题均可以在土地利用上得以反映(龙花楼,2012;Li et al.,2016;Zhou et al.,2020)。大量的乡村劳动力迁出,改变了不同时点、不同地域系统上的人口分布格局和农村土地利用方式(张晓峰,等,2014;齐元静,唐冲,2017;张佰林,等,2018;杨欣怡,等,2020),出现比如城郊耕地集约化经营(吕晓,等,2022)、华北平原耕地改种速生林(辛良杰,王佳月,2014;王佳月,辛良杰,2016)、南方水稻"双改单"(辛良杰,李秀彬,2009;王全忠,等,2015;蒋敏,等,2019)以及山区耕地撂荒等现象(Li et al.,2018;Wang et al.,2020),以上现象改变了不同地区耕地资产的价值,进而影响农户家庭生计的可持续性(Melián and Calzada,2016)。从国际视角来看,2005年全球土地研究计划提出的目的是加强认识人类与其环境之间相互作用的变化及其产生的社会、经济影响,深化对地球系统演变下人口陆地环境系统的理解,探究人类活动如何影响自然环境和人类福祉(王民忠,2007;段宝玲,卜玉山,2014;Verburg et al.,2015;董金玮,2019)。中国城镇化无疑是当前人地关系地域系统中最活跃、最重要的一环,因而加强土地利用变化对家庭福祉的研究,加深对土地利用与土地覆被变化(LUCC)的科学认识意义重大(李秀彬,1996)。

在城镇化所引起的土地利用变化中,耕地经营状况的变化尤为明显(陈锦鸿,等,2022;Xu et al.,2019;Zhou et al.,2020;侯孟阳,等,2022)。但作为农户家庭的一项重要资产,耕地对农户生计和家庭福祉产生的影响一直以来都是学者关注的焦点(梁鸿,2000;阎建忠,等,2005;程建,等,2016)。20世纪80年代已有学者就耕地经营对农户家庭福祉的影响给出判断,并提出耕地是农民的"命根子"的假说。其观点大致包括:"耕地对于农民最基本的功能就是社会保障功能""土地是8亿农民的社会保障"等(温铁军,2001;李昌平,2004)。就当时而言,耕地作为农户的一项资产的确对农民的就业和养老等起到了重要保障作用(梁鸿,2000),耕地是农民"命根子"的说法在当时政学两界普遍得到认可。然而,随着社会经济的快速发展,农民的收入和消费均大幅增长,从耕地经营中获得的农业收入在户均收入中的占比越来越小。耕地"命根子"或"耕地社保论"的说法逐渐受到部分学者的质疑(秦晖,2002;孔喜梅,杨启智,2004;韩芳,朱启臻,2008;周其仁,2013;李宁倩,2018;元少华,2021)。然而,这一认识仍未通过科学的方法和翔实的数据被论证,这可能是当前"耕地社保论"仍广泛被公众所接受的原因(程佳,等,2014;元少华,2021)。

实际上,耕地社保功能的大小取决于农户家庭耕地资产的价值。近年来,华北平原耕地改种速生林(辛良杰,王佳月,2014)、南方水稻区"双改单"(辛良杰,李秀彬,2009;Jiang et al.,2019;Jiang et al.,2019;蒋敏,等,2019;Jin and Zhong,2022)、丘陵山区坡耕地撂荒(李升发,等,2017;Wang et al.,2020)以及大量耕地"零租金"流转(Wang et al.,2019;王亚辉,等,2019;张国磊,等,2021;张永峰,等,2022)等现象较为普遍。1990—2015年,中国南方地区水稻复种指数从148.3%下降到129.3%(蒋敏,等,2019)。中国科学院对全国142个山区县的耕地撂荒抽样调查发现,78.3%的村庄出现耕地撂荒现象,2015—2016年全国山区耕地撂荒率达到14.3%(李升发,等,2017;Li et al.,2018)。与此同时,全国耕地流转过程中以"零租金"流转的比例近40%,丘陵山区的比例甚至高达78%(Wang et al.,2019)。以上种种现象均表明,丘陵山区农户耕地的资产价值已呈现明显的下降趋势。

当前,在深化农村土地制度改革和推进乡村全面振兴的新时代背景下,学界亟待科学回答中国农户家庭耕地的资产价值是否呈现出贬值的态势?不同农业区农户耕地资产价值呈现何种空间分异特征?耕地资产价值变化对农户家庭生计产生何种影响以及现阶段农户耕地的社会保障功能究竟还有多大?

若系统回答以上科学问题,无疑需要对农户拥有承包权的耕地资产的绝对和相对价值进行系统性评估。因此,本研究宏观把握全国整体、不同农业区农户家庭耕地资产价值的演变特征,剖析微观农户耕地资产价值变化的驱动因素及其作用机理,深入探究农户耕地资产价值变化后社会保障功能的变迁规律,能够给出对新时期农村土地保障功能的科学判断,为农村土地制度改革、区域农业支持保护政策完善和乡村全面振兴的实施等提供科学建议。

二、研究意义

第一,从理论价值来看,2005年国际土地科学前沿提出的全球土地计划(Global Land Project,GLP)的目的是加强自然与人文因素的界面研究,深化对地球系统演变下的人口—陆地环境系统的认识和理解,即探究人类活动如何引起自然环境的变化,同时该变化又如何影响人类福祉以及在这种循环演替的系统中人类又如何响应自然环境的变化等重大科学问题(李秀彬,2006;Verburg et al.,2015)。毫无疑问,中国的城镇化无疑是"人—地"系统中最活跃、最重要的一环。人口快速向城镇集聚,必然引起土地利用方式的剧烈变化,如何认识和应对这种变化无疑是土地利用/土地覆被变化(Land Use and Land Cover Change,LUCC)研究中的重要课题(Maimaitijiang et al.,2015)。然而,土地利用变化对微观家庭福祉诸如家庭生计和社会保障等影响的研究仍显不足(郑雄飞,2010;Huang et al.,2017),同时缺乏长时间序列追踪和较大区域范围的对比性研究,无疑制约了人类对土地利用及其效应、"人—地"系统等科学问题的认识。在上述背景下,本研究无疑是对前期不足的有益补充。

此外,以亚当·斯密、大卫·李嘉图等为代表的古典学派认为,土地是一种不易增加的资源,根据土地报酬递减规律,相较于其他资源,土地的供给价格必定上升;相反,另外一些学者则认为,随着社会经济的发展土地的确变得更加稀缺,但农地的服务价格并没有上升,根据土地报酬递增规律,相对于其他价格土地价格反而在下降(Schultz,1951;Johnson,2002)。两种观点存在明显的矛盾与冲突。与此同时,部分国内学者基于定性或半定量化的研究也表明,农村土地的社会保障功能正在不断下降(梁鸿,2000;蔡运龙,霍雅勤,2006;杨云彦,赵锋,2009)。但受时间跨度、研究区域以及研究方法等因素的制约,以上研究仍未对土地资产价值的变化规律、原因以及影响做出整体探究。本研究以中国农户家庭承包的耕地为对象,系统地评估土地资产价值的时间变化,有助于对报酬递减和报酬递增规律的深层次理解。

第二,从实践价值来看,随着中国城镇化的持续推进,不同地区农村的土地资产价值发生巨大变化,城市近郊与偏远地区的土地资产价值差异越来越大,这种过程本质上是一种"隐蔽的逆向转移支付",间接扩大了不同地区农村家庭的财富差距。鉴于此,当前十分必要深入探究城镇化背景下中国农户耕地资产价值的演变特征及其对家庭生计、社会保障等方面的影响,以期为缩小地区间收入差距和实施区域差异化的乡村振兴战略提供参考。

第二节　科学问题

在快速城镇化背景下,20世纪80年代以来农户家庭耕地资产价值发生了何种变化?若发生了显著变化,其背后的驱动因素及相应的驱动机理是什么?同时农户耕地资产价值变化又会对农户社会保障、家庭生计产生何种影响?

为了回答以上问题,本研究分别从长时间序列和不同农业区开展追踪调查,进行定量评估和计量分析,以期科学揭示中国农户家庭耕地资产价值的演变特征、驱动机理以及相应的社保功能变迁规律。为此,本研究拟解决以下科学问题:

第一,中国农户的耕地资产价值呈现何种变化规律?不同农业区存在何种差异?

第二,农户家庭耕地资产价值变化的驱动因素有哪些?其背后驱动机理是什么?

第三,农户家庭耕地资产价值变化对农户生计和社会保障功能产生怎样的影响?

为了回答以上三个问题,本研究借助1986—2018年农业农村部农村经济研究中心农村固定观察点数据库中农户追踪调查资料、1985—2019年《全国农产品成本收益资料汇编》以及相关统计年鉴等资料,首先系统揭示30多年农户家庭耕地资产价值的演变特征;其次,分别从省(区、市)和农户家庭尺度借助扩展型C—D生产函数实证探究耕地资产价值变化的关键诱因;最后,分别从耕地资产的生产资料价值、养老保障价值和金融抵押价值的视角,揭示耕地资产价值变化后对土地社会保障功能产生的影响。此外,本研究还从不同土地利用方式的视角,以四个典型农业区的实地调查数据揭示不同农业区农户耕地资产价值差异及其对农户社保功能的影响,以期为中国区域均衡发展、农业支持政策以及农村土地制度改革给予理论上的科学建议,同时给出新时期农村土地保障功能的科学判断。

第三节 国内外研究进展

耕地作为农民的一项家庭资产,承担着就业、养老、医疗以及金融等一系列社会保障功能(唐莹,穆怀中,2014;黄安,等,2018)。迄今为止,学者们已对耕地资产价值问题开展了广泛探究,多数已对耕地资产价值内涵、区域核算以及耕地资产价值变化动力因素等方面开展研究,为本研究提供了重要参考价值。

一、耕地资产价值内涵与核算

(一)耕地资产价值内涵认知

耕地作为农田生态系统的载体,发挥着对人类福祉的供给、支持和调节等功能。从可持续发展理论的视角来看,耕地资产价值可分为社会价值、经济价值和生态价值等(刘兴华,等,2013;程建,等,2016;罗艳,等,2021;李怡,等,2022;张友,刘玉,2022)。其中耕地社会价值指耕地服务社会发展的价值,包括社会保障价值和社会稳定价值(张雪靓,等,2013)。社会保障价值体现在保障农民生存方面,由生活保障、失业保障、养老保障和医疗保障等构成(叶姗,李世平,2013),社会稳定价值则体现在解决农村劳动力就业方面(叶姗,李世平,

2013)。耕地经济价值指耕地作为生产要素提供农业产值的功能,耕地生态价值则指耕地资源为人类提供生态环境的价值(罗艳,等,2021)。还有学者把耕地生态价值归纳为净化环境、大气调节、水土保持和生物多样性保持等方面(何如海,等,2018;刘成铭,陈振,2019;钟骁勇,李洪义,2020;钟骁勇,李洪义,2021)。

随着社会经济的发展,耕地不断被赋予更多的价值,如耕地的认知价值、审美价值和道德价值等(唐莹,穆怀中,2014;钟骁勇,李洪义,2021)。其中认知价值指人类在实践过程中对耕地的认识,如耕地利用方式和承载力等;耕地审美价值指耕地系统构成的自然和人文综合景观,如农耕文化遗产和乡村旅游景观等;道德价值则指耕地给予人类的道德启示。此外,耕地还具有生存发展权价值、精神净化价值等(黄安,等,2018;元少华,2021)。但随着农业种植结构越来越单一化,耕地的部分功能无法直接为农户提供收益,如耕地生态价值和社会发展价值等。

(二)耕地资产价值核算方法

耕地资产价值是耕地功能大小的货币度量,因其价值多样而需要采用不同的核算方法,包括市场评估法和非市场评估法(张茵,蔡运龙,2005)。其中耕地经济价值可用种植业产出的市场收益来度量(胡喜生,等,2013),耕地社会价值、生态价值、文化价值及生存价值等无法采用市场评估,需要借助非市场评估方法,比如价值替代法、收益还原法、机会成本法、影子工程法和标准田法等(贺锡苹,张小华,1994;黄贤金,1997;唐莹,穆怀中,2014;朱道林,杜挺,2017),耕地资产的就业保障价值可采用成本收益法来评估(蔡运龙,霍雅勤,2006)。此前,原国土资源部就耕地资产价值核算问题颁布了《农用地估价规程》,具体方法包括市场比较法、成本逼近法和收益还原法等。总之,当前土地资产价值评估体系已较成熟(表1-1),能为本研究提供较好的借鉴。

表1-1 耕地资产价值的评估方法

评估方法	内涵	优点	缺点	应用
传统市场法	根据市场定价进行评估	简单、易操作	农村土地市场尚未形成	—
成本收益法	根据投入产出核算	投入产出可以准确量化	劳动力成本难以量化	蔡运龙,霍雅勤,2006

续表

评估方法	内涵	优点	缺点	应用
市场比较法	同一市场条件下,采用替代原则,以类似使用价值相同的土地进行修正	明显现实性,说服力较强	仅适用于有大量交易案例的地区,无交易的地区不适宜	单胜道,尤建新,2002
模拟市场法	支付意愿法、市场价格法、机会成本法、影子价格法	准确度较高	方法复杂	胡喜生,等,2013
市场替代法	当评估对象本身没有市场价格直接衡量时,可寻求替代物市场价格来衡量	适用于土地市场不发育的地价评估	必须要求能够找到替代物,否则无法评估	贺钰蕊,等,2022
市场假想法	通过询问当事人来进行评估土地资产价值	一种万能的农地评估方法	是在无可奈何的情况下使用的评估方法	单胜道,蔡国平,1999;单胜道,尤建新,2002
收益还原法	为获取收益目的而使用的土地估值方法	能有效地评估收益和现值	利率可能存在不确定性和波动性	周倩,2015
成本逼近法	通过求取估价对象不动产在估价时点的重新构建价格,扣除折旧后的价值	适用于既无收益又很少发生交易的不动产	折旧价值的折算比较困难	赵梓琰,等,2014
基准地价修正法	适用于已完成土地定级估价并建立起基准地价及其修正体系的区域评估	不存在交易或收益且存在基准地价的区域可适用	基准地价修正系数的确定比较困难	赵梓琰,等,2014

(三)耕地资产价值核算的实践

表1-2耕地资产价值的研究早期从宏观层面开展,考虑到国别和制度的差异,欧美等国多以农地价格反映耕地资产价值,看重土地作为要素在经济增长和社会保障等方面的作用。19世纪上半叶,英国、美国等国家的农地服务价格均呈现下降趋势,其中1908—1934年英国的农地地租下降了12.4%,美国的农业用地价格大幅下降(Schultz,1951)。与此同时,通过对加拿大萨斯喀彻温省

1950—2014年的农场数据研究发现,农地价格呈下降趋势,近70年来下降幅度达到5%(Gabruch and Micheels,2017)。但是,近年仍有部分学者认为美国农地价格开始呈现小幅度上升(Lawley,2018)。

国内学者则以耕地经营收益或者耕地流转租金等指标测度耕地的资产价值,且多数研究聚焦在东部沿海、中西部生态脆弱区以及边远山区等地区,比如江苏苏州、常州和无锡(梁鸿,2000),宁夏(裴银宝,等,2015),山东(李景刚,等,2009),甘肃(霍雅勤,蔡运龙,2003;裴银宝,等,2015),黄土丘陵沟壑脆弱区(郝仕龙,等,2014;裴银宝,等,2015),河北省黄骅市(李恒哲,等,2015)和安徽省怀宁县(程建,等,2016)等。研究内容多聚焦在耕地资产价值的区域非均衡性、潜力水平和社会保障水平等(张雪靓,等,2013)。此外,跨期对比分析发现,农户耕地资产的生产资料功能和社会保障功能开始下降(唐莹,穆怀中,2014),比如已有研究采用成本收益法等方法估算耕地净收益,结果显示亩均获利从1995年的340元降至2000年的161元(蒲晓东,2002;李思思,2020);与此同时,也有研究显示,1995年农户种植业现金收入为零或亏本的占比为1%,而到21世纪初期该比重上升至46%(温铁军,2001)。农户仅依靠耕地资产已无法满足绝大多数家庭的基本消费需求,耕地的生产资料功能已十分微弱(彭希哲,梁鸿,2002)。

表1-2 耕地资产价值核算的区域实践

研究时段	研究区域	基本结论	来源
1910—1956年	美国	研究期间土地占国民财富的比重从36%下降至17%;土地供给服务价格大幅下降	Schultz,1951
1998—2001年	美国	土地支付价格从1999年的$8.98每单位下降至2001年的$4.39	Goodwin et al.,2003
1990年和1992年	中国	各区域耕地价格差异较大,且呈现一定的梯度	贺锡苹,张小华,1994
1998年和2008年	中国	全国整体耕地资产价值巨大,但现有的研究低估了其价值	胡蓉,等,2013
1996年	中国苏南的苏州、常州和无锡	土地保障作用减弱,在经济较发达的苏南地区,土地保障已无法承担农民的生活风险	梁鸿,2000

续表

研究时段	研究区域	基本结论	来源
2001年	中国甘肃省	耕地的社会承载价值和生态服务价值较高,但产出价值偏低	霍雅勤,蔡运龙,2003
2002年	中国湖南省	耕地作为生产资料功能不断弱化	霍雅勤,等,2004
2008年	中国广东省和四川省比较	两地区的耕地数据、结构及价值均存在巨大差异	彭朝冰,王情,2013
1982年、2000年、2010年	中国黄土丘陵沟壑脆弱区	耕地资产价值不断提升,且不同地区的影响因素不同	郝仕龙,等,2014
2004—2012年	中国河北省黄骅市	耕地经济价值逐渐增加,但在总价值中占比很小;社会保障价值和生态服务价值占较大比重	李恒哲,等,2015
2014年	中国安徽省怀宁县	耕地在农村社会保障中仍承担基础性作用,但保障地位正在弱化	程建,等,2016
2010—2016年	中国四川省	耕地的社会价值和经济价值呈现增加趋势	罗艳,等,2021
2019年	中国东部沿海地区	耕地的社会价值大于其经济价值和生态价值	张友,刘玉,2022

目前来看,已有研究涉及的耕地资产价值核算指标单一,耕地资产价值评估多集中在局部、典型区域,缺乏系统性和全局性研究。此外,耕地资产价值核算以截面数据和静态评估为主,缺乏长时间序列的动态演变分析。

二、耕地资产价值变化驱动力

农地资产价值因国家、地区与制度等差异存在明显的不同,国外主要以地价或土地租金度量,国内则以土地租金为主,但两者的决定因素大致相同(Maddison, 2000; Huang et al., 2006; Maddison, 2009; Wang et al., 2018; Liu et al., 2022)。农地价格高低往往受到自然环境、社会经济发展、农户自身以及地块特征等多种因素影响。一般来看,自然环境因素包括地表结构(Huang et al., 2006)、土壤特征(申云,等,2012)、土地质量等级(Choumert and Phelinas, 2015; 王亚辉,等,2018)、土地生产力以及当地气候(Maddison, 2000; Bastian et al., 2002)等;社会经济发展也是影响农地价格的重要因素,比如地权稳定性(Wang et al.,2018)、经济发展水平(申云,等,2012;王亚辉,等,2018)、种植制度与技术(Choumert and Phelinas,2015)以及农业补贴政策(徐娜,张莉琴,2018;林文声,陈荣源,2021)等。农户自身因素也会影响农地价格,比如农户年龄(王亚辉,等,2018)、家庭人口结构(汪晓春,等,2016)、农户受教育程度(Wang et al.,2018)和农户非农收入占比(杜挺,等,2018)等;地块特征如地块质量、与城市距离(Choumert and Phelinas,2015)以及灌溉设施(Leimer et al.,2022)等。总之,农地价格的差异是多种因素综合作用的结果,不同层次因素所起的作用存在差异。此外,舒尔茨探讨了美国农用地价格下降的驱动机理(Schultz,1951),认为其他要素的替代作用是其根源,但受限于数据和技术,尚未给出定量分析结果。

综上发现,耕地资产价值尤其是农地价格的变化是受多种因素综合作用的结果,但已有研究仅考虑单个因素的影响,缺乏多层次视角的分析;驱动力分析所采用的数据以截面数据或时间跨度较短的面板数据为主,难以清晰揭示其背后的驱动机制。

三、耕地资产价值变化的效应

(一)农户生计资产价值内涵与核算

农户生计资产内涵源于20世纪80年代的可持续生计分析框架(Sustainable Livelihoods,SL)。随着全球化、城镇化以及经济体制改革等对农村居民尤其是贫困人口的生计产生了较大影响,农户生计问题逐渐受到学者们的关注(Havelda,2017;Deng et al.,2020;Thu Trang and Loc,2021)。多数学者认为生计的内涵应按照可持续生计框架理解,"在不损坏自然资源的前提下,农户能够应对各种压力并且在受到外部打击下能得到恢复,同时在当下和未来能保持和强化这种谋生能力",即把农户看作在脆弱环境中生存,他们拥有一定的生计资产,如人力资本、自然资本、社会资本和物质资本等,并且这些资产受到社会、经济或环境的冲击,农户的生计策略相应发生改变(李广东,等,2012;许扬,保继刚,2022)。在可持续生计框架下,通过对"资产五边形"形式的变化,国内外学者对农户生计资产价值核算进行了大量实证研究(徐爽,胡业翠,2018;Yang et al.,2022)。

从区域范围上看,多数研究集中在生态环境脆弱和经济落后的山区,比如亚洲、拉丁美洲和非洲等农牧业交错带(Cherni and Hill,2009;Stanford et al.,

2014;Hedges et al.,2016)。国内多集中在青藏高原(阎建忠,等,2011)、三峡库区(阎建忠,等,2010;胡江霞,等,2018)、重庆西部郊区(王成,等,2011;王利平,等,2012)、渝西方山丘陵(李广东,等,2012)、秦岭北麓(李聪,2010)、农牧区(张丽萍,等,2008;赵雪雁,等,2011)以及甘南高原(赵雪雁,等,2011)等地区。

从生计资产涵盖内容看,早期以生计"资产五边形"来核算家庭生计资产价值。此后,部分学者在此基础上增加了比如家庭结构(李树苗,等,2010)、信息资本和外部环境(张佰林,等,2013)等。相反,另外一些学者则认为可持续生计资产核算的内容复杂且存在重复统计,因而他们仅选取较为重要的资产进行研究,如耕地资产(梁鸿,2000;蔡运龙,霍雅勤,2006)、宅基地(赵梓琰,等,2014)等,其中部分学者认为当前农村金融市场和人力资本市场尚未完全开放,而农户土地资产价值一般超过家庭总生计资产的70%,因而核算农户生计资产应以土地资产为主(梁鸿,2000)。

从研究方法来看,早期多以数理统计性描述为主,后来引入权重以衡量各种资产的重要性,如主成分分析法和熵值法等(李广东,等,2012)。随着计量分析技术的发展,基于计量模型的评估逐渐增多,如数据包络分析等。此外,遥感、地理信息系统与空间分析等多种方法的结合为多尺度、比较性研究提供了可能(阎建忠,等,2010;王成,等,2011)。随着研究的深入,生计资产价值核算的方法不断创新,逐渐从定性分析转向定量评估、从静态分析转向动态分析、从单一学科走向多学科交叉,尤其是地理学、经济学和环境科学的交叉融合。

(二)耕地资产价值变化对农户生计的影响

耕地资产价值对农户生计选择有决定性影响,如拥有较多耕地资产的农户倾向以农业为生,而人力资本和社会资本较多的农户则选择外出务工。同时,农户生计活动是动态变化的,主要取决于其拥有的资产状况和风险偏好,以寻求能维持生计安全的最优策略。比如在伊朗,仅依靠林地和畜牧业的农户最贫困,农户生计逐渐转向种植经济作物或从事非农活动(Soltani et al.,2012);基于坦桑尼亚、肯尼亚和乌干达等国农村居民的生计研究显示,耕地质量退化和落后的基础设施加剧了生计的脆弱性(Mwakubo and Obare,2009)。国内研究开始于退耕还林工程实施之后,退耕还林减少农户大量的耕地面积,农户生计逐渐转向建筑、运输和服务业等非农行业,贫困发生率有所降低(王利平,等,2012)。此外,随着失地农民的增加,政府也完善了相关补偿机制,如耕地补偿、社会保障制度建设和再就业培训等,以解决农户面临的生计可持续困境。

但目前量化耕地资产价值变化对农户生计影响程度的研究仍较鲜见。梁鸿(2000)对江苏苏州、无锡和常州三市1079户农户调研发现,耕地收入仅占家庭总收入的21%,耕地的生计支撑作用已十分微弱,年轻人脱离土地的倾向突出。信桂新等(2012)基于邛崃市典型村庄472户农户的调研显示,传统的农业资产面临贬值和淘汰,如耕地资产贬值和农用器具淘汰等,仅靠农业生产难以维持基本生计,生计资产的变化引起农户生计转型,如75%的农户愿意转出耕地,多数农户改种烤烟和蔬菜等经济作物,87%的农户准备外出务工,52%的已常年在外务工。

可见,农户生计资产价值的核算多以静态的、典型区域研究为主,缺乏动态的、全国系统性和不同农业区的比较性研究;同时,耕地资产价值变化对农户生计影响的研究以定性分析为主,影响程度的定量化分析仍显不足。

四、研究评述

综上来看,虽然学术界已在耕地资产价值演变、驱动因素分析以及效应等方面积累了大量研究成果,但仍存在以下不足:

第一,缺乏系统性分析,多数学者开展了局部地区、时序较短的研究,但全国整体性、长时间序列的系统性研究十分薄弱;

第二,缺乏动态演变研究,现有针对耕地资产价值的核算多以截面数据、静态评估为主,缺乏时间跨度较长的动态演变分析;

第三,未从全局角度出发,研究局限于经济落后地区、山区及生态脆弱区,不足以反映全国的情况和不同农业类型之间的差异;

第四,缺乏微观农户视角,土地资产价值变化的驱动力研究时间跨度短、驱动机制不清晰,更缺乏微观层面的驱动机理探寻;

第五,量化分析仍显不足,耕地资产价值变化的效应评估多以定性分析为主,定量化研究亟需加强。

既有研究难以准确给出中国农户耕地资产价值变化的特征,也无法给出目前农村土地保障功能的科学判断以适应新时代的发展要求。为此,本研究拟把农户家庭拥有承包权的耕地作为研究对象,通过宏观视角和微观视角相结合,从长时间跨度和不同农业区入手,系统揭示中国农户耕地资产价值演变特征、驱动机制以及造成的土地社保功能变迁。

第四节 研究目标、内容与创新

一、研究目标

系统厘清1986—2018年中国农户耕地资产价值的年际变化特征和不同农业区农户耕地资产价值的空间差异性;揭示农户耕地资产价值变化的驱动因素及其作用机理;在此基础上,以生计"资产五边形"核算体系为参考,构建农户家庭生计资产价值核算指数,评估耕地资产价值变化对农户社保功能的影响程度,给出新时期农村土地保障功能的科学判断。

二、研究内容

(一)农户耕地资产价值演变和空间差异的定量刻画

基于农业农村部农村固定观察点数据库,对样本进行匹配、补充和融合,建立1986—2018年农户耕地资产价值数据库;构建耕地资产价值的评价指标,揭示农户耕地资产价值的年际变化特征;根据地形和农作物类型,把全国农业区划分为四种典型类型(都市农业区、集约农业区、主粮作物区和山地农业区),采用分层抽样和参与式农村评估法对案例区开展农户问卷调查,建立典型农业区农户耕地资产价值数据库,并揭示不同农业区农户耕地资产价值的差异性。

(二)农户耕地资产价值变化驱动因素及其作用机理

基于1986—2018年省级面板数据和农村固定观察点数据,构建耕地资产价值变化的理论模型,借助扩展型C—D生产函数模型识别农户耕地资产价值时序变化的关键驱动因素;利用农户问卷调查中的成本—收益数据,构建典型农业区主要农作物的生产函数和利润函数,核算土地净收益,揭示关键驱动因素对农户耕地资产价值变化的作用机理。与此同时,基于典型区域农户问卷调查数据,构建Logit模型识别耕地资产价值变化的关键驱动因素,并探究耕地资产价值变化的微观发生机理。

(三)家庭耕地资产价值变化对农户社保功能的影响

基于前期建立的农户耕地资产价值数据库,在可持续生计框架下,以生计"资产五边形"体系为参考,建构农村家庭生计资产价值核算指数,揭示农户生计资产价值的时空演变特征。测算农户耕地资产分别作为生产资料、养老保障和金融抵押三大功能的价值,结合家庭生计资产价值,分析两者的相对变化;在此基础上,逐一分析耕地资产的三大保障价值在农户家庭生计资产中的贡献率。

三、研究创新

构建耕地资产价值测量的多元指标,分别从时间序列和不同农业区系统揭示农户耕地资产价值的演变特征,克服以往对耕地资产价值局部区域和时间段的片面认识,能够从宏观层面把握农村耕地资产价值的变化方向,为完善区域农业支持政策提供实证依据。基于农户耕地资产的生产资料功能、养老保障功能和金融抵押功能,系统评估农户家庭耕地资产价值变化对农户家庭耕地社会保障功能的影响,给出对新时代农村土地保障功能大小的科学判断,能够回答耕地社会保障功能究竟还有多大的疑问,避免由于对耕地保障功能的片面认识导致的社会认识偏差。

第五节 技术路线

本研究遵循"时空演变—机理探寻—效应分析—政策启示"的思路,开展后续研究工作,具体如图1-1所示。

(一)问题提出与数据库建设

依据项目所涉内容,收集土地利用遥感监测数据、统计资料、全国《农产品成本收益资料汇编》和农业农村部农村经济研究中心固定观察点数据库等资料;根据研究时间段,建立1986—2018年多期农户耕地资产价值数据库;根据研究区域,开展野外调查,建立典型农业区农户耕地资产价值数据库。

(二)耕地资产价值的时空演变

借助农户耕地资产价值数据库,构建多种耕地资产价值的评价指标,比如耕地净收益、耕地流转租金、耕地零租金流转的比重、耕地流转租金与日均劳动力工资之比以及耕地撂荒率等,分别测算了耕地资产价值的绝对和相对价值。

(三)耕地资产价值变化驱动机理

以1986—2018年省(区、市)面板数据和农户耕地资产价值数据库为基础,构建扩展型C—D生产函数,揭示耕地资产价值变化的驱动机制;同时,借助典型农业区微观农户调研数据,以耕地撂荒为视角,揭示耕地资产价值变化的驱动机理。

(四)耕地资产价值变化的效应分析

在可持续生计分析框架下,以生计"资产五边形"核算体系为参考,构建生计资产价值核算指数,分析农户生计资产价值的变化特征;核算农户耕地资产的生产资料、养老保障和金融抵押功能的价值,揭示耕地资产价值变化导致农户总生计资产的变化程度。

(五)研究结论与政策启示

结合乡村振兴战略和土地制度改革政策,在量化分析的支持下,提出区域农业支持保护政策的优化路径,完善农村耕地资产的增值对策,同时提出农村土地制度改革的方向与思考。

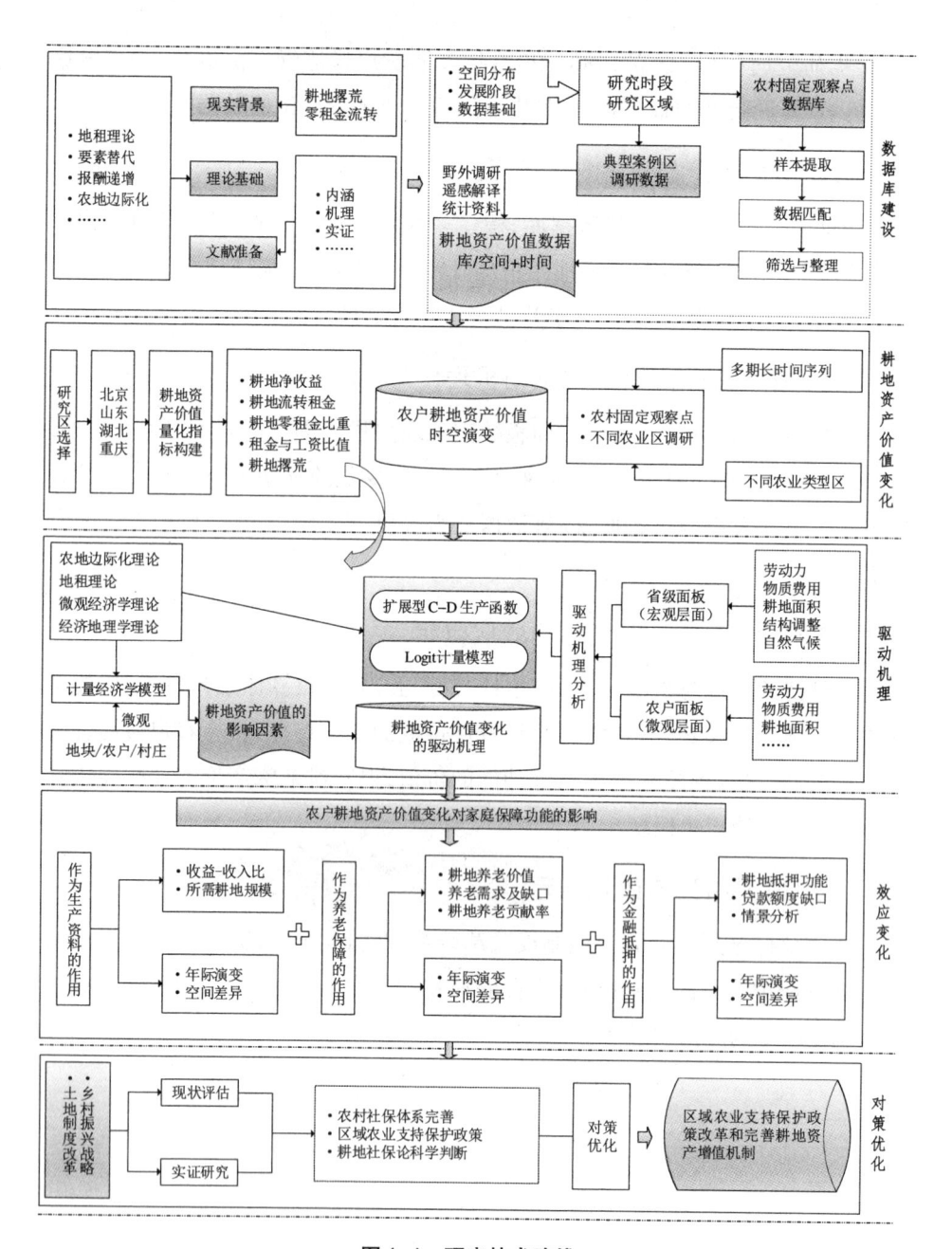

图 1-1 研究技术路线

第二章

基础理论

第一节 劳动力转移理论

一、刘易斯"二元经济"模型

在"零值劳动力""工资不变"和"资本家剩余"三个基本假设的基础上,刘易斯劳动力转移模型系统阐述了二元结构经济的发展历程,即一个欠发达经济体中存在两个部门,一个是以农业生产方式等为主的劳动生产率低、工资水平低的传统部门,另一个是以现代化方式进行生产、劳动生产率较高的城市工业部门。在社会经济发展的过程中,传统部门存在大量的剩余劳动力,劳动力供给的弹性是无限的,因而工业部门只要支付略高于农村维持生计收入水平的工资,就会获得无限的劳动力供应。二元结构经济的发展表现为一个现代部门不断扩张和传统部门逐渐缩小的过程,这个过程是通过收入分配向利润倾斜所导致的现代部门迅速的资本积累以及现代工业部门从传统部门吸纳劳动力和经济剩余来实现的(杨俊青,等,2022)。刘易斯提出的"二元经济"发展模型的开创性在于不是停留在对二元经济结构的描述层面,而是由这种落后状态推论出一种发展模式,提出了一整套内容广泛的对内对外经济的改革建议。然而,刘易斯的观点忽视了农业自身的发展在"二元经济"中的作用,刘易斯提出的"二元经济"发展模型虽然为发展中国家指出了一条工业化的道路,加速了农村劳动力要素从农村向城市的单向流动,但是,当与转移来的农村劳动力要素相结合的城市资本供给出现告急,或者说城市资本聚集的速度小于劳动力要素向城市转移的速度时,就会产生像中国的"农民工边缘化"的现象。

二、费景汉—拉尼斯模型

针对刘易斯"二元经济"模型的缺陷,费景汉与拉尼斯提出了"二元经济"发展的三阶段模型(郭剑雄,2009)。此模型假设由于制度性原因,农业部门的工资水平是固定的,在此基础上将经济发展过程分为三个阶段:第一阶段,农业劳动力的边际产品接近于零(农业部门劳动力转移的机会成本很小),劳动力是无限供给的。由于存在"零值劳动力",因此农业产出水平不会因为劳动力的减少而下降,劳动力的转移不会受到阻碍。第二阶段,农业劳动力的边际产品大于零,但低于"制度工资"水平,因而农业部门同样存在大量的"隐蔽失业",在此阶段,如果农业边际劳动生产率没有提高,那么随着劳动力的转移,农业产出水平将会下降,因而可能发生粮食短缺,并引起粮食价格上涨和工业部门的工资水平上升,最终引起经济增长和劳动力转移过程缓减甚至停滞。因此,费景汉与拉尼斯认为需要保持农业生产率的同步提高,以此来增加农业剩余和释放农业劳动力。第三阶段,当农业边际劳动生产率上升到"制度工资"的水平,就意味着整个经济包括劳动力的配置完全商品化,经济发展将由二元的劳动力剩余型经济转化为一元的资本主义经济。在这一阶段,由于农业生产实现了资本化,因此工业部门要想通过农业劳动力的转移扩大再生产就必须在劳动力市场上与农业部门展开竞争,而竞争的前提条件是必须使工业部门的工资水平大于或等于农业部门的边际生产率水平,结果工业部门的工资水平也将加速增长。费景汉—拉尼斯模型在农村劳动力要素转移的过程中,虽然考虑到了这种劳动力要素从农村向城市单向流动时,会引起农业劳动力的边际产品的变化,从而促进了劳动力要素供需机制的形成,避免了刘易斯模型所带来的这种局面:劳动力要素有足够的动力流动,却不能充分地和资本结合。换言之,费景汉—拉尼斯模型可以让劳动力要素随着资本聚集的速度流动(必要的时候还可能出现劳动力要素回流的现象,中国沿海一带的"民工荒"或多或少地可以反映这一点),从而让劳动力要素更加充分地和资本结合,但是此模型有一个很强的潜在假定:即从事农业生产的劳动力要素已经和土地要素及资本要素充分结合了。这一点和中国的实际情况并不相符合,前期研究表明2003—2006年中国农村生产要素综合市场化程度平均为23.87%(邓晰隆,等,2008),这也证明了费景汉—拉尼斯模型在解释中国农村劳动力转移问题的局限性。

三、托达罗预期收入模型

托达罗认为,农村劳动力向城市转移的决策是根据"预期收入"最大化目标做出的,这种决策主要依据城乡实际工资差距与农村劳动力在城市能够找到就业岗位的概率。由于农村劳动力的转移是根据预期的城乡收入差距而不是根据实际城乡收入差距做出的理性选择,尽管城市也存在大量失业,农村人口仍然源源不断地涌入城市,造成了城市劳动力市场严重失衡,使失业问题更加严重(郭娅娟,2013)。由此,托达罗认为,按照刘易斯模型采取资本向现代工业部门倾斜的工业化战略并不能够解决发展中国家的农村剩余劳动力问题,相反,应当扩大农村中的就业机会,鼓励农村的综合开发,以缩小城乡就业之间的不平衡,从而缓解农村人口向城市的流动。从此模型中可以发现:实际上农村劳动力要素市场和城市劳动力要素市场存在着巨大差异,两种市场的不兼容导致严重的农民工问题,这一点与中国户籍制度限制下的二元经济社会结构是相吻合的。但是,托达罗的"预期收入"模型所提出的"扩大农村中的就业机会,鼓励农村的综合开发"等构想在中国的实际操作中是需要以比如"户籍制度、农村土地产权制度、农地承包制度"等关键问题的解决为基础的。

第二节 地租理论

一、地租理论发展

土地利用和土地经济研究中的基础理论是地租理论,其为土地利用变化提供了强大的解释力。自西方经济学问世以来,不同阶段均有学者对地租理论及其问题进行研究,主要内容包括地租产生原因、地租形式、地租区域差异以及对现实问题的解释等。梳理相关文献可以把地租理论大致分为四个阶段,即17世纪中期至19世纪初的古典经济学地租理论,代表人物有亚当·斯密、大卫·李嘉图;19世纪初至19世纪下半叶的新古典经济学地租理论,代表人物杜能;19世纪下半叶的马克思主义地租理论,代表人物马克思和恩格斯;20世纪初以来的现代西方经济学地租理论,代表人物阿隆索和马歇尔等。当然,就土地利用变化的解释而言,不同的问题则需要结合不同的理论进行解释。

(一)古典经济学地租理论

古典经济学地租理论的代表——大卫·李嘉图的地租理论。李嘉图在1817年发表的《政治经济学与赋税原理》中,运用劳动价值论研究了地租,对级差地租做出了突出贡献。李嘉图认为级差地租的产生条件是基于土地的数量有限性、土地的肥沃程度及位置的差异。依据级差地租产生的条件,他推断人类最初土地十分丰富,没有被人占有,每一个人都可以任意支配和随便耕种。因此,没有人会为使用土地而支付代价。然而,随着人口增加和社会发展,仅仅依靠耕种优、中等的土地不能满足需要,于是劣等土地被逐渐开发;相较于劣等土地,优、中等土地生产率高,因而优、中等土地开始有了地租。李嘉图认为,在资本竞争的条件下,耕种不同质量土地的资本要求获得相同的净收益率。农产品市场价格必然由劣等土地产品的劳动耗费决定,优、中等土地就会得到一个超过平均水平的差额利润,这个差额便转化为地租归地主所有。李嘉图地租的计算用公式可以表示为"地租=市场价格－生产成本－平均净收益"(桁林,2013)。

(二)新古典经济学地租理论

新古典经济学地租理论的代表——杜能的"孤立国"农业区位理论。杜能在1826年《孤立国同农业和国民经济的关系》中对土地区位与地租的关系进行了详细阐述,在该书中,杜能建立了"孤立国"的农业区位理论,即所谓的"杜能圈"。他从农业生产区位出发阐明了农产品生产地到市场的距离对土地利用方式产生的影响。在该理论中,影响地租唯一的因素是运输费用,所以形成了以城市为中心、界线明显的同心环生产格局,每个环有对应的农产品及农作制度。距离城市越远,产品的运输费用越大,地租越低;那些运输时间和运费最为敏感的蔬菜瓜果等就分布在最靠近城市的圈层;而最外围则是粗放的农业,包括谷物种植和畜牧业养殖等。杜能农业区位理论的意义在于它揭示了在相同自然条件下从单一市场到郊区由于地租差异所形成的农业生产方式空间配置规律。"杜能圈"最重要的成因在于运费的差异,所以地形条件和土地质量差异、运输业发展以及冷冻技术的采用在一定程度上打破了围绕中心市场分布的土地利用格局。然而,直至今天在许多大中城市周边仍可以找到"杜能圈"的影子,而且对于以运输为决定因素的农业生产方式布局,"杜能圈"模式仍具有相当重要的应用价值(张英,等,2014)。

(三)马克思主义地租理论

马克思主义地租理论——马克思主义的级差地租。马克思通过运用科学的剩余价值论、劳动价值论和生产价格理论,对资本主义社会的地租进行了分析。他指出,资本主义地租是以资本主义土地私有制为前提的,是土地所有者凭借土地所有权不劳而获的收入,其特点在于土地所有权和使用权的分离(李长春,徐琬儿,2020)。他还对地租产生的原因和条件进行了分析。根据地租产生的原因和条件,进而把地租分为级差地租和绝对地租,指出这是资本主义地租的两种基本形式。其中地租产生的原因包括:①土地所有权与使用权的分离;②只有生产力发展到一定程度,劳动者所创造的价值超过他的劳动力价值时,即存在剩余劳动或剩余价值,地租才可能产生;③绝对地租的主要来源是农产品的价格超过了它的社会生产价格,该余额就是构成绝对地租实体的那部分超额利润。

(四)现代西方经济学地租理论

现代西方经济学地租理论——阿隆索的转换边际理论。转换边际理论是解释土地区位在具有不同地租支付能力的各种用途之间进行分配的理论体系。在城市内部,由于土地区位的差异,同类行业在不同区位上获得利润相差很大,同时不同行业在同一位置的利润也会相差很大。重要的是,城市土地的利用又在很大程度上取决于土地区位,因而区位差异就成为评估土地租金和价格的重要指标,相反土地租金和价格又成为引导土地利用转换的指示器(张舒,2001)。比如土地使用者在选择土地时,必须把土地租金或价格与在该土地上经营能获得的利润相比较,然后决定选择哪块地最合适,通过这种不断地比较,最终选择适合的地块。当然,所有的企业或用户均是通过这种比较进行用地决策,从而形成土地收益和租金都趋向最高用途水平的合理空间结构。

基于上述分析,20世纪60年代美国土地经济学家阿隆索引入区位边际均衡和区位边际收益理论,提出竞标地租观点,并绘制了地租梯度曲线和同心圆土地利用模式图(图2-1),该理论被称为转换边际理论,图2-1显示,B_1、B_2、B_3、B_4常用来表示商业、住宅、工业和农业等行业的四种租金出价函数,此函数由相邻两条租金梯度曲线的交点处的土地边际产出价值决定。B_n($n=1—4$)说明在任何一个间隔距离中某一企业为维持某种利润水平而在此距离愿意为土地支付的最大租金。

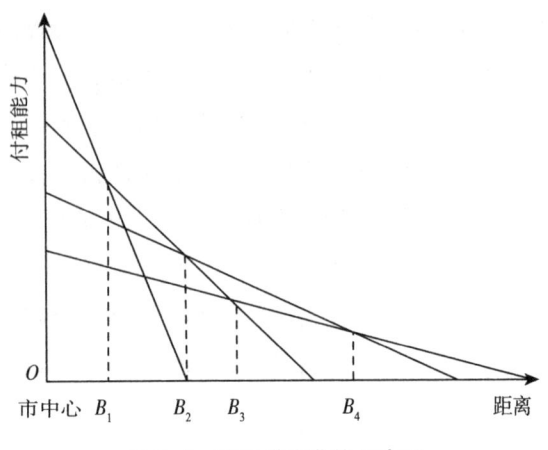

图 2-1 地租梯度曲线示意图

二、土地利用模型

基于以上地租理论，根据自身的研究特点，国内外学者先后构建了不同的农地利用模型。具有代表性的包括农地配置模型（Fezzi and Bateman，2011）、山区"孤立村"模型（张英，等，2014）、山区耕地撂荒决策模型（Yan et al.，2016）以及河北平原农户土地利用决策模型（王学，等，2016；王学，等，2018）。

基于多投入—多产出利润模型，构建了空间显性农地利用模型，该模型以家庭利润最大化为目标，考虑了农产品价格、投入要素价格及气候等条件的影响，该模型可以模拟英国各种作物的2千米空间网格分布格局，其模拟结果与实际的作物空间分布高度吻合（Fezzi and Bateman，2011）。国内学者尝试构建山区"孤立村"模式来解释中国山区坡耕地的撂荒现象。该模型假定土地在村内充分流转，但村庄间不存在流转，这与山区村落稀疏、交通不便的情形相符。继而将村庄假设为一个与农户类似的虚拟生产单位，单位内的土地和劳动力能实现优化配置。与"孤立国"模式相似，居民点位于村庄中心，四周为耕地，但不同的是土地质量存在空间异质性，耕作距离和土地质量是影响土地利用决策的两个最重要因素。张英利用该模型对重庆市武隆区的农地撂荒现象进行了模拟，模拟结果与实际撂荒行为基本一致。该模型在解释山区坡耕地撂荒方面有一定的可行性，但该模型的假设过于理想，而且没有考虑地形、与市场距离、对外交通条件及劳动力异质性等因素（张英，等，2014）。还有学者从单个农户的土地利用决策目标出发，构建了山区农户撂荒行为的决策模型，用以解释中国山区农户的坡耕地撂荒行为的影响因素(Yan et al.,2016)。从农户家庭净收益最大化出发,构建了农户土地利用决策理论模型,用以解释河北平原农户的土地利用决策行为。与已有的模型相比,该模型既考虑了农村劳动力市场完善和不完善两种情形,又把农户闲暇等纳入模型,实证检验了河北平原农户种植制度和农户冬小麦退耕的决定因素,并且较好地解释了河北平原农户土地利用决策的影响及其作用机理,其中土地地块特征、农户家庭特征及村庄特征均对农户土地利用产生影响(王学,等,2016;王学,等,2018)。总之,以上学者提出的地租理论及其应用对本研究均提供了较强的借鉴价值。

第三节 农地边际化理论

一、农地边际化内涵

农地边际化的内涵极其丰富,不同学者对其的理解不尽相同。一般认为农地边际化是指农地利润从多变少的过程,比如从耕地到牧草地等,边际化的过程受到多种因素的驱动,比如社会经济发展、自然环境改变及制度变迁等,在该过程中农地逐渐变得不具有生产能力。虽然不同学者对边际化的定义略有差异,但他们均认同:①土地生产能力变化是农地边际化的核心内涵;②在农地出现边际化现象时,农地利用方式相应地发生变化;③农地边际化是社会经济发展、自然环境改变及制度变迁等多种因素共同驱动作用的结果;④受驱动因素变化影响,农地生产能力不断发生变化,农地边际是一种动态过程的变化(刘成武,李秀彬,2005;刘成武,李秀彬,2006;李升发,李秀彬,2018)。基于以上分析,农地边际化可以分为狭义和广义两种内涵:

(1)狭义农地边际化是指在经济、社会与自然条件等因素共同作用下,农地在当前用途下的"无租化"现象。"无租化"的典型例子是耕地撂荒。其本质是农地经营利润的下降,且小于或等于零时的状态,用公式可以表示为:

$$\pi = pq - I_{labor} - I_{capital} - I_{land} \tag{2-1}$$

其中 π 为农地利润；pq 表示农地总产值；I_{labor} 表示劳动力成本；$I_{capital}$ 表示物质投入费用；I_{land} 表示土地成本。当 $\pi \leq 0$ 时，说明农地利用的总产值已无法补偿其生产成本，农地的经济生产能力消失，此时土地利用方式处于"边缘"状态，农地利用"低端边际化"开始出现。

(2)广义农地边际化是指在当前用途下的经济生产能力持续下降的过程，其集约边际并未降低到粗放边际，但却低于其他可考虑用途的集约边际。也就是边际内土地沦为边际外的过程。这时候，农地用途转移会提高地租产出，这也是某种土地利用被其他用途排挤、滑入边际利用的现象（刘成武，李秀彬，2005）。典型例子是城镇周边肥沃农田转为更为精耕细作的园艺或非农用地（比如建设用地）。

二、边际化的农户响应

农户行为是指在一定经济政策及资源禀赋等条件下，农户为了实现家庭总收入最大化等既定目标而选择的经营方式、经营规模等一系列经济活动的过程。一般而言，影响农户经营行为的因素主要来自两个方面，其一是家庭内部，包括家庭成员的素质高低、家庭收入水平及消费偏好等；其二是家庭外部因素，包括政策变化、地理区位及基础设施等（Yan et al.，2016）。伴随着农地生产能力的下降，农户会给出相应的应对措施，即农户响应。一些人可能会努力提高土地生产能力以同边际化现象抗争；相反，另一些人则可能会减少土地利用甚至完全弃耕抛荒（刘成武，李秀彬，2006）。但为了实现集约化生产或增加单位面积产出，一些地区会采取相应的经济激励措施，进而间接改变当地农业结构，比如部分省份实施了早稻补贴政策（具体包括早稻育秧、机播以及价格补贴等）。欧洲农地边际化的研究也表明，在达到完全弃耕这种状况以前，农户为防止边际化现象与维持地力，往往有不同的经营选择，比如通过采用传统的割草、筑篱笆等方式，来减少劳动力作业成本（Ortyl and Kasprzyk，2022）。

总之，农户对边际化的响应大致包括以下几种：①从一种农地利用到另一种农地利用的变化。比如耕地向永久牧草地转变，典型的是复杂的农业系统向简单的畜牧业系统转变；②农地利用的"粗放化"现象，比如减少劳动和资本、基础设施投资以及复种指数的下降（如双季稻改为单季稻）等；③农业系统的萎缩,比如原本较集约经营的土地转变为粗放经营甚至撂荒等;④农业经营权流转,比如农户依靠原有的耕地无法支撑生计而被迫外出务工,把耕地流转出去,发生农地经营权流转;⑤农地非农化,比如耕地转变为城市建设用地等。

第四节　要素替代规律

农业生产中要使用各种生产要素,即所谓投入。在生产中,不同要素之间按照不同组合可以派生出多种技术或生产方式。在某些情况下,劳动和资本的配置比例是固定不变的,即两者无法进行替代。比如一单位劳动与若干固定单位资本相结合,如果劳动不增加而资本持续增加,由于边际报酬递减,总产量不会有显著增加。但在多数生产情况下,两种要素投入的不同比例可以达到相同的产量,这就需要生产要素之间的替代。比如为了生产1000千克的小麦,生产者可以使用较多的劳动和较少的物质费用,也可以使用较少的劳动和较多的物质费用。前者可以看作是劳动对物质的替代,而后者则是物质对劳动的替代。

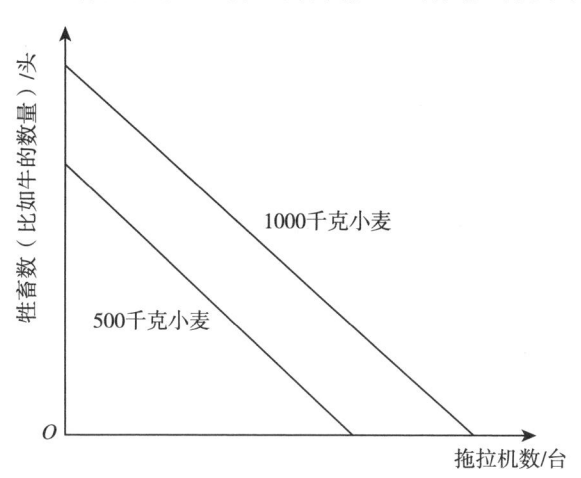

图2-2　拖拉机和牲畜之间的完全替代关系

要素替代可以分为完全替代和不完全替代。完全替代的情况一般发生在具有类似功能的不同要素之间,当某一种要素价格上升使资源使用者难以支付或者不愿意支付时,它就会被另一种要素所替代,比如拖拉机和农作牲畜的替代(图2-2)。不完全替代也称部分替代,存在于部分功能相同的要素之间。比如生产1000千克小麦时,劳动和耕地之间的替代关系(图2-3)。由两种要素之间的相关替代关系,可以得到要素边际技术替代率,即在维持产量不变的前提下,增加一个单位的某种要素投入量时所减少的另一种要素的投入量。实际上,微观经济框架认为,在两种生产要素相互替代的过程中,普遍存在边际替代率递减规律,即在维持产量不变的前提下,当某一种生产要素的投入不断增加时,每一单位的该种生产要素所能替代的另外一种生产要素的数量是不断减少的。

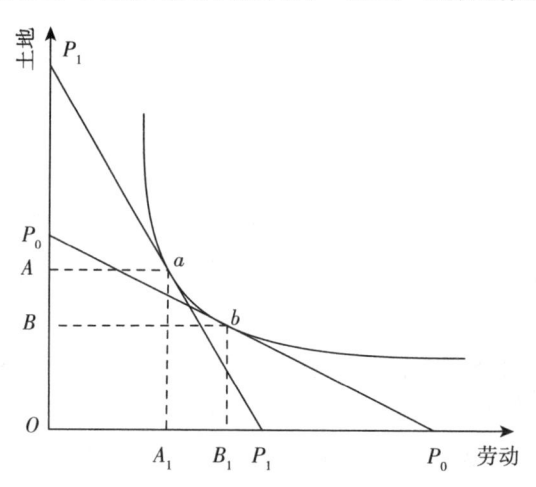

图2-3 劳动与土地的不完全替代关系

第五节 报酬递增理论

一、报酬递增理论发展

(1)亚当·斯密开创了报酬递增理论。斯密在《国民财富的性质和原因的研究》的前三章从企业组织和劳动分工的角度论述了报酬递增产生的过程,并且认为社会财富增长来源于劳动分工。这是对报酬递增的首次阐述。此后,斯密在《论分工的原因》和《道德情操论》中先后提出社会分工的发展主要来自于人口的交易倾向,以及社会制度安排是报酬递增的根源(贾根良,1998)。此外,斯密又阐述了报酬递增来自于技术变迁,并且以分工的形式表现出来,这点与新古典经济学把技术进步(变化)看作"生产函数"的移动不同,他把技术变迁看作是生产工艺改进、新型机器替代等。其中机器替代了大量劳动,形成了新型的、更加精细的产业部门,加速了技术和知识的积累,成为报酬递增的根源。后来阿林·杨发展了斯密的报酬递增理论。

(2)马歇尔以新古典均衡的外部性来解释报酬递增,在其《经济学原理》中以外部经济和代表性企业分析了报酬递增现象,其观点是企业内部效率来自于两种经济,其一是有赖于完整工业体系的外部经济,其二是有赖于市场上个别企业的经济效率的内部经济。外部经济是指社会的发展和技术进步对整个社会生产总量的提升,其结果是外部经济的自然增长成为报酬递增的唯一源泉,企业内部分工、创新、技术变化等在分析框架中被抽象掉了。此后,马歇尔在其《经济学原理》第四版中总结出的报酬递增趋势观点是:①规模效应产生的报酬递增或者是内部的,或者是外部的;②自然起作用的生产具有报酬递减倾向,人起作用的生产具有报酬递增倾向。农业生产中人的作用同报酬递增法则相一致;③报酬递增本质上是劳动和资本相互结合,并且相互作用及改进,进而提高两者的利用效率。此外,马歇尔当时还强调人的健康、能力等对经济发展的重要性,这本质上是现代经济学中提到的人力资本外部性(Schultz,1951;茅于轼,2001)。他对知识的评价也具有先见之明:"知识是生产最强大的发动机,在知识中的公共与私有产权的区别,其重要性日益增加"(Schultz,1951)。此后,卢卡斯等在马歇尔的理论框架下发展成了新增长理论。

(3)阿林·杨继承了斯密的分工理论,在其经典论文《报酬递增与经济进步》中运用社会分工和迂回生产解释了报酬递增(Young,1928)。此后,杨在其一系列著作中论述了渐进的分工是报酬递增的保证,并认为分工是专业化程度提高的过程,报酬递增归因于专业化分工。总之,无论是斯密的分工理论还是杨的分工理论都在强调研发、创新以及技术进步对报酬递增的意义,只是技术进步的来源方式不同,但其实质都是专业化分工的结果。关于专业化与报酬递增的论述,还包括贝克尔的《家庭论》中"一切有效率的家庭成员都必定是完全专业化"(Becker,1985);罗森的《替代与劳动分工》中"对专业化和比较优势生产进行投资的动力来源于报酬递增"(Rosen,1978)。

(4)费雪、罗森和卢卡斯等认为人力资本累积效应是报酬递增的源泉。其中费雪提出了广义的资本概念,它包括人力资本、专用性的人力资本,这些是报酬递增的重要源泉;罗森在《专业化与人力资本》中阐述,专业化促进了人力资本增长,进而产生报酬递增;卢卡斯在《论经济发展的机制》中则集中关注物质资本和人力资本积累的作用,人力资本的外溢效应是经济增长的动力之一(茅于轼,2001)。

二、报酬递增的源泉

诺贝尔经济学奖获得者舒尔茨(Theodore W. Schultz)在其《报酬递增的源泉》中详细梳理了报酬递增主要来源,主要包括外部性、专业化、劳动分工、人力资本积累、技术进步、经济制度、知识与研发及经济组织等,而这些在经济学家构建模型时被统称为广义技术进步。然而,广义技术进步有别于传统的要素投入,比如劳动力、资本和土地等,其更像是无形生产要素。传统生产要素与无形生产要素相结合,两者在总生产要素中的配置比例直接决定报酬递增的方向。当传统生产要素占主导地位时,无形生产要素无法发挥优势,生产中呈现出报酬递减的趋势;相反,当无形生产要素占主导地位,并且大幅提升传统生产要素的质量和效率时,报酬递增规律也从一个领域向其他众多领域延伸和扩展,这种报酬递增逐渐成为普遍性,社会各行业的发展则呈现报酬递增趋势(茅于轼,2001)。

随后,舒尔茨在《报酬递增的源泉》的后记中强调,报酬递增同主流经济理论的冲突,在农业领域的研究中表现得更加明显。传统农业经济学家认为土地就是报酬递减的,农民是非理性的,传统农业生产缺乏效率。但舒尔茨坚持认为,包括农民在内的一切个体都是理性的,传统农业生产已经处于其长久以来所形成的惯性均衡状态,因而是有效率的。他认为,在传统农业生产要素集合内进行投资,回报率很低。然而,农业研究及对农民进行人力资本的专业化投资,改变传统农业生产要素集合,能显著带来报酬递增。这也同高收入国家农业土地的重要性日益下降的客观现象是一致的。显然,这些论断提升了对报酬递增的认识。

第六节　相关理论的启示

基于报酬递增理论和要素替代理论,实证检验农业中的技术进步是耕地资产价值变化的关键诱因。报酬递增和要素替代在农业生产中已得到了验证。本研究首先构建了耕地资产价值变化的理论框架,即新型农业资源集通过报酬递增和要素替代两种机制降低了耕地在农业生产中的相对地位;此后,本研究利用1986—2018年较长时间序列的省级和微观农户家庭数据,构建了扩展型C—D生产函数,检验前文的理论推断,以期识别出耕地资产价值变化的关键诱因。

结合地租理论,定量测算1986—2018年农户耕地流转租金和典型农业区的租金,揭示耕地资产价值变化的规律。根据级差地租理论,地租受农产品市场价格、生产成本以及社会平均利润等影响,因此不同时段、区位、土地利用方式下的土地租金存在较大差异。以此为鉴,本研究分析了1986—2018年全国整体和不同区位的耕地租金,揭示30多年中国农户耕地资产价值的变化规律。此外,本研究从不同土地利用方式的视角测算不同案例区的耕地租金,以此揭示不同土地利用方式下的耕地资产价值差异。

根据农地边际化理论,定量测算1986—2018年亩均耕地成本收益,以揭示耕地资产价值变化规律,同时还可以为未来农地边际化趋势和粮食安全状况的判断提供政策参考。根据狭义边际化定义,本研究测算了1986—2018年亩均耕地净收益,揭示了耕地资产价值变化规律;同时,还可以推断或预测未来耕地边际化的可能趋势和范围,及其可能引起的粮食减产量等,这些研究可以为中国农业补贴政策和粮食安全问题提供参考。

第三章

研究区概况与数据来源

第一节　农村固定观察点系统

本研究的主体数据来自农业农村部农村经济研究中心的农村固定观察点数据库(http://www.rcre.agri.cn/),该数据库1984年建立,由农业农村部农村经济研究中心负责管理。1986年开始在全国各省(区、市)展开农村住户连续追踪调研,该数据库有三个鲜明的特征:第一,样本分布范围广和代表性强。该调研覆盖了1986年以来全国除港澳台之外的31个省(区、市),涵盖约360个村庄,村庄的分布分别按照地势(平原、丘陵、山区)、经济发达程度(上等、中上等、中等、中下等及下等)、农业经营特征(农区、林区和牧区)、城市郊区、贫困村等差异进行采样;同时各省(区、市)也按照以上特征进行采样,保证了全国和各省(区、市)样本均具有较强的代表性。第二,样本量大。该调研按照各地区人口数量和土地规模进行抽样,每年超过2万户家庭,1986—2018年共调查665346个农户,满足了大样本分析的数据要求(图3-1)。值得一提的是,调研村和农户一旦被确定后原则上不再进行更换,但考虑到人口迁移、农业结构调整等因素导致部分已确定的农户不具代表性,因而部分村和农户被替换。第三,调研内容丰富。该调研同时采用村调查和住户调查两级问卷。其中村问卷包括村庄经济概况、人口及基层组织、劳动力情况、土地情况、集体固定资产、农林牧渔生产、财务信息及社会发展情况等信息;住户调查问卷则包括家庭成员信息、土地情况(土地转入和转出)、地理区位(是否在郊区及所在县的经济发展水平等)、固定资产、家庭生产、农产品出售、购买种植业生产资料、家庭全年收支及食物消费等信息。

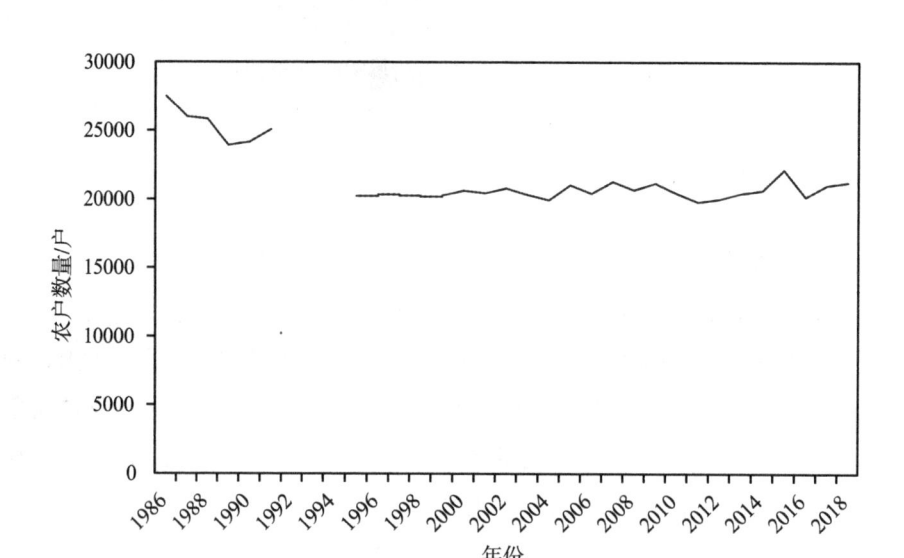

图3-1　1986—2018年农村固定观察点数据库中年度农户数据

注：数据来源于农村固定观察点，其中1992年和1994年未开展调研。

对于本研究而言，揭示耕地资产价值的变化规律需涉及农户土地利用（土地流转）、家庭生产经营情况、家庭收支状况等指标。此外，虽然调研内容在2003年前后有明显调整，2003年以前多数指标没有调查，但本研究所使用的重要变量在2003年前后并未发生较大调整。故本研究选取1986—2018年作为研究时段，以期揭示耕地资产价值的时序变化。

第二节　案例区概况与数据收集

一、案例区选取

以上农村固定观察点数据可以从长时间序列揭示农户家庭耕地资产价值的变化规律，但无法揭示不同土地利用类型下的耕地资产价值。同时考虑到各地区耕地利用的差异，本研究选取四个典型农业区来探讨不同土地利用方式下耕地资产的价值差异。按照耕地利用方式的差异，可以把农业分为四大类型，即都市农业、集约农业、主粮作物和山地农业。其中都市农业是指大中城市经济圈内或都市郊区,以满足城市居民需求而发展起来的现代农业,比如生态绿色农业、休闲观光农业等;集约农业是指在一定量的耕地上,投入较多的劳动和生产资料,并采用先进的技术和管理手段以增加产出,比如大棚蔬菜、温室花卉等;主粮作物农业是指在平原地区种植的主粮作物,比如江汉平原水稻、华北平原小麦、全国各地广泛种植的玉米等,为国家粮食主产区的主要土地利用方式;山地农业是指在山区经营的种植业,比如西南山区玉米、水稻和红薯等。

鉴于此,本研究按照以上四种农业类型拟选取不同典型农业区(都市农业区、集约农业区、主粮作物区和山地农业区),以揭示不同土地利用方式下的耕地资产价值差异。其中都市农业区选取的代表区域为北京市大兴区、通州区和顺义区,这些地区素有"北京菜篮子""绿色走廊"等称号,都市农业发达、耕地利用价值凸显,能够代表大城市和特大城市周边耕地的利用状况;集约农业区选取的代表区域为山东省寿光市、青州市和昌乐县,这些地区以经营大棚蔬菜和瓜果为主,农业集约利用程度较高;主粮作物区选取的代表区域为湖北省监利县和洪湖市,这两个地区地处江汉平原,均为粮食主产区,同时以种植主粮作物水稻为主,代表全国平原地区主粮作物的耕地利用水平;山地农业区选取的代表为重庆市武隆区和酉阳土家族苗族自治县(以下简称"酉阳县"),以种植水稻、玉米和红薯等作物为主,一定程度上代表了全国山地农业的发展状况。

二、案例区数据调研

(一)调研问卷设计

开展农户调研的目的是通过掌握农户家庭基本信息对耕地资产价值的差异性进行比较与分析。调研问卷包括村庄问卷和农户问卷。其中村庄问卷的调研对象是村支书、会计或了解村内情况的其他干部,调研内容包括人均纯收入、土地确权、土地流转、劳动力工资及社会保障等(表3-1);农户问卷的调研对象是农业经营户,以户主回答为主,其他家庭成员辅以作答,内容包括劳动力务工、土地利用(包含土地流转、地块投入—产出)、家庭生产经营及家庭收支等情况(表3-2)。

表3-1 村庄问卷主要内容

类别	主要内容
村庄基本情况	村庄人数、户数、外出务工、人均纯收入、耕地资源禀赋、宅基地买卖、土地确权、土地调整等
村基层组织情况	村委会、村干部实际人数及合作社情况等
社会保障与保险	当时小工价格、参加农村养老保险和合作医疗户数、商业保险水平等
土地流转情况	流转耕地面积、流转价格、用途、土地流转限制、服务组织等

表3-2 农户问卷主要内容

类别	主要内容
家庭劳动力情况	家庭总人口、经营主业、各成员基本信息、兼业、外出打工及非农工资情况等
土地利用基本特征	家庭经营面积、地块数、闲置土地面积、地块基本信息、耕地转入及转出情况,比如转出年限、租金、补贴、合同及担保等
家庭生产经营情况	每种作物种植面积、自家耕地面积、亩产量、单价、投入情况,比如种子种苗、农药、肥料、灌溉、机械及人工等
温室蔬菜大棚情况	蔬菜大棚数量、亩数、投入成本等
家庭住宅与固定资产	耕地抵押贷款、家庭住宅、宅基地买卖情况;家庭生产性和固定性资产情况等
家庭全年支出情况	家庭衣食住行、教育、医疗、通信、保险、旅游及其他支出等
家庭全年收入情况	种植业收入、农业补贴、土地流转、养老金、退休金、征地补偿、政府转移支付及救济等

(二)抽样方法

农户的选取遵循以下分层抽样原则:第一,按照经济发展水平、耕地利用类型及地形地貌等选取北京市、山东省、湖北省和重庆市作为四个典型农业区,分别代表都市农业区、集约农业区、主粮作物区和山地农业区;第二,根据案例区内部的经济发展、种植结构和地理特征等,在每个省(市)内选取2—3个典型区(县、市);第三,根据乡镇的农业发展和人均纯收入再从每个区(县、市)内筛选2—3个乡镇,共计24个乡镇;第四,在每个乡镇内选取2—7个自然村,共计84个村;第五,按照村庄的人口规模,从每个村庄内随机抽取10—30户农户进行调查,调查方法采用参与式农村评估法(Participatory Rural Appraisal,PRA)中的半结构式访谈(王亚辉,等,2019),其中户主作为主要访谈人,其他家庭成员辅助回答,每份问卷大约花费2—3个小时。

(三)实地调研

第一,前期预调研。为了保证调查数据的真实性和可靠性,课题组召集了具有地理学、经济学、土地资源管理和农业经济管理等学科背景的硕士生和博士生作为调研人员。在预调研之前,课题组对调研人员进行了集中培训。同时考虑到各省(市)的社会经济发展和地形存在较大差异,故在正式调研之前均进行前期预调研摸底。每次约有10名调研人员,每次预调研约收集30份问卷。

第二,正式调研。正式调研程序比较复杂,大致包括如下:(1)调研人员自查,正式调研按照前期指定的抽样方法进行抽样调查。调研的当晚,调研人员需对每份问卷进行回忆和检查,比如存在计算问题或无法解决的问题,用红色签字笔修正,等待讨论时间解决;(2)调研人员互查,调研人员自查问卷后,调研人员再进行相互检查,重点关注他人问卷是否存在明显错误、不同问卷是否存在明显差异等问题;(3)经调研人员自查和互查问卷之后,负责人介绍当天调研的乡镇、村庄信息,并统一地名、乡镇及村名等。同时讨论并解决各位访员在调研过程中遇到的问题;(4)负责人详查与电话回访,当天的问卷检查和讨论之后,负责人汇总各调研人员的问卷并逐一再次核查;如有问题,次日负责人与调研人员沟通,必要时进行电话回访。

第三,问卷装箱入袋。调研人员录入电子版问卷之后,需把电子版和纸质版问卷发给负责人。负责人再次核查电子版和纸质版问卷,如有偏差找出原因并改正;如仍有问题无法解决,负责人电话回访农户。经过以上步骤,问卷的质量得到了保障,为后期实证分析提供了翔实的数据。

(四)调查问卷回收情况

该调研包括4个省(市)(包括北京市、山东省、湖北省和重庆市)、10个区(县、市)(包括北京市大兴区、通州区和顺义,山东省寿光市、青州市和昌乐县,湖北省监利县和洪湖市,重庆市武隆区和酉阳县)、24个乡镇、84个自然村,一共收集有效问卷1025份,其中北京市、山东省、湖北省和重庆市分别有234份、202份、287份和302份。其中村庄问卷和住户问卷分别涉及可用变量76个和253个。调研于2017年8月开始,共历时四个月。调查村和农户数量见表3-3。

表3-3 不同农业区农户调查基本情况

类型区	代表省(市)	代表区(县、市)	调研村/个	农户数/户	有效农户/户	有效问卷率/%
总计	—	—	84	1025	905	88.29
都市农业区	北京市	大兴区、通州区和顺义区	23	234	204	87.18
集约农业区	山东省	寿光市、青州市和昌乐县	19	202	172	85.15
主粮作物区	湖北省	监利县和洪湖市	24	287	257	89.55
山地农业区	重庆市	武隆区和酉阳县	18	302	272	90.07

注：数据来源于实地调研，经作者整理所得。

(五)调查数据的修正

第一，土地丈量单位的换算。调研期间，由于部分地区仍未完成土地确权颁证工作，耕地面积多地仍按当地的自然条件、测量习惯等方式进行计算耕地面积，致使各地区耕地计量单位不同，比如湖北省多以大亩计量，1大亩等于1.5个标准亩(1个标准亩=666.67平方米)，而重庆市则以"挑"为计量单位，1"挑"等于0.25亩。因而需要通过不同单位换算成标准亩，才能准确对比耕地资产价值的差异。

第二，实物量与货币量的换算。家庭经营投入、耕地流转租金以及消费等一般用货币计量，但少数地区仍有实物交换，比如重庆市酉阳县农户间经常互换种子种苗，耕地租金以粮食支付，化肥投入则采用畜禽粪便等。然而，以上要素投入对本研究分析尤为重要，因而有必要把实物量折算成货币价值。折算的方法是亩均种子费用以当地亩均所需的平均值替代；农家肥以当地干粪和清粪的售价换算，其中干粪0.25元/斤，清粪为20元/吨；耕地流转租金按照粮食的当年价格进行折算，即亩均租金=粮食数量×粮食单价。

三、案例区农业经营特征

(一)都市农业区——北京市大兴区、通州区和顺义区

大兴区位于北京市南部，东经116°13′—116°43′，北纬39°26′—39°51′。全境属永定河冲积平原，地势自西向东南缓倾，大部分地区海拔14—52米，属于

暖温带半湿润大陆季风气候。全区境内现有耕地面积57.61万亩,以北京市"南菜园"著称。耕地资源稀缺,人均耕地面积约1.5亩。全区设施农业发达,以花卉、蔬菜和瓜果等为主要作物,占种植业面积的90%,其中蔬菜22万亩、甜瓜10万亩、甘薯4.5万亩和果树20万亩。2016年区内经营的观光园多达100个,观光农业收入近2亿元。同时这些地区也兴起了都市农业文化,比如庞各庄镇是著名的中国"西瓜之乡"、安定镇为蔬菜交易中心等;通州区位于北京市西南,都市特色农业尤为发达,比如观光农业、休闲农业以及林下经济等,林下经济以香菇和木耳为主,对菌类进行深加工,打造都市现代农业品牌;顺义区近年来投资1.2亿元,重点打造都市设施农业、蔬菜专业村等特色,提高都市农业的"菜篮子"保障能力。近年来,北京市周边的传统种植业逐渐萎缩,取而代之的是高产值的现代都市农业(图3-2)。

图3-2 都市农业区(左图为都市郊区观光园,右图为都市郊区林下经济)

(二)集约农业区——山东省寿光市、青州市和昌乐县

山东省潍坊市位于山东半岛东部,地跨东经118°10′—120°01′,北纬35°32′—37°26′,地处北温带季风区,背陆面海,气候属暖温带季风型半湿润大陆气候,年均降水量在650毫米左右。潍坊地形南高北低,南部低山丘陵区,总面积1.56万平方千米,占全市总面积的36%。全市耕地资源稀缺,人均耕地面积约1.8亩。瓜果、蔬菜及花卉种植面积较大,2016年全市瓜果、蔬菜产量达到近1400万吨,是山东乃至全国集约农业的代表,集约农业较发达。其中寿光和青州以蔬菜为主,昌乐以黄瓜和西瓜为主(图3-3),形成了"农户经营为主、合作经营为辅"的格局。与此同时,合作社提供融资、销售等服务,为农户的蔬菜瓜果

销售提供了有力保障。实地调研发现,超过80%的农户种植蔬菜瓜果,集约农业相关服务设施齐备。除了调研地区之外,河南、安徽等地区也有大量的集约农业,同时部分地区涌现了专业化特色集约农业,耕地利用方式和强度要远高于粮食主产区。

图3-3 集约农业区(左图为蔬菜大棚外景,右图为蔬菜大棚内景)

(三)主粮作物区——湖北省监利县和洪湖市

监利县和洪湖市同属于荆州市,地处江汉平原,均是全国产粮大县。其中监利县地跨东经112°35′—113°19′,北纬29°26′—30°12′,地势平坦,是典型平原地形,属于亚热带季风气候,热量丰富,年均降水量在1100—1300毫米之间。监利县有足够的气候资源供农作物生长,素有"湖北产粮第一县""全国水稻第一县"和"国家产粮基地"等称号,以种植水稻为主,近年来监利县被确定为全国现代农业示范与建设试点县;洪湖市同样以种植水稻为主(图3-4)。值得一提的是,监利县和洪湖市近年也出现大量的稻田养虾农户,在核算水稻的投入产出时,本研究剔除了稻田养虾、种植莲藕等农户样本。

图3-4 主粮作物区(左图为中稻秸秆,右图为晚稻)

(四)山地农业区——重庆市武隆区和酉阳县

武隆区位于重庆东南部和乌江下游,处于大娄山和武陵山的结合地带,属于西南高原丘陵地区,境内海拔160—2033米,处于重庆市"一区两群"的交汇点,经济处于中上水平;酉阳县属于武陵山区,县内地形起伏较大,地貌分为中山区,海拔800—1895米,低山区,海拔600—800米,槽谷和平坝海拔260—600米,经济发展处于中下等水平。这两个地区以种植粮食作物为主(占50%),主要以玉米、红薯及小麦为主(图3-5)。此外,山区部分耕地已处于撂荒状态。以上特征均符合现阶段中国山地农业特征。

图3-5 山地农业区(左图为撂荒耕地,右图为山地玉米)

四、案例区农户家庭特征

(一)农户家庭特征比较

首先从家庭基本特征看(表3-4),不同案例区户均人口、劳动力数量、家庭经营耕地面积、户均地块数、闲置耕地面积及耕地细碎化程度等均存在明显差异。以家庭耕地规模看,主粮作物区的户均耕地规模(24.57亩)要远大于其他地区,都市农业区户均规模最小,户均约为4.79亩;从户均闲置耕地来看,山区耕地闲置最突出,户均闲置耕地1.46亩,远高于其他案例区;以户主年龄和受教育程度看,集约农业区的户主年龄为50.74岁,而其他案例区户主年龄均超过56岁;同时集约农业区的户主受教育程度最高,平均为8.75年,而山地农业区最低,仅5.59年;此外,都市农业和集约农业区合作社发展较活跃,农户加入合作社的比重超过1/5,相反,主粮作物区和山地农业区的比重分别为8%、10%。

其次,从家庭收入来看,不同案例区同样存在显著差异。以非农收入为例,主粮作物区户均非农收入超过10万元,远高于集约农业区和山地农业区的31419.35元和45915.87元。对于家庭总收入,主粮作物区户均总收入为124161.6元,都市农业区和集约农业区户均100000元左右,而山地农业区仅为58805.72元。最后,从衣食住行消费看,都市农业区、集约农业区、主粮作物区和山地农业区四个典型农业区存在依次递减的规律特征。以家庭全年总支出为例,四个农业区户均年度支出分别为42126.71元、41543.37元、28205.83元和28046.06元。

表3-4 不同农业区农户家庭基本特征

变量	都市农业区 N=204	集约农业区 N=172	主粮作物区 N=257	山地农业区 N=272
家庭基本特征	—	—	—	—
户均人口数/人***	4.07	4.34	5.42	4.83
家庭劳动力数量/个***	2.91	2.93	3.69	2.68
户均实际经营耕地面积/亩***	4.79	8.90	24.57	8.09
户均地块数量/块***	2.19	2.88	4.07	4.63
户均闲置耕地面积/亩***	0.04	0.06	0.03	1.46
农户耕地破碎化程度(完整=0,极度破碎=1)***	0.49	0.44	0.31	0.95
户主性别,男性占比/%	92.08	99.42	96.50	92.19
户主年龄/岁***	58.01	50.74	57.60	56.28
户主受教育程度/年***	8.61	8.75	6.71	5.59
户主是否为乡村干部(是=1,否=0)	0.11	0.11	0.11	0.03
务农劳动力平均年龄/岁***	58.28	50.52	57.49	56.25
农户是否加入合作社(是=1,否=0)***	0.22	0.25	0.08	0.10
家庭生产性资产价值/元***	9873.12	17910.91	5888.99	6811.90
家庭固定资产价值/元,包括房子、汽车等	131234.40	153454.30	155321.80	125388.10
家庭不同来源收入(元/年)	—	—	—	—
家庭非农收入***	68363.62	31419.35	106953.80	45915.87
家庭总收入***	98991.89	96305.35	124161.60	58805.72
家庭不同层次消费(元/年)	—	—	—	—
衣食住行消费***	22606.14	19107.05	11609.60	10707.14

续表

变量	都市农业区 N=204	集约农业区 N=172	主粮作物区 N=257	山地农业区 N=272
家庭全年总支出(元/年)***	42126.71	41543.37	28205.83	28046.06
村内转出与转入耕地农户数量之比***	0.75	0.24	3.36	1.72
村庄离县城最近距离/米***	22.44	21.05	29.10	29.48
村内人均纯收入(元/年)***	15659.90	13456.65	6884.05	6436.80

注：①数据来源于案例区实地调研，并经作者整理所得；②*** 表示该变量在不同案例区存在显著差异。

(二)家庭经营主业与兼业情况

从图3-6看出，四个典型农业区的家庭经营主业存在显著差异，其中集约农业区高达60.82%的农户从事种植业，33.62%的农户从事建筑业或运输行业。而都市农业区、主粮作物区和山地农业区则存在高度的相似处，即约20%的家庭从事种植业、30%的家庭从事建筑业或运输业和40%的家庭从事第三产业。

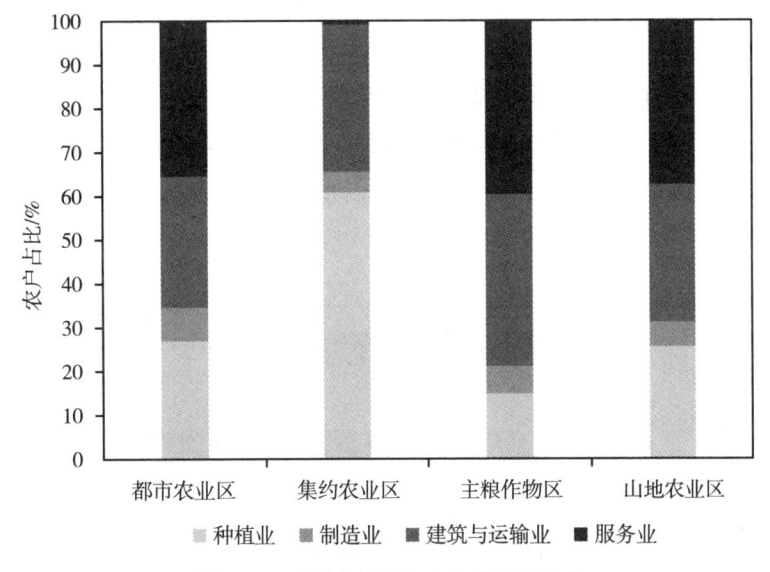

图3-6 不同农业区农户家庭经营主业

从图3-7看出，农户兼业行为和家庭经营主业存在明显的相似性，即集约农业区纯农户的比重近60%，而都市农业区、主粮作物区和山地农业区明显较少，比重在20%左右；相反集约农业地区的非农户比重仅为8.09%，远低于都市农业区的20%和主粮作物区和山地农业区的40%。

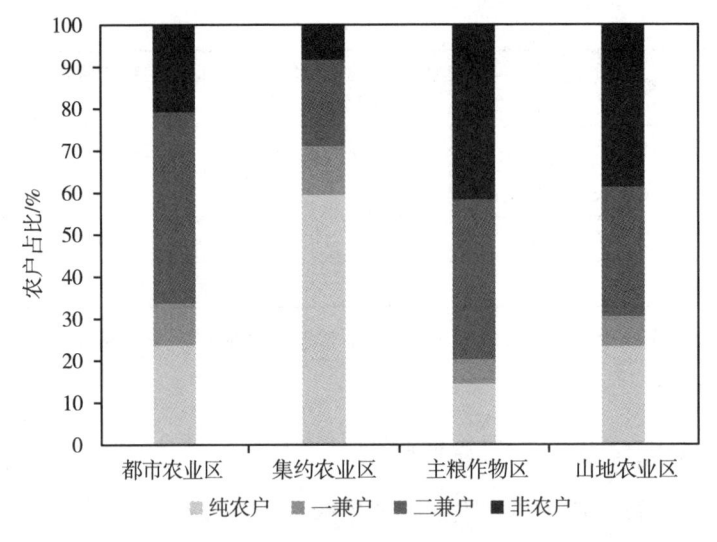

图 3-7　不同农业区农户家庭兼业情况

五、案例区耕地资源禀赋

(一)家庭耕地面积

图 3-8 呈现了四个典型农业区户均承包耕地的规模差异,结果显示,都市农业区、集约农业区、主粮作物区和山地农业区的户均耕地面积分别为 5.09 亩、7.05 亩、10.91 亩和 7.79 亩;人均承包耕地面积相应为 1.52 亩、1.81 亩、2.49 亩和 1.87 亩。

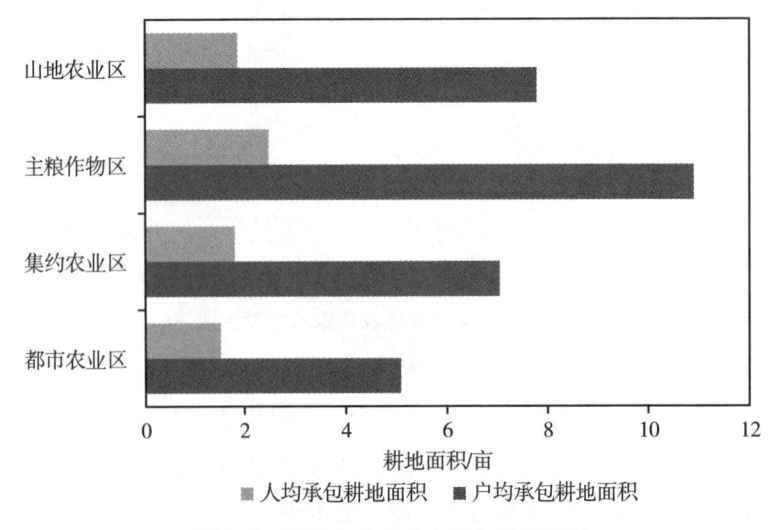

图 3-8　不同农业区农户承包耕地面积

(二)地块规模

从图3-9看出,四个典型农业区地块规模同样存在显著差异。在山地农业区,62.19%的地块面积小于1亩;相反,都市农业区、集约农业区和主粮作物区小于1亩的地块比重均小于20%。此外,四个典型农业区地块平均规模分为3.07亩、2.51亩、5.08亩和1.70亩;山地农业区地块平均面积要远小于其他地区,而主粮作物区的地块规模最大,平均地块面积超过5亩。

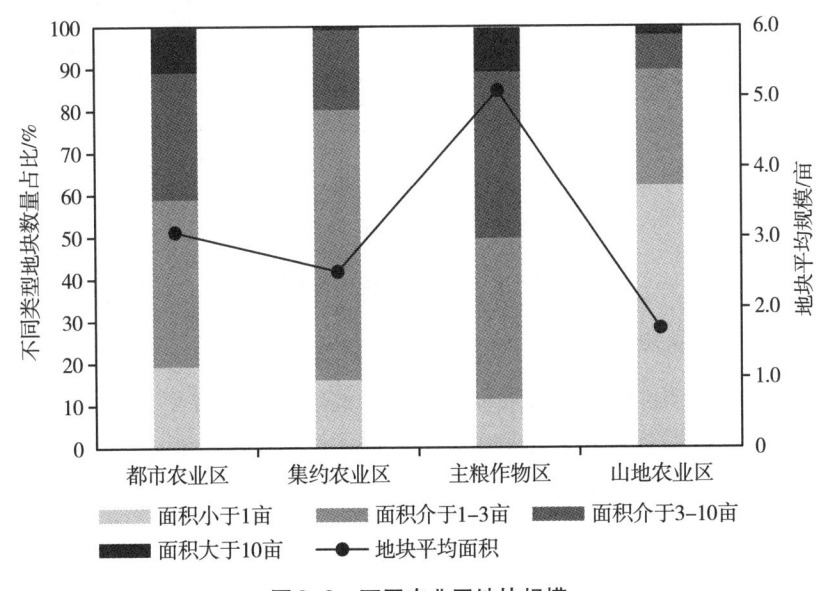

图3-9 不同农业区地块规模

(三)地块与家庭住宅距离

从图3-10看出,四个典型农业区地块离家距离虽有差别,但差距并不明显。具体来看,地块与家庭住宅距离平均在700—800米,山地农业区较高为767.99米;同时,各类地块比重大致相当,比如与家庭住宅距离小于500米的地块比重均在60%左右。总之,地块与家庭住宅距离在各案例区并无显著性差异。

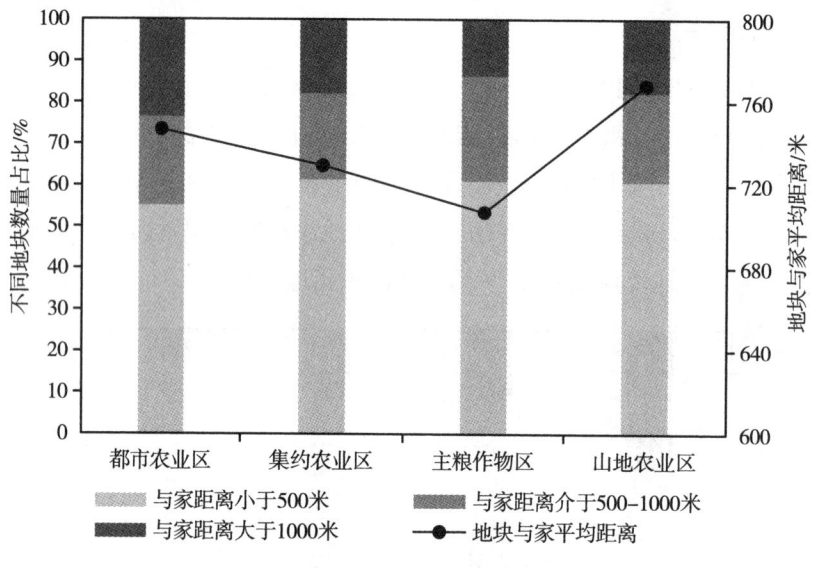

图 3-10　不同农业区地块与家距离

(四)地块灌溉条件

从图 3-11 看出,四个典型农业区耕地的灌溉条件存在巨大差异。其中都市农业和集约农业地区地处中国北部,地表水灌溉十分困难,因而以上地区多以地下水灌溉居多,表现为以上两个案例区地下水灌溉的地块占比高达 90%;相反,主粮作物区以江汉平原为代表,该地区水系发达,可用地表水灌溉的地块比重高达 94.43%。此外,山地农业区受地形、海拔等自然条件限制,地表水和地下水均不易获得,故无水灌溉的比重较高,本研究的案例区占比为 78.42%。

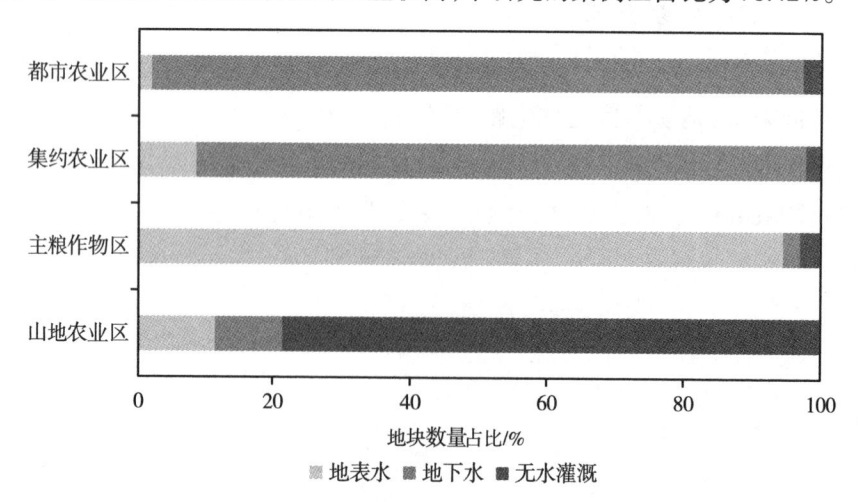

图 3-11　不同农业区地块灌溉条件

(五) 地块质量

从图 3-12 看出,四个典型农业区耕地质量同样存在显著差异。其中集约农业区和主粮作物区一等地地块比重明显偏高,在 50% 左右;而山地农业区一等地比重仅为 23.97%;相反,山地农业区三等及以下等级的地块比重明显偏高,比如四等地地块占比为 16.46%,远高于其他案例区的 4.13%、1.57% 和 4.42%。

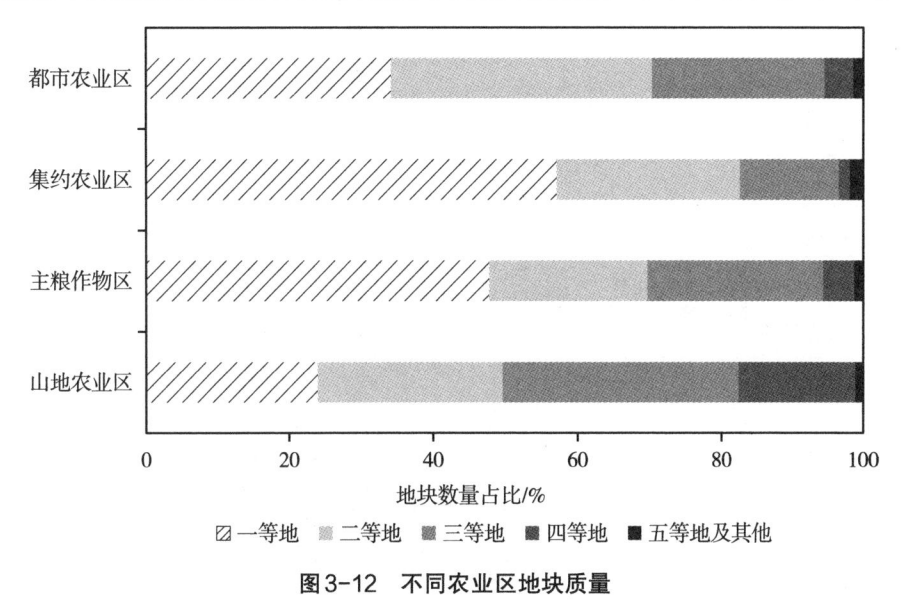

图 3-12　不同农业区地块质量

第三节　农产品成本收益资料汇编

2003 年以前农村固定观察点没有调查农作物的投入产出信息,故无法核算亩均耕地净收益和亩均收益,而全国农产品成本收益资料汇编(http://www.npcs.gov.cn)则详细记录了农作物投入产出信息。全国农产品成本收益资料汇编是由国家发展和改革委员会价格司主编,收录了各省份(未包括中国香港、澳门特别行政区和台湾)主要农产品生产成本和收益资料。该资料是通过抽样调查的方式获得,其中共调查 422 个县、近 4000 户农户,涉及种植面积 22427.98 亩

(表3-5)。该数据库共囊括了1985—2019年的数据,但部分年份没有调研,比如1986年、1987年、1989年、1991—1994年和1996—1997年,考虑到时间的连续性,本研究通过两期移动平均法把以上缺失年份的数据进行了补充。

表3-5 农产品成本收益资料汇编样本分布

省(区、市)	调查县数/个	调查户数/户	调查面积/亩
总体	422	3996	22427.98
北京	7	39	5891.23
天津	4	33	154.36
河北	35	305	1344.2
山西	12	174	703.8
内蒙古	6	60	266.8
黑龙江	17	120	1414.1
上海	6	87	55.04
江苏	35	345	1232.6
浙江	1	9	22.5
安徽	14	155	671.6
山东	50	494	2150.09
河南	35	197	1097
湖北	13	208	616.91
四川	26	283	371.43
贵州	10	102	128.9
云南	42	299	733.45
重庆	16	211	172.79
陕西	7	72	278.8
甘肃	34	308	1596.65
青海	10	126	741
宁夏	6	54	244.8
新疆	23	261	2184.61
西藏	13	54	355.32

此外,该数据库包括多种农作物成本收益信息,比如三种粮食平均成本收益(稻谷、小麦和玉米)、大中城市蔬菜平均成本收益(西红柿、黄瓜、茄子等);同时该数据库还进行了分区统计,比如各省份和大中城市周边等,以及把成本细化为物质费用、用工作价等(表3-6),以上分区统计和成本细化恰好为本研究按区域核算农作物净收益提供了数据支撑。

表3-6 农产品成本收益资料汇编主要内容

类别	主要内容
基本信息	各地区粮食、油料、棉花、蔬菜、瓜果及畜产品投入产出情况
投入情况	物质费用、用工作价、期间费用、税金、含税成本等
产出情况	主产品产量、产值合计、主产品产值、副产品产值及其他收入等
用工量及价格	每亩用工数量、家庭用工折价及雇工费用等

第四节 土地利用遥感监测数据

耕地面积是本研究的重要指标,虽然本研究分别从中国国土资源年鉴、中国统计年鉴、中国农村统计年鉴和原国家土地管理局等数据库获取了耕地面积,但四套统计数据的差别较大。因而又从土地利用现状遥感监测数据中提取了耕地面积,并对分省(市)耕地面积数据进行了重建,以期得到更加翔实的耕地数据。本研究采用栅格分辨率不同的两套遥感数据(http://www.resdc.cn/data.aspx?DATAID=184),详细信息见表3-7。

表3-7 土地利用遥感监测数据基本信息

栅格分辨率	数据年份	数据来源
1km*1km	1990、2000、2010、2015和2020年	中国科学院资源环境科学数据中心
100m*100m	1990、2000、2010和2020年	中国科学院资源环境科学数据中心

第五节　统计数据及其他数据库

除上述数据之外，本研究还用到的统计年鉴和其他数据包括：1987—2019年《中国统计年鉴》和《中国农村统计年鉴》，主要获取价格指数、农业劳动力、物质费用、播种面积、人力资本、国家支农投资等数据，这些数据用于估算扩展型C—D生产函数；1987—2019年《中国卫生统计年鉴》，主要获取农村居民患病率指标，用于核算农村人均养老保障需求的下限和上限；1987—2019年《中国金融统计年鉴》和《中国财政统计年鉴》，分别获取一年期银行存款利率和农业税税率，用于核算多年期耕地租金流现值；各年度《北京市统计年鉴》《山东省统计年鉴》《湖北省统计年鉴》和《重庆市统计年鉴》，获取各地区农村人口数量、养老保障水平、农村人均收入等，用于核算耕地养老保障水平的缺口。土流网耕地流转实时交易数据(http://www.tuliu.com/gongying/nongcun/)，从该网站上抓取典型区域耕地流转交易信息，用于与农村固定观察点耕地流转租金进行对比；中国健康与养老追踪调查(http://charls.pku.edu.cn/zh-CN)，该调查是由北京大学中国社会科学调查中心负责，旨在收集关于中国45岁及以上中老年人家庭和个人的微观数据，从2011年开始，每两年追踪一次，全国约11000多户农村家庭，数据库包含了农村土地流转和租金信息，该数据同样用于与固定观察点估算的耕地流转租金进行比较；中国家庭收入调查数据(http://www.ciidbnu.org/index.asp)，该套数据是由北京师范大学中国收入分配研究院开展的住户调查，旨在揭示中国城乡发展和工资变化；其中数据库中包含11013户农村住户，涉及农户耕地流转及租金，该数据同样用于与固定观察点核算的耕地流转租金进行比较。

第四章

农户耕地资产
价值演变特征

第一节 耕地资产价值的测度

一、耕地资产价值的界定

从家庭生计的可获得性考虑,农户拥有承包权的耕地可以看作是家庭的一项重要资产。作为一项资产,其价值在于耕地的效用或功能。从全社会角度看,多数研究认为耕地具有社会价值、经济价值和生态价值,甚至还有文化功能和调节功能等(何如海,等,2018;刘成铭,陈振,2019;元少华,2021)。然而,在生产要素和产品不断市场化的背景下,对于单个农户家庭而言,耕地资产对家庭生计的支撑作用主要表现为生产资料功能、养老保障功能和金融抵押功能三个方面。

第一,家庭耕地资产的生产资料功能是指农民通过经营耕地获得家庭收入或满足家庭消费支出,即为农户家庭提供"就业"和维持家庭基本生计需求(梁鸿,2000)。第二,家庭耕地资产的养老保障功能是指当农民达到退休年龄或因年龄较大而不从事农业经营时,转出家庭拥有承包权的耕地获得流转租金以维持农民的消费支出(叶姗,李世平,2013)。上述耕地的两个功能也是多数学者普遍接受的观点,即耕地是农民的"命根子",耕地不仅仅是农户家庭的重要生产资料,而且还承担着农民生活保障任务,发挥着农村社会"稳定器"的功能(张红宇,等,2014)。除此之外,家庭耕地资产的金融抵押功能是指农户拥有承包权的耕地可以作为金融抵押品向银行等金融机构融资贷款的功能,是政府为加强农村金融发展和服务而赋予耕地资产的一项新的功能。2014年,中央一号文件《关于全面深化农村改革加快推进农业现代化的若干意见》中强调:"在落实农村土地集体所有权的基础上,稳定农户承包权、放活土地经营权,允许承包土地经营权向金融机构抵押贷款"。因此,在借鉴已有研究和梳理最新政策的基础上,本研究认为对于农户家庭来说拥有承包权的耕地资产主要具有三种功能,即生产资料、养老保障和金融抵押贷款。

一般来看,土地资产具有两种价值,其一是投资价值,即土地资产对于投资者所具有的保值和增值需求的价值,比如城市房地产等;其二是使用价值,即能够满足人类的某种需求,比如从耕地上获取农产品和相关的收益等。考虑到中国农村土地的所有权归村集体,农户家庭拥有土地的承包权和经营权,中国农村仅存在土地经营权流转市场,而不存在土地买卖交易市场,故当前农村土地的投资价值较弱,农村土地多以使用价值的形态呈现。那么,对于农户而言,其家庭耕地资产的价值如何度量呢?

首先,农村耕地资产价值通常指其使用价值,即从耕地上获得农产品或农业收益,农产品的市场价格可以反映耕地资产价值,但农产品价格是由耕地资产价值最低或土地质量最差的土地所决定的。图 4-1 显示耕地产值变动与土地最优利用方式,OL、OM、ON 为某地块的三种利用方式(收益曲线),TC 为成本曲线。当地块利用方式为 OL 时,其亩均收益和成本分别为 BA 和 CA,亩均净收益(地租)为 BC,即该种土地利用方式可以获得地租;当地块利用方式为 OM 时,其亩均收益和成本均为 DE,亩均净收益为 0,即该种土地利用方式无法获得地租;当地块利用方式为 ON 时,其亩均收益和成本分别为 JG、HG,亩均亏损为 HJ,即该种土地利用方式存在亏损,此时农户会改变该地块的土地利用方式,以获得净收益(地租)。如果所有的土地利用方式均无法获得净收益,那么该地块的资产价值必然小于或等于零,甚至处于撂荒状态。因此,耕地资产价值由土地利用方式所决定,而土地利用方式的不同导致耕地投入—产出的差异,进而决定耕地资产价值的高低。

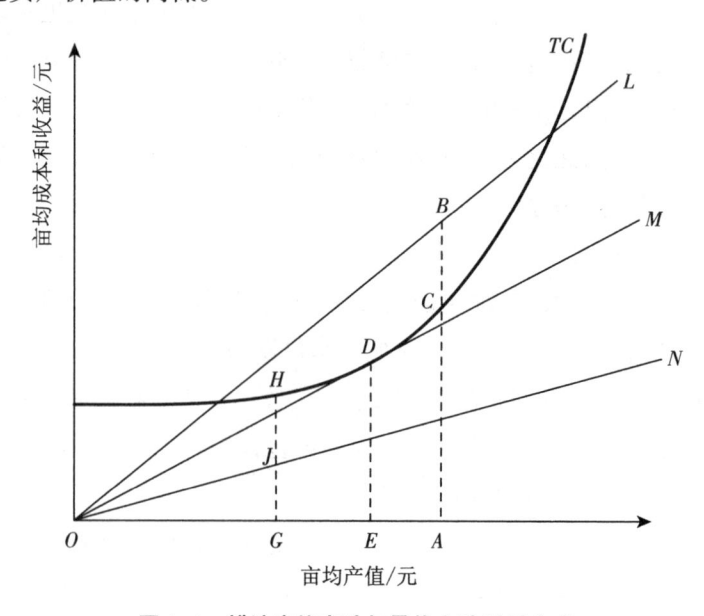

图 4-1 耕地产值变动与最优土地利用方式

下面我们分析亩均耕地资产净收益与农产品价格之间的关系：

亩均投入成本（不包括土地成本）可以表示为：

$$TC = F + aQ^b \qquad (4-1)$$

其中 F 为亩均固定成本，Q 表示亩均产量，a 表示技术进步，b>1。亩均地租或净收益可以表示为：

$$R = (P - tx)Q - aQ^b - F \qquad (4-2)$$

其中 R 为亩均耕地净收益或地租，P 为农产品市场价格，t 为单位距离、单位产品的运输费用，x 为目的地与市场的距离。亩均耕地净收益或地租最大化的条件为：

$$dR/dQ = P - tx - abQ^{b-1} = 0 \qquad (4-3)$$

$$d^2R/dQ^2 = (1-b)abQ^{b-2} < 0 \qquad (4-4)$$

上式可转换为：

$$Q = [(P-tx)/ab]^{1/(b-1)} \qquad (4-5)$$

把公式(4-5)代入公式(4-2)可以得到亩均耕地净收益或地租：

$$R = a(b-1)[(P-tx)/ab]^{b/(b-1)} - F \qquad (4-6)$$

可以看出，亩均耕地净收益或地租是由农产品市场价格所决定的，而农产品价格可以充分体现耕地资产的使用价值，因而亩均耕地净收益可以间接反映出不同利用方式下的耕地资产价值，故可以把亩均耕地净收益作为家庭耕地资产价值度量的代用指标。

此外，耕地除了经营获得农产品之外，农户还可以转出耕地获得租金以维持家庭生计。那么，耕地流转租金是否能反映耕地资产价值变化呢？在评估地价时，收益还原法是在估算土地在未来每年预期纯收益（租金）的基础上，以一定的还原率，将评估对象在未来每年的纯收益折算为评估基准日的收益总和。其估算公式为：土地价格=年度租金/收益还原率。可见，土地租金是土地价格高低的指示器。本研究以美国肯塔基州的农场例子进一步探讨耕地租金与耕地价格之间的关系。表4-1呈现了与肯塔基州路易斯维尔市距离不同的耕地租金、耕地价格之间的关系，结果表明四个区域（小于8千米、8—11千米、11—14千米以及大于14千米）农场的耕地租金均占耕地价格的5%左右，即耕地的资本化率约5%。耕地租金可以充分反映其地价的高低，因而采用耕地年度流转租金作为耕地资产价值度量的代用指标同样是合理的。

表4-1 土地租金、价格与资本化率之间的关系

变量	与路易斯维尔(肯塔基州)的距离			
	小于8千米	8—11千米	11—14千米	大于14千米
户均农场面积/公顷	102	221	256	257
单位面积年租金(美元/公顷)	12.85	5.59	5.37	4.66
单位面积耕地价格(美元/公顷)	312	110	106	95
资本化率/%	4.11	5.08	5.06	4.90
户均农场耕地租金/美元	1210	1235	1430	1295

注:资料来源于J. H. Amold and Frank Montgomery, Influence of a City on Farming, Bulletin 678 (Washington, D.C. Department of Agriculture, 1918)(Amold and Frank, 1918).

根据上述分析,所谓"资产"是指某一主体实际拥有或者控制的,能够为其带来一定经济收益的各类财产和权益的总称。参考"资产"定义,本研究将"农户耕地资产"界定为,农民或者其他权利主体实际拥有或者控制的,能够为其带来一定经济收益的农村土地实物或者土地权利。也就是说,农村土地资产既可以来源于农村土地资源的实物形态,也可以来源于农村用地资源的权利形态。其中当来源于实物形态时,农户可以将土地用作生产资料,开展农业生产经营活动,间接实现土地资产的经济价值;当来源于权利形态时,农户可以通过产权交易市场将土地资产的全部或者部分产权进行交易,直接实现土地资产的经济价值(全世文,等,2018)。

土地资产具有使用和投资两种价值,前者即为实物形态价值,后者则为权利形态价值。有学者指出耕地收益和租金可以间接反映两种权利形态下的耕地资产价值,故本研究把耕地净收益、耕地流转租金作为耕地资产绝对价值的量化指标,把耕地"零租金"流转比例、亩均耕地租金与日均劳动力工资之比以及耕地撂荒率作为耕地资产相对价值的量化指标,其中耕地亩均净收益可以测算耕地生产资料功能的大小,耕地流转租金可以测算耕地养老保障和金融抵押贷款功能的大小。

二、耕地资产价值测度指标

(一)耕地净收益

现实中,直接测算耕地净收益面临着很大困难,由于在过去30年间,中国

农民大多数属于自耕农。农民多数属于自我雇佣,投入耕地上的劳动力成本没有直接按市场价格进行定价,因而直接测算亩均耕地净收益几乎不可能。事实上,耕地净收益是存在的,如何准确地估算耕地净收益进而测度耕地资产价值变得尤为重要(梁鸿,2000)。值得注意的是,《全国农产品成本收益资料汇编》中不仅详细调查了亩均耕地投入的土地、物质费用,而且还调查了用工数量(包括家庭成员和雇佣工人)和雇工工价,这为测算耕地净收益提供了可能。亩均耕地净收益的计算如下:

$$\pi = pq - I_l - I_s - I_p - I_f - I_m - I_i \tag{4-7}$$

其中 π 表示亩均耕地净收益;q 和 p 分别表示亩均耕地产量和农产品单价;I_l 表示亩均人工成本,具体包括家庭用工折价和雇工费用;用工数量是指生产过程中家庭成员和雇佣工人直接劳动的天数,且使用"标准劳动日"计量。一个标准劳动日即一个中等劳动力正常劳动8小时。其中中等劳动力按照如下方法确定:第一,18—50周岁男性,18—45周岁女性,能够适应中等劳动强度;第二,在以上规定的年龄段之外,该劳动力能够经常参加劳动,劳动能力和劳动强度相当于中等劳动力,若劳动能力和强度不足的,按照实际情况进行折算处理;第三,雇工当作中等劳动力。亩均用工数量等于各类劳动用工折算成中等劳动力的总劳动小时数除以8小时,即亩均劳动用工数;然后通过给雇工发放工资情况来反推雇工工价,进而可以求出亩均总的劳动成本;资本投入可细分为种苗投入、农药投入、肥料投入、机械投入和灌溉投入,分别用 I_s、I_p、I_f、I_m 和 I_i 表示,按照农作物种植过程中农户实际投入的货币量折算,单位为元/亩。

值得一提的是,耕地净收益是剔除了劳动力成本而获得的实际收入,净收益高低变化能反映耕地资产价值变化,因而采用亩均耕地净收益来反映耕地资产价值是一个较理想的选择。但对于那些纯农户而言,耕地收成主要是满足家庭的基本消费,因而耕地收成的好坏直接决定其家庭生活水平,这使得所考虑的问题被大大简化(梁鸿,2000)。也就是说,耕地作为生产资料的作用来自于耕地收成,即耕地收益(未剔除家庭用工折价)。相对于耕地净收益,耕地收益等于耕地总产值减去物质费用和雇工费用,而未考虑家庭劳动力成本和土地费用。因此,当揭示耕地资产的价值变化时,本研究采用耕地净收益;当测算家庭耕地资产作为生产资料对家庭生计的支撑作用时,需采用耕地收益。

(二)耕地流转租金

作为家庭的一项资产,农户转出耕地之后能够收到相应的租金。早在20世纪80年代末,中国政府就看到了家庭联产承包责任制带来的农业劳动生产率难以提高的弊端,进而鼓励农户间进行土地经营权流转,以实现适度规模经营(北京天则经济研究所《中国土地问题》课题组,2010);2008年以后,国家层面进一步开展和实施了"土地确权""三权分置"等举措,在保障农户家庭土地承包权的基础上,加快耕地经营权的有效流转(王亚辉,等,2017)。2014年出台的《关于引导农村土地经营权有序流转发展适度规模经营的意见》强调:"坚持农村土地集体所有的基础上,实现土地所有权、承包权和经营权三权分置,引导土地经营权有序流转"。由此可见,中国的土地流转市场很早已经形成,土地经营权流转租金可以充分地反映土地资产价值,故本研究采用耕地经营权流转租金来度量耕地资产价值。

作为农户的一项家庭资产,当农民年龄较大而无法从事农业生产时,农民把耕地经营权流转出去可以获得租金,以满足其养老消费支出。考虑到农户转入的耕地不单单来自农户,还有部分来自村集体、开荒地等,而这些转入地多数并未支付租金,故耕地转入租金不能充分反映耕地资产价值。基于以上分析,本研究重点在于测算转出耕地经营权所获得的租金,而非转入支付的租金。与此同时,为了解决农民因无抵押品而带来的贷款难、融资难等农村发展问题,2016年中国人民银行、银监会、保监会、财政部和农业农村部联合发布《农村承包土地的经营权抵押贷款试点暂行办法》,其中明确规定:"通过家庭承包方式依法取得的土地承包经营权和通过合法流转方式获得土地的经营权的农户,均可按程序向金融机构申请承包土地的经营权抵押贷款"。在申请抵押贷款过程中,抵押品价值是承包期限内可抵押土地的租金现值(李宁倩,2018)。可见,耕地租金的高低直接决定耕地资产价值的高低,其一是耕地养老功能的大小,其二决定可抵押贷款额度的高低。

(三)耕地"零租金"流转比例

耕地"零租金"流转是指农户以不收取租金的形式把耕地流转出去的行为,其在一定程度上反映了耕地资产的价值高低。耕地"零租金"流转的比重指地块以零租金形式流转的比例,计算公式如下:

$$R_1 = P_{zero} / (P_{zero} + P_n) \tag{4-8}$$

式中 R_1 为耕地"零租金"流转的比重;P_{zero} 为以"零租金"形式流转的地块数量;P_n 为收租金进行流转的地块数量。

(四)耕地租金与日均劳动力工资之比

非农工资持续上涨,尤其在2003年跨越"刘易斯拐点"之后,其更是以10%以上的增幅在上升。因而,本研究以劳动力工资作为参照来考察耕地资产价值的变化,采用耕地租金与劳动力日工资比值即亩均耕地流转租金与劳动力日工资之比来度量两者的相对变化,计算公式如下:

$$R_2 = r_{out}/W_{na} \tag{4-9}$$

式中 R_2 表示耕地租金与劳动力日工资比值;r_{out} 表示转出亩均耕地获得租金;W_{na} 表示非农劳动力日工资。

(五)耕地撂荒率

耕地撂荒的比重指已撂荒耕地的面积占辖区内总耕地面积的比例。考虑到山区农地边际化情况的复杂性,在核算耕地撂荒时会因基期面积的不同,而导致耕地撂荒率之间存在较大差异。计算公式如下:

$$R_3 = A_a/(A_a + A_c + A_t + A_f) \tag{4-10}$$

式中 R_3 为耕地撂荒面积的比重;A_a、A_c、A_t 和 A_f 分别表示农户撂荒的耕地面积、正在耕作的耕地面积、退耕还林还草面积和改种其他林木的耕地面积。

第二节 耕地净收益年际变化

该节重点分析全国和不同区域亩均耕地的净收益,首先核算全国三种主粮(稻谷、小麦和玉米)的亩均净收益;其次分别从集约农业区、主粮作物区和山地农业区计算耕地亩均净收益。其中集约农业区包含大中城市周边都市农业和大棚蔬菜、花卉种植等集约农业,主粮作物区包含全国七个平原产粮省(区、市),亩均耕地净收益指三种主粮亩均净收益,山地农业区包含全国七个山区省

(区、市)，亩均耕地净收益与主粮作物区相同。耕地亩均净收益的计算均以1985年不变价为基础。

一、全国耕地净收益

1986—2018年全国亩均耕地净收益整体上呈下降趋势，但不同时段存在较大波动。三种主粮(稻谷、小麦和玉米)亩均净收益从1986年的102.72元降至2018年的52.13元，降幅达到49.25%(图4-2)。其次分阶段看，1986—1991年三种主粮亩均净收益从102.72元降至28.43元，降幅达到72.32%；1992—1994年，三种主粮亩均净收益有所上升；1994—2002年，三种主粮亩均耕地净收益则持续下降，从1994年的84.26元下降到2002年的12.74元，降幅84.88%，该阶段下降的主要原因在于亩均产值的下降，亩均产值从1995年的177.74元降至2001年的123.43元。此后，尤其在2003年以后，亩均净收益呈现先升高后下降的趋势，大致可以划分为两个阶段。其一，2003—2011年，亩均净收益从22.17元上升至89.02元，根源在于亩均产值呈现明显增长趋势；其二，2011—2018年，亩均净收益从89.02元下降至52.13元，根源在于生产成本的快速上升，统计显示，该时期亩均生产成本从255.57元上升到319.89元，成本上升幅度达到25.17%。

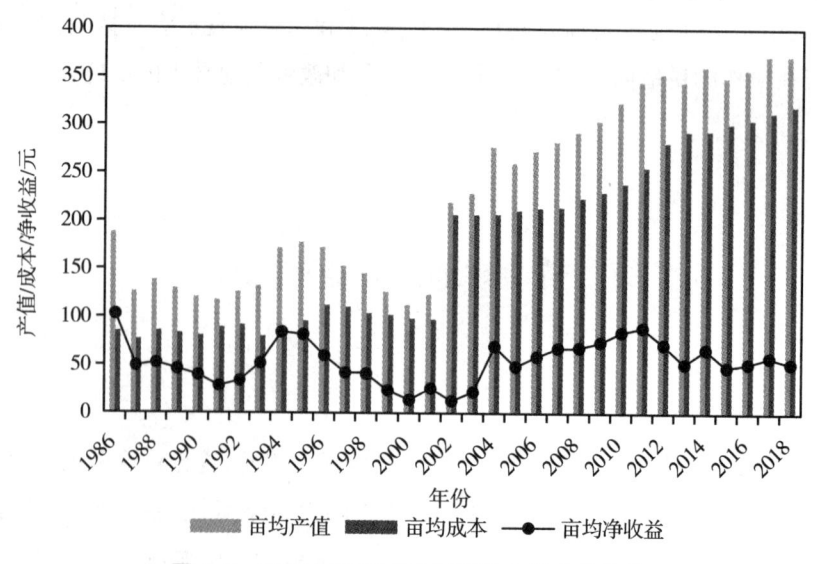

图4-2 1986—2018年全国三种主粮成本收益

注：①数据来源于全国农产品成本收益资料汇编；②亩均产值、成本和净收益均通过价格指数进行平减(以1985年定基价格指数为基准)；③农产品成本收益资料汇编中缺少1987年、1989年、1991—1994年数据，以上年份均通过前后两期的均值进行替代。

表4-2呈现了主要年份全国三种主粮亩均成本收益情况。首先,亩均总产值从1986年的187.91元上升至2018年的332.84元,上升幅度达到77.13%;相较于亩均总产值,亩均总成本的变化更加明显,从1986年的90.61元上升至2018年的325.23元,上升幅度达到258.93%,即上升了2.59倍,远超亩均总产值的上涨幅度。

进一步对三种主粮作物亩均总成本的分解发现,其中物质与服务费用、人工成本两项成本占总生产成本的比重为75%—94%。比如1986年亩均物质与服务费用、人工成本合计为85.19元,占总成本的94.02%;2018年亩均物质与服务费用、人工成本合计为175.83元,占总成本的74.94%。研究期内,物质与服务费用、人工成本分别上涨了1.73倍和2.84倍,其中人工成本上涨幅度最大,从初期亩均26.40元升至末期101.50元。此外,就劳动力成本而言,初期日均劳动力成本为1.5元,2018年日均劳务费则为17.80元(剔除通货膨胀的影响),30年间上升10.87倍。总之,1986—2018年,物质与服务费用、人工成本的大幅上涨是全国三种主粮亩均净收益下降的重要原因。

表4-2 主要年份三种主粮亩均成本收益

变量	1986年	1990年	1995年	2000年	2005年	2010年	2015年	2018年	变化	变化幅度/%
总产量(千克/亩)	290.70	324.17	323.44	337.84	389.66	423.50	423.17	434.35	143.65	49.42
产值合计(元/亩)	187.91	302.47	227.55	178.32	231.35	300.23	309.35	332.84	144.94	77.13
主产品产值(元/亩)	176.46	290.56	217.35	171.33	226.07	295.07	304.27	310.34	133.89	75.87
副产品产值(元/亩)	11.45	11.91	10.20	6.99	5.28	5.16	5.08	22.50	11.05	96.51
总成本(元/亩)	90.61	163.30	175.90	172.99	187.73	248.97	304.95	325.23	234.62	258.93
生产成本	85.19	157.62	166.99	161.04	169.65	215.90	256.02	261.02	175.83	206.39
物质与服务费用	58.79	127.22	129.18	120.80	125.52	159.60	155.52	160.52	101.73	173.04
人工成本	26.40	30.41	37.81	37.24	44.13	56.30	100.50	101.50	75.10	284.46
家庭用工折价	26.40	30.41	37.81	37.26	40.82	51.18	93.42	98.42	72.02	272.81
雇工费用	0.00	0.00	0.00	2.98	3.31	5.12	7.07	7.07	7.07	—

续表

变量	1986年	1990年	1995年	2000年	2005年	2010年	2015年	2018年	变化	变化幅度/%
土地成本	5.42	5.68	8.92	14.96	18.08	33.07	48.93	52.93	47.51	876.56
净利润（元/亩）	97.30	139.16	51.64	5.33	43.62	51.26	4.39	7.61	−89.69	−92.18
每亩用工数量/日	17.60	17.30	15.90	12.20	9.59	6.93	5.61	5.70	−11.90	−67.61
劳动力成本（元/日）	1.50	1.73	2.51	3.30	4.60	8.12	17.18	17.80	16.30	1086.66

注：①数据来源于全国农产品成本收益资料汇编；②亩均产值、成本和净收益均按1985年定基价格指数进行平减。

二、集约农业区耕地净收益

集约农业是指城市周边耕地集约利用区域，比如大棚蔬菜和瓜果等设施农业。全国农产品成本收益资料汇编中包括了城市周边蔬菜瓜果的成本收益信息，但以上数据从1998年才开始调研，因而1986—1997年的数据需要重建与补充。首先，找出1998—2018年全国三种主粮亩均耕地总产值与集约农业地区亩均耕地总产值的相关性，目的是反推集约农业地区亩均总产值。图4-3显示，两者具有较高的相关性，线性拟合曲线为$y=15.107x+634.43$，$R^2=0.9223$，故可以采用线性拟合公式反推1986—1997年集约农业区的亩均耕地总产值。其次，找出1998—2018年全国三种主粮作物亩均总成本和集约农业区亩均耕地总成本的相关性，进而反推集约农业区亩均耕地总成本。图4-4表明，两者同样具有较高的相关性，线性拟合曲线为$y=12.474x-41.498$，$R^2=0.9497$，故通过两者的相关性反推出1986—1997年集约农业区亩均耕地总成本。最后，通过以上推算出的集约农业地区亩均总产值和总成本，进而可以估算出集约农业区的亩均耕地净收益。

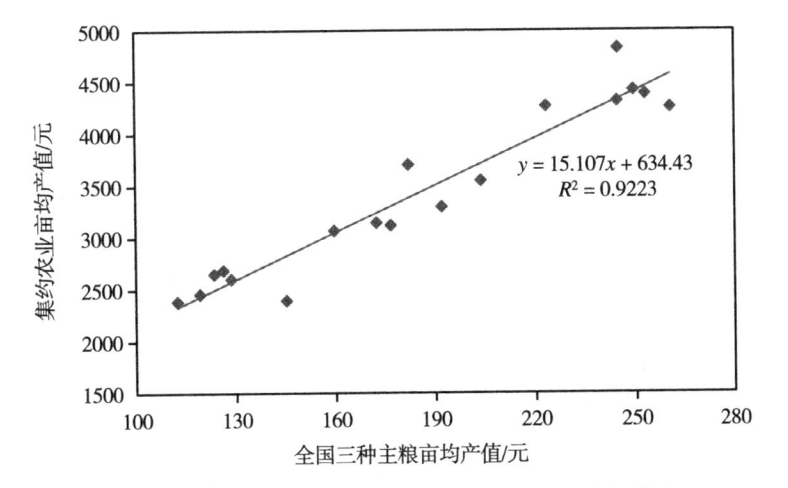

图 4-3　全国三种主粮与集约农业区亩均产值的相关性

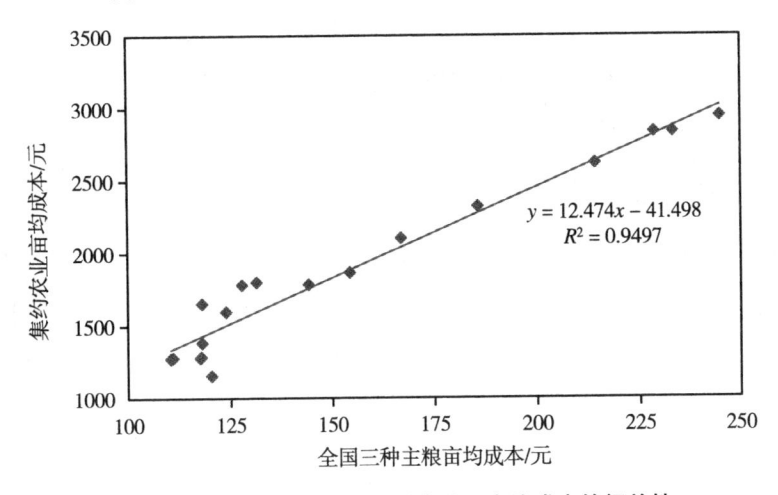

图 4-4　全国三种主粮与集约农业区亩均成本的相关性

图 4-5 看出,集约农业区亩均耕地净收益的年际波动较小,但整体呈微弱下降趋势。1998—2018 年集约农业区亩均耕地净收益从 1237.69 元下降至 1190.66 元,下降幅度达到 3.8%。分时段来看,1998—2010 年,整体呈现上升趋势,从亩均净收益 1237.69 元上升至 2163.63 元,上升幅度达到 74.81%;2010—2018 年,亩均净收益呈大幅下降趋势,从亩均净收益 2163.63 下降至 1190.66 元,下降幅度达到 44.97%。整体来看,集约农业区的亩均耕地净收益较高,年际间波动性较小,但研究期间仍呈现小幅下降趋势。

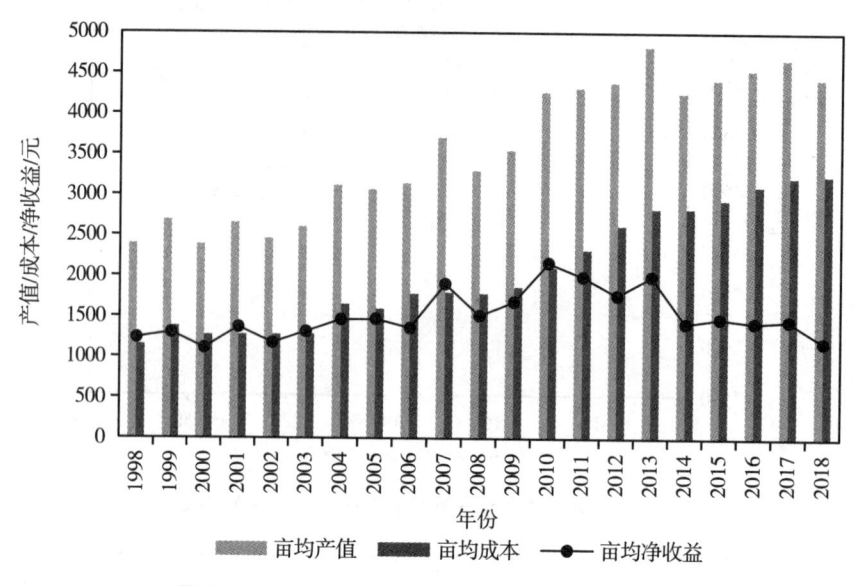

图 4-5 1998—2018 年集约农业区耕地成本收益

注：集约农业区主要包括大中城市周边蔬菜瓜果种植区域。

三、主粮作物区耕地净收益

主粮作物区主要包含全国七个平原产粮大省，平原省份的划分标准参见已有学者的做法，并辅以《中国农村住户调查年鉴》中各省（区、市）农村居民家庭经营土地情况进行划分，即家庭人均平原耕地面积超过家庭总耕地面积的 3/4，则确定为平原省份（王亚辉，等，2017）。

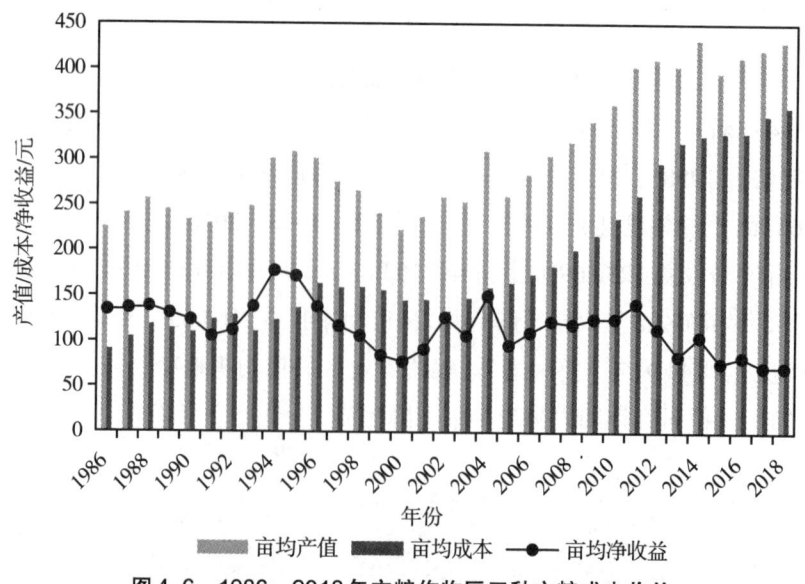

图 4-6 1986—2018 年主粮作物区三种主粮成本收益

注：①数据来源于全国农产品成本收益资料汇编；②此处的主粮作物区主要包括江苏省、安徽省、吉林省、黑龙江省、河南省、河北省和山东省等七个平原产粮大省；③1986—2001年数据根据上节的反推法计算所得。

图 4-6 显示，1986—2018 年主粮作物区三大主粮亩均净收益整体呈现下降趋势，从初期的亩均 134.55 元下降至末期的 72.11 元，降幅达到 46.41%，并且年际间存在较大的波动性。分时段来看，亩均耕地净收益在 1986—1991 年、1994—2000 年、2011—2018 年三个时段内均呈现明显的下降趋势；相反，1991—1994 年、2000—2004 年呈现明显上升趋势，但整体上呈现明显下降趋势。

三、山地农业区耕地净收益

山地农业区主要包含全国七个典型山区省（市），山区省（区、市）的定义同以上做法，同时辅以《中国农村住户调查年鉴》中各地区农村居民家庭土地情况进行划分，即家庭中人均山地面积超过家庭总耕地面积的 1/4，则认为该地区为山区。图 4-7 显示，山地农业区三种主粮亩均净收益同样存在较强的年际波动，但近年处于亏损状态。

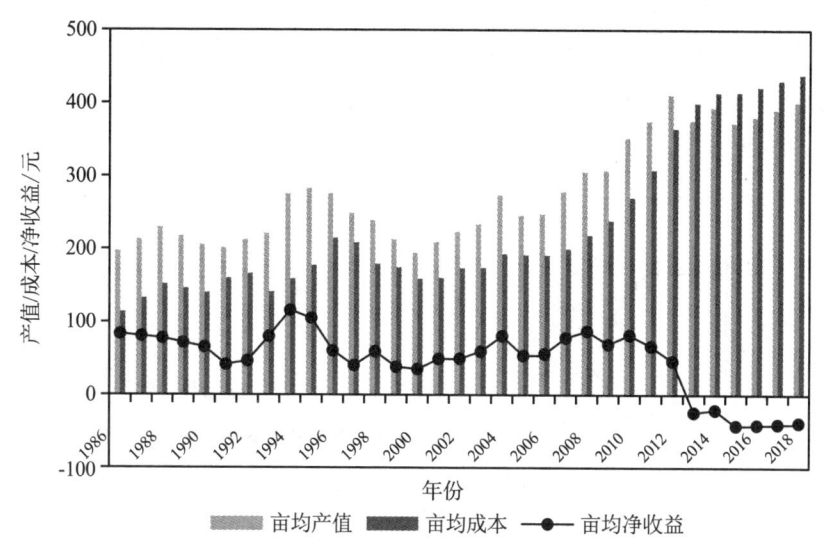

图 4-7　1986—2018 年山地农业区三种主粮成本收益

注：①此处山地农业区主要包括重庆市、四川省、贵州省、云南省、陕西省、甘肃省和山西省等七个典型山区省（市）；②同理 1986-2001 年数据通过上述类似反推法计算所得。

具体到各时段，山地农业区亩均耕地净收益与全国耕地净收益呈现十分相似的特征，即"下降—上升—下降—上升—下降"波动形态；2010 年以后亩均净收益呈现大幅下降,比如2010年亩均净收益为81.80元,2018年亩均亏损为37.97元。究其根源一方面是近年来粮食价格上升压力加大;另一方面是物质费用(农药、化肥等投入要素)和劳动力等价格快速上涨,加之受地形等条件限制,山地农业仍属于劳动密集型,增加了劳动力成本。可见在"天花板"和"地板"的双重挤压下,山地农业的净收益下降幅度最大甚至亏本经营。

第三节　耕地流转租金年际变化

一、全国整体耕地流转租金

(一)耕地租金的年际变化

耕地租金仅指因转出家庭耕地经营权而获得的租金,而非因转入耕地支付的租金。图4-8显示,1986—2018年全国整体亩均耕地流转租金呈现明显下降趋势,初期亩均流转租金为243.34元,末期为165.80元,研究期内下降幅度达到31.86%。具体来看,1986—1995年耕地流转租金下降幅度较大,此后虽然略有上升,但整体维持在亩均120—170元。

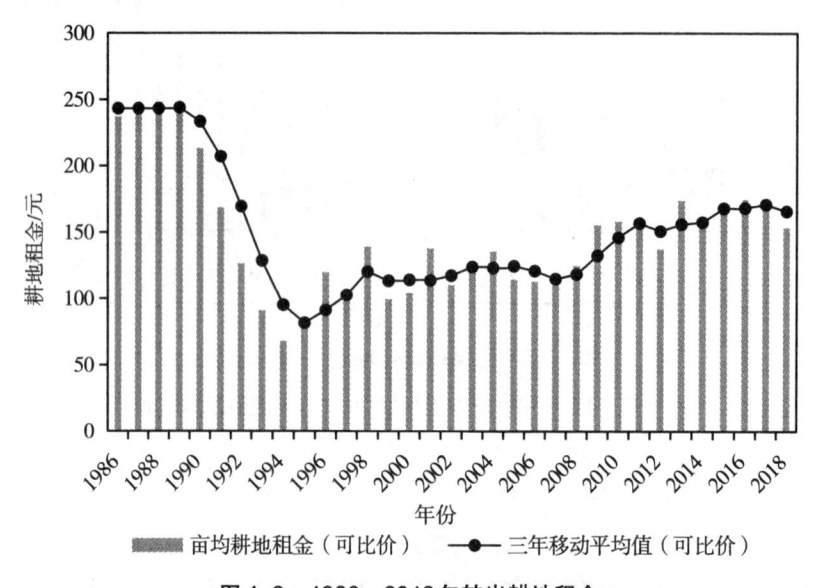

图4-8　1986—2018年转出耕地租金

注:①数据来源农业农村部农村固定观察点数据;②各年度耕地租金均按1985年价格指数进行平减处理;③1992年和1994年的数据缺失,故采用三期移动平均值法进行补充等处理。

(二)与其他研究结果的比较

为了进一步验证耕地流转租金的准确性,本研究借助全国性抽样调查和典型农业区调研的数据进行佐证。整理文献发现,耕地流转租金长时间序列变化的研究十分鲜见(申云,朱述斌,等,2012)。本研究分别测算了不同数据源的耕地流转租金水平,以期与上文农村固定观察点数据库统计的结果进行比较。需要指出的是,本研究虽然不能获取其他数据源1986—2018年各年度耕地流转租金的信息,但可以选取个别年份的数据进行比较,从而间接验证本研究结果的准确性。表4-3呈现了中国健康与养老追踪调查数据(CHARLS)和中国家庭收入调查数据(CHIP2013)中耕地流转租金的统计结果。通过价格指数平减处理后,2013年、2015年的亩均耕地流转租金分别为56.24元和81.78元,与本研究所采用的固定观察点数据库测算的结果较为接近。

表4-3 不同数据源耕地租金的比较

地区	流转方式	年份	价格(元/亩)		数据来源	样本数量/户
			名义价格	可比价格		
全国	转出	2013	252.50	56.24	中国家庭收入调查数据	11013
全国	转出	2015	334.23	81.78	中国健康与养老追踪调查数据	11202

注:数据来自于以上数据库,并经作者整理所得。

本研究还手动收集了2016—2017年土流网(http://www.tuliu.com/)中山东省、湖北省和重庆市发布的耕地流转交易资料。表4-4显示,全国亩均耕地租金为126.58元,与农村固定观察点数据库的测算结果仍然十分接近。进一步分析,土流网中的交易地块一般流转期限较长(20年左右)、面积较大(最小276.23亩),且多数地块已进行道路整治。分地区来看,通过价格指数平减之后,山东省的亩均流转租金接近200元(194.61元),比农村固定观察点中同期耕地租金水平略高,而湖北省和重庆市的亩均流转租金约100元,与农村固定观察点中的同期耕地租金水平较为接近。间接地看,不同地区耕地流转租金存在明显差异,但全国整体租金水平与农村固定观察点数据库中的结果仍然较为接近。

表4-4 土流网中典型地区的土地流转租金

地区	流转方式	流转期限/年	价格（元/亩）		面积/亩	交易数量/笔	交易时间
			名义价格	可比价格			
山东省	转出	18.13	934.17	194.61	340.11	7097	2016年7月—2017年7月
湖北省	转出	21.19	455.33	94.86	431.48	3015	2016年7月—2017年7月
重庆市	转出	24.30	433.30	90.27	276.23	843	2016年7月—2017年7月
全国	转出	20.78	607.60	126.58	—	10955	—

注：数据来源于土流网（http://www.tuliu.com/），并经作者整理所得。

此外，本研究还通过收集其他数据源或相关文献加以佐证。表4-5呈现了不同年份全国及局部粮食主产区的耕地租金情况。从全国层面上看，2012—2015年亩均耕地流转租金处于243.23—353元，与本研究测算的耕地租金水平较为接近。从局部区域看，以江汉平原和东北平原为代表的粮食主产区耕地流转租金在74—322元，此结果与研究的结论更为接近。总体来看，如果折算到2018年现值，中国主粮农业区的亩均耕地流转租金大约在200元。

表4-5 不同数据源下的全国耕地流转租金比较

地区	亩均耕地租金/元	数据来源	年份	来源
全国15个典型省份	255—353	中国健康与营养调查	2012	程令国，等，2016
全国大陆31个省份	243.23	农场固定观察点系统	2015	Wang et al., 2018
江汉平原	74—322	实地调研	2015	王亚运，等，2015
东北平原	150—280	实地调研	2010	黄延信，等，2011

注：表中的租金范围是指平均租金在不同子样本中的范围，而非调查样本中的最大值和最小值。

（三）不确定性分析

耕地流转租金水平测算的不确定性主要来自于各年度样本量变化和耕地转出率的波动。图4-9显示，2002年以前转出耕地的农户占比均小于10%，其中1995—1997年耕地转出率甚至低于5%。相反，2002年以后，耕地转出率呈现明显上升趋势，2011年甚至超过16%。可以说，耕地转出率在年际间存在明显波动，同时2002年以前耕地流转的规模较小，且可能存在样本偏误或样本集聚现象,可能并不能准确反映全国整体的耕地租金水平。因而本研究接下来需进一步对各省(区、市)的耕地租金分别进行统计,并与全国耕地平均租金进行比较。

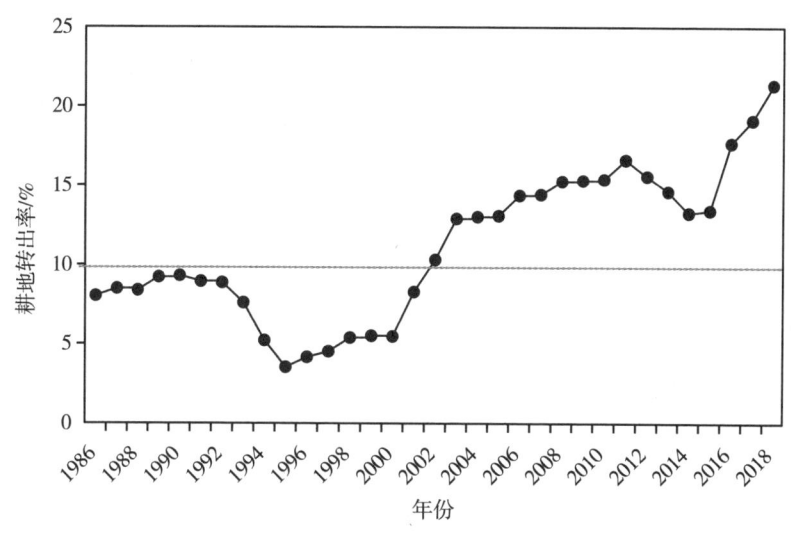

图4-9 1986—2018年转出耕地农户占比

二、不同地区耕地租金年际变化

本研究主要是通过全样本均值法来测算耕地流转租金水平。具体到各个省(区、市),考虑到各地区样本的有限性,本节采用加权平均法来测算耕地流转租金,其中权重为耕地流转的面积。表4-6呈现了各省(区、市)主要年份耕地流转租金的对比情况。

表4-6 各省(区、市)主要年份耕地租金对比(以1985年不变价估算,单位:元/亩)

地区	1986年	1990年	2000年	2010年	2018年	变化幅度/%
天津	310.91	360.86	204.88	185.01	311.45	0.17
河北	240.49	316.59	154.64	134.55	146.21	−39.20
山西	133.37	412.20	63.38	61.63	90.50	−32.14
内蒙古	133.86	215.92	89.32	79.43	87.63	−34.54
辽宁	270.5	335.99	169.39	173.30	181.06	−33.06
吉林	180.67	215.67	62.86	65.66	143.19	−20.75
黑龙江	110.75	145.75	61.00	77.36	135.36	22.22
江苏	478.9	531.25	295.52	248.64	283.93	−40.71

续表

地区	1986年	1990年	2000年	2010年	2018年	变化幅度/%
浙江	412.42	422.81	136.64	365.85	232.34	-43.66
安徽	199.13	214.52	186.32	173.49	170.77	-14.24
福建	423.51	466.48	295.01	285.71	234.28	-44.68
江西	361.06	107.02	153.62	171.95	199.22	-44.82
山东	335.93	329.38	161.10	204.43	335.36	-0.17
河南	362.75	434.22	190.69	188.08	224.31	-38.16
湖北	412.32	327.02	211.41	213.11	154.30	-62.58
湖南	303.49	479.45	223.30	232.40	172.66	-43.11
广东	471.42	490.19	328.70	218.81	198.71	-57.85
广西	218.2	361.38	126.27	68.21	89.16	-59.14
海南	166.68	279.41	326.40	70.29	77.05	-53.77
四川	130.22	112.61	80.14	85.26	84.62	-35.02
贵州	165.52	232.87	110.68	66.78	74.04	-55.27
云南	494.29	175.31	222.15	312.38	237.96	-51.86
陕西	231	228.90	126.35	135.82	114.78	-50.31
甘肃	123.64	128.50	68.35	57.19	68.96	-44.23
青海	221.01	266.05	211.87	219.23	135.48	-38.70
宁夏	189.95	214.08	90.61	63.81	73.62	-61.24
新疆	90.9	139.90	76.30	60.29	83.36	-8.29
重庆	109.43	191.40	117.82	55.51	68.87	-37.06
平均租金	260.08	290.56	162.31	152.65	157.47	-39.45

注：数据来源于农村固定观察点数据库，耕地流转租金经过流转面积进行加权求得；因北京市、上海市和西藏自治区转出耕地的户数均少于50户，考虑到小样本带来的统计偏误，故未将以上地区纳入统计；同时对耕地租金进行价格指数平减处理。

首先，从全国整体来看，通过面积加权后的转出耕地租金水平呈现明显下降趋势，从1986年的亩均260.08元下降至2018年的157.47元，下降幅度达到39.45%。该降幅虽然小于全国耕地亩均净收益的降幅(49.25%)，但仍可以清晰表明，30多年来以耕地流转租金衡量的家庭耕地资产整体处于下降态势，并且降幅尤为明显。

其次，具体到各省(区、市)，天津市、山东省等东部沿海省份的耕地流转租金降幅较小,耕地流转租金依然居于较高水平。以2018年为例,天津市和山东省的亩均耕地流转租金均超过300元,远高于全国平均水平。江苏省、浙江省和河北省等东部省(区、市)耕地租金降幅均在30%—40%,2018年亩均租金在100—300元。然而,对于多数中西部省(区、市)而言,比如江西省、贵州省等,耕地租金降幅均超过40%,2018年亩均耕地流转租金一般在50—200元。值得关注的是,2018年甘肃省和重庆市的亩均耕地流转租金均小于100元,受地形和海拔等自然条件限制,这些地区已逐渐被边际化,甚至出现大量耕地撂荒和"零租金"流转的现象(王亚辉,等,2019)。

总而言之,各省(区、市)亩均流转租金均呈下降趋势,但区域间存在明显差异。东南沿海省(区、市)耕地租金降幅较低,整体租金水平高于全国平均水平;多数中西部比如华北平原和江汉平原等省(区、市),耕地租金下降较为明显,亩均租金多数在100—300元;而西部山区省份耕地租金下降较为明显,多数地区降幅超过50%,同时个别省(区、市)的亩均耕地租金已下降到100元以下。

第四节 耕地"零租金"流转比重

一、耕地"零租金"转出比重

(一)耕地"零租金"流转的比重变化

在耕地流转租金下降的同时,全国各地存在大量的耕地以"零租金"的形式转出。图4-10呈现了1986—2018年全国"零租金"流转耕地的比重。结果显示,无论是按照农户数量统计还是按照土地面积统计,1986—1991年,以"零租金"形式转出耕地的比重均较小,通常低于10%;1992年以后"零租金"转出耕地的比重迅速上升,近年来该比重保持在40%—50%。从农户数量统计来看,1992年"零租金"转出耕地的农户占比为21.93%,此后快速上升,近年来维持在

50%左右。从土地面积统计来看,遵循以上类似的规律,即1992年以前,"零租金"转出耕地的比重较小,之后迅速上升,2002年以后维持在30%—40%。

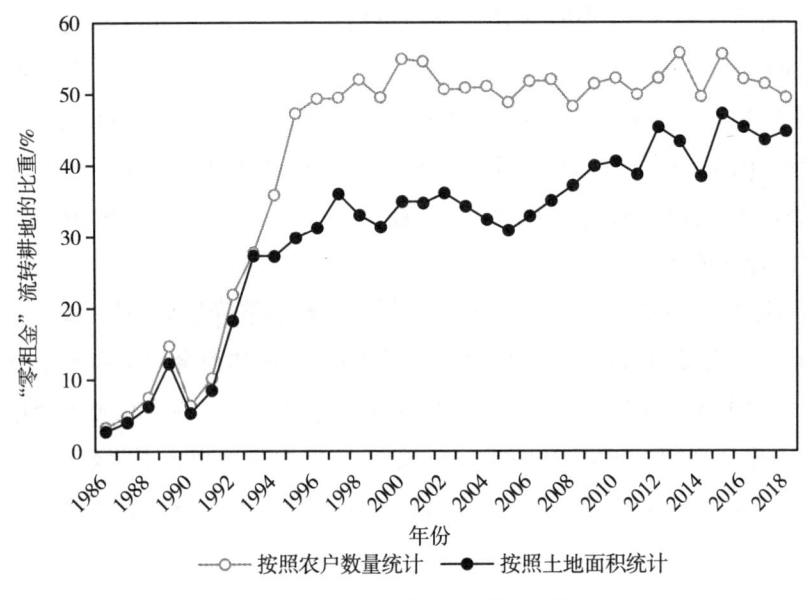

图4-10　1986—2018年"零租金"转出耕地的比重

注:数据来源于农业农村部农村经济研究中心的农村固定观察点数据库,并经作者整理所得。

整体上看,近年中国存在大量的耕地"零租金"流转现象。随着粮食价格不稳定、劳动力成本和农业投入要素成本的持续上涨,耕地净收益逐渐被压缩甚至出现亏本,在这个过程中耕地流转租金下降、"零租金"流转现象频繁发生,这些现象一定程度上反映了耕地资产正处于"贬值"的状态(王亚辉,等,2019)。

(二)典型农业区耕地"零租金"流转的比重

图4-11呈现了按照面积统计的耕地以"零租金"形式转出的比重,结果显示,都市农业区、集约农业区、主粮作物区和山地农业区的耕地"零租金"流转比例分别为17.3%、10.08%、17.25%和73%。表4-7呈现了不同农业区耕地"零租金"流转的面积和比例,其中山地农业区"零租金"流转的耕地面积最大、比例最高,接近3/4的耕地处于"零租金"流转的状态。

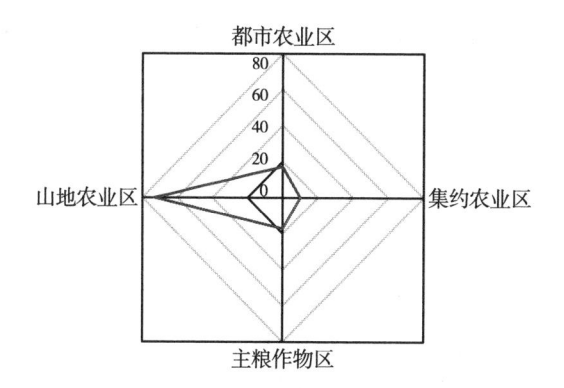

图 4-11 按照面积统计的耕地"零租金"流转比重

表 4-7 不同农业区耕地"零租金"流转的面积和比例

农业区	"零租金"流转面积/亩	总流转面积/亩	"零租金"流转比例/%
都市农业区	21	121.4	17.30
集约农业区	4	38	10.08
主粮作物区	40.90	237.05	17.25
山地农业区	138.15	189.25	73.00

图 4-12 呈现了不同农业区按照地块数量统计的"零租金"转出耕地的比重，结果显示不同农业区"零租金"转出耕地的比重存在显著差异，同样山区"零租金"转出地块的比重最高，达到 78.43%。表 4-8 呈现了"零租金"流转地块的数量和比例，同样山地农业区"零租金"流转的地块数量最多、比例最高，超过 3/4 的地块以"零租金"的形式转出。

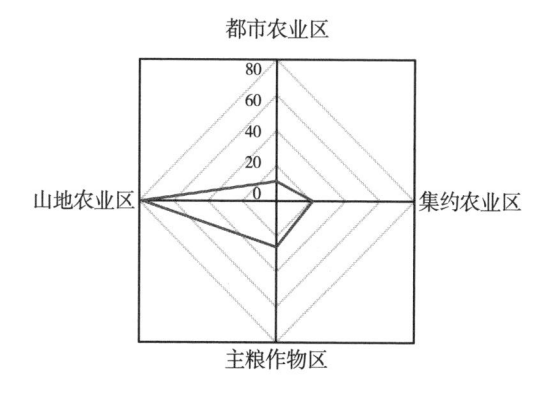

图 4-12 按照地块数量统计的耕地"零租金"流转比重

表4-8 不同农业区耕地"零租金"流转的地块数量和比例

农业区	"零租金"流转地块数量/块	总流转地块数量/块	"零租金"流转比例/%
都市农业区	4	36	11.11
集约农业区	4	19	21.05
主粮作物区	13	50	26
山地农业区	80	102	78.43

二、与其他调研数据的比较

为了验证耕地"零租金"流转比例的可信度,本研究的结果分别与中国家庭收入调查(CHIP2013)、中国健康与养老追踪调查(CHARLS)和典型山区重庆市农户调查等数据的统计结果进行比较,进而验证以上耕地"零租金"流转规模的准确性。表4-9呈现了中国家庭收入调查中全国14个省(市)农户家庭转出耕地(按转出面积统计)的租金的情况。结果显示,38.75%的耕地以"零租金"的形式转出,其中部分省(区、市)的比例较高,比如山西省和重庆市耕地"零租金"转出的比例分别达到70.41%和71.67%。

表4-9 中国家庭收入调查中耕地租金的统计(按面积统计,单位:%)

省(市)	"零租金"流转的比例	有租金转给农户的比例	有租金转给大户的比例	有租金转给公司的比例
安徽省	18.39	40.23	33.11	8.25
北京市	10.05	38.43	0.00	51.51
甘肃省	23.06	67.48	5.22	4.24
广东省	40.41	46.53	10.99	2.06
河南省	8.67	42.85	41.37	7.09
湖北省	38.97	37.54	18.68	4.78
湖南省	52.34	33.71	12.61	1.33
江苏省	8.74	38.00	36.49	16.76
辽宁省	27.00	50.53	22.46	0.00
山东省	24.85	56.22	7.32	11.58
山西省	70.41	19.33	7.66	2.58
四川省	32.17	38.16	19.99	9.66
云南省	28.39	59.76	11.64	0.20

续表

省(市)	"零租金"流转的比例	有租金转给农户的比例	有租金转给大户的比例	有租金转给公司的比例
重庆市	71.67	17.25	8.55	2.49
全国整体	38.75	49.69	8.86	2.70

注：数据来自中国家庭收入调查项目第五轮全国范围调查(CHIP2013)，样本覆盖全国14个省(市)126个城市234个县(区)，抽选出18948个住户，包括7175户城镇住户、11013户农村住户和760户外来务工住户，并经作者整理所得。

表4-10呈现了中国健康与养老追踪调查(CHARLS)中的耕地流转租金情况。结果显示，在发生土地流转的农户中，以"零租金"流转的农户数量达到1431户，占样本总数量的31.85%；亩均耕地流转租金小于500元的农户数量达到1787户，占样本总数量的39.77%。换言之，71.62%的农户家庭亩均土地流转租金低于500元。

表4-10 中国健康与养老追踪调查中的耕地租金的统计

亩均租金	样本数量/户	样本总数量/户	样本占比/%
零租金	1431	4493	31.85
小于500元	1787	4493	39.77
500—1000元	861	4493	19.16
1000—2000元	296	4493	6.59
大于2000元	118	4493	2.63

注：数据来自北京大学发布的中国健康与养老追踪调查数据库(CHARLS)，并经过作者整理所得。

表4-11呈现了重庆市永川区、忠县和酉阳县的耕地流转租金的统计情况(按照地块数量统计)。结果显示，78.62%的地块以"零租金"的形式转出，该比例与表4-9中重庆市71.67%的"零租金"比例十分接近。具体到各区(县)，永川区、忠县和酉阳县的"零租金"转出地块比例分别为56.38%、93.59%和85.55%。野外调研发现，永川区的经济发展水平较高且地貌以平坝为主，农业水平较发达；与之相反的是，忠县和酉阳县经济发展水平相对较弱，地貌以山区为主，不宜于农业经营，加之耕地细碎化严重，土地流转的交易费用偏高，以"零租金"流转的土地比例偏高。

表 4-11　重庆市三区(县)耕地租金的统计(按地块数量统计)

分区	户数	转出地块数量/块	零租金		亩均0—500元		亩均500—1000元		亩均大于1000元	
			地块数/块	占比/%	地块数/块	比例/%	地块数/块	比例/%	地块数/块	比例/%
总体	380	697	548	78.62	96	13.77	30	4.31	23	3.3
酉阳县	118	173	148	85.55	14	8.09	6	3.47	5	2.89
忠县	137	281	263	93.59	11	3.91	5	1.78	2	0.72
永川区	125	243	137	56.38	71	29.22	19	7.82	16	6.58

注:数据来自2014年中国科学院"城市化对山区土地利用及生态压力的影响"项目的调研数据,调研区域为三个典型山区县,共涉及697块转出地块,统计结果经作者整理所得。

通过对农村固定观察点数据库、中国家庭收入调查、中国健康与养老追踪调查和中国科学院等实地调查数据的统计,当前中国农村土地流转过程中存在大量的"零租金"流转现象,全国整体上大约占比40%,丘陵山区的比例较高,大约在50%—90%。

第五节　耕地租金与劳动力工资之比

图4-13呈现了1986—2018年价格指数平减后的耕地流转租金、农业劳动力工资以及两者之比的情况。具体来看,亩均耕地流转租金从初期的237.11元下降至末期的153.45元,研究期内下降幅度达到35.28%。日均劳动力工资从初期的1.5元增长至末期的91.43元,30多年增长了近60倍。从亩均耕地租金与劳动力工资之比来看,该比值从初期的83.20下降至末期的1.68,结果表明,农业劳动力的时间价值相对于耕地资产价值不断上升,即相对于劳动力而言,耕地在农业生产中的地位在不断下降,耕地处于"贬值"的状态。

图 4-13　1986—2018 年耕地租金与日均劳动力工资之比

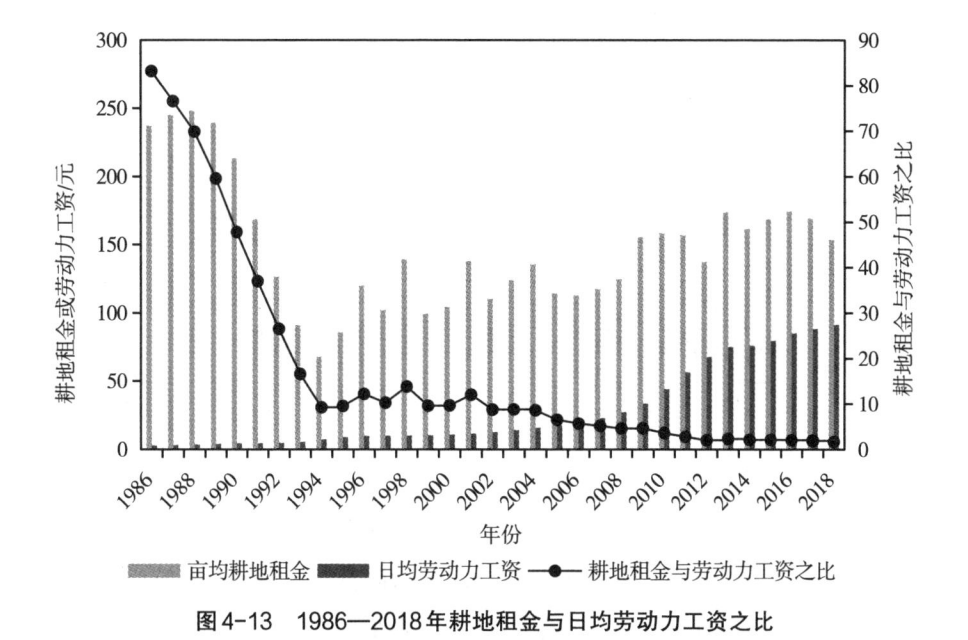

第六节　耕地撂荒规模

图 4-14 呈现了 2012 年、2018 年武隆区和酉阳县农户家庭发生耕地撂荒的比率。就武隆区而言，2012—2018 年，发生耕地撂荒的农户比例从 57.09% 上升到 73.61%；与此同时，酉阳县的比例则相应从 81.73% 升至 90.51%，该比例高于武隆区。从研究区域整体上看，农户耕地撂荒发生率从 64.89% 上升到 81.23%，也就是说截至 2018 年研究区超过 80% 的农户发生过耕地撂荒情况。

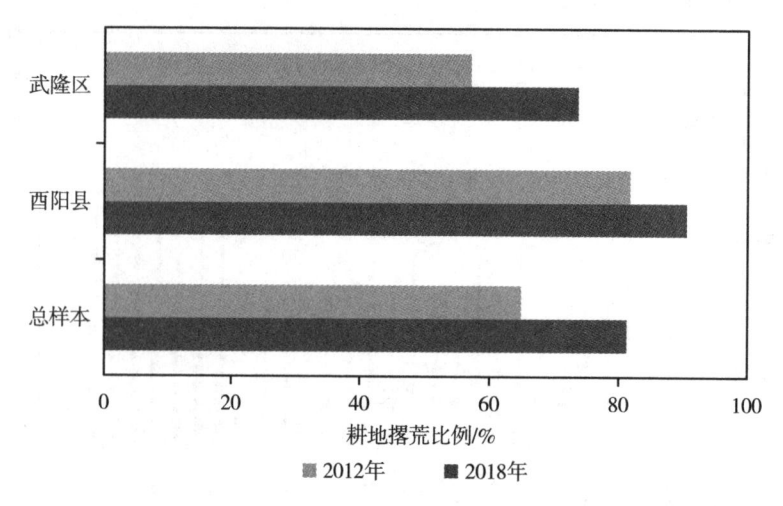

图 4-14 研究区两期农户耕地撂荒发生率

图 4-15 呈现了 2012 年、2018 年武隆区和酉阳县耕地撂荒面积的比率。初期，两个区县的耕地面积撂荒率均相对较低，分别为 14.14% 和 28.77%；此后，两地的耕地撂荒率均呈现上升趋势，2018 年分别达到 23.62% 和 30.69%。从区域整体上看，2012—2018 年，耕地面积撂荒率从 21.57% 升至 27.19%，说明该区域超过 25% 的耕地面积已处于撂荒状态。

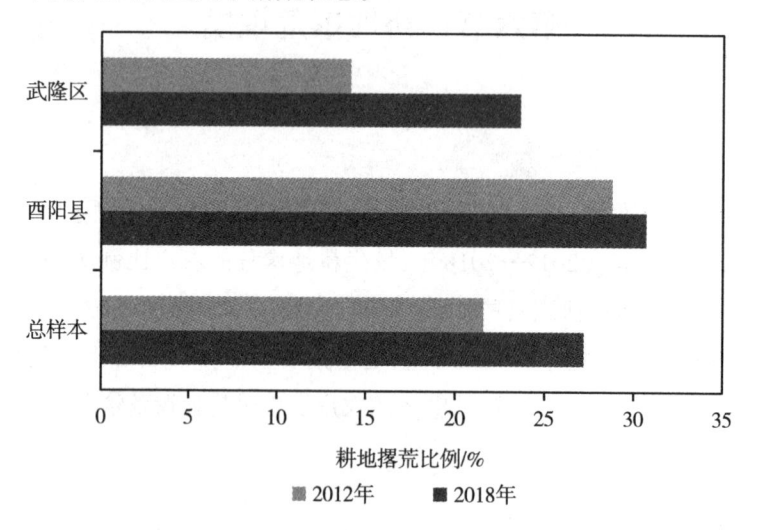

图 4-15 研究区两期耕地面积撂荒率

综上可知，研究期间武隆区和酉阳县耕地流转租金呈现下降趋势，降幅超过 77%，地块以"零租金"形式转出的比重从 64.32% 升至 81.89%，说明以流转租金度量的耕地资产处于"贬值"状态。同时,2012—2018年,农户耕地撂荒发生率和耕地撂荒率均呈现上升趋势,说明以耕地撂荒为特征的土地边际化现象在不断加剧。

第七节 耕地资产价值变化讨论

一、中国耕地资产价值下降并非特例

从全球范围来看,中国农户家庭耕地资产价值出现下降并非特例。长期来看,随着农村劳动力大量析出,耕地作为一项农业生产要素,其经济相对重要性的下降是必然的。针对美国和日本等地区的研究均表明,农业土地的价值在长期内是下降的。1900年,美国农业土地租金占农业收入的比例超过25%,1945年该比例下降至5%;同时,农业用地充当农业投入的作用不断下降,1910—1914年、1955—1957年,排除农场资本设施之后,农业用地获得的收入在农业净收入中的比例从18%降至11%,同时其在农业总收入中的比例从13%降到5.4%,并且在国民生产净值中的比例从3.2%下降到0.6%(Schultz,1951)。此外,日本的相关报道也佐证了以上结论。近年来,日本人口下降导致农村废弃土地激增,山谷中的小块田地、内陆陡峭山林地等价值极低,甚至成为土地所有者的累赘,超过20%的土地找不到其所有者。统计推断表明,2040年日本废弃土地和房屋的面积将超过8万平方千米,达到日本国土面积的1/4(Mameno and Kubo,2022)。总之,长期来看耕地作为生产要素的相对重要性在下降,中国并非特例。

二、耕地与人力资本相对重要性变化

从亩均耕地净收益来看,1986—2018年,全国整体亩均耕地净收益呈现下降趋势,说明耕地用于农业生产资料的价值已出现了下滑。从耕地流转租金来

看,耕地流转租金整体上同样呈现下降趋势,尤其在丘陵山区,耕地流转租金的下降幅度尤为明显,甚至出现了大规模的耕地"零租金"流转以及弃耕抛荒等现象。近年来,国家虽然已经从顶层设计视角给予了土地流转较大的政策支持,但是中国"人均一亩三、户不过十亩"的耕地格局仍未有较大的改变。农村固定观察点数据显示,1986—2018年户均拥有承包权的耕地面积从9.21亩降至7.98亩,户均规模不但没有上升反而略微下降。随着耕地流转租金的下滑,农户承包耕地作为家庭生计资产的价值必然不断下降。与此同时,伴随着工业化和城市化,大量的农村劳动力转移到城市,非农雇工工资呈现大幅度上涨,尤其在2003年跨越"刘易斯拐点"之后。总体上看,2003—2018年,非农雇工工资上涨幅度已超过7倍,这与已有研究的结论相一致。可以说,随着近年耕地资产的价值不断下降,而劳动力雇工工资却在不断上涨,两种要素在农户家庭中的相对重要性发生了根本性变化,即在维持家庭生计中耕地资产的支撑作用越来越小,而人力资本却越来越重要。因此,在乡村振兴战略实施背景下,政府应加强农村教育提升等方面的投资,同时还应该重点关注乡村农地边际化问题,尤其是山区耕地"零租金"流转和弃耕抛荒等表现形式的耕地资产"贬值"现象。

三、不确定分析

耕地流转租金测算的不确定性主要来自年际间样本数量的差异以及耕地流转比例的波动。统计显示,2002年以前全国转出耕地的农户占比不足10%,而2002年以后,转出耕地的农户占比呈上升趋势,2011年已接近20%。参与耕地流转的农户比例在年际间存在明显波动,可能导致耕地流转租金存在偏差。此外,由于2004年以前耕地流转的规模较小,可能存在样本集聚现象,比如耕地流转的区域主要集中在经济发达地区,样本的全国代表性较差,可能难以反映出耕地流转租金的全国整体水平。

第八节 本章小结

本章基于全国农产品成本—收益资料汇编、农业农村部农村经济研究中心固定观察点数据库和不同农业区调研数据等资料，系统性估算了1986—2018年农户家庭耕地资产的亩均净收益、流转租金、"零租金"流转比例、耕地撂荒率、耕地租金与日均劳动力工资之比等指标，以期系统揭示农户家庭耕地资产的价值变化特征。主要结论如下：

1986—2018年，亩均耕地净收益整体呈下降趋势，不同农业区存在明显差异。全国三种主粮（稻谷、小麦和玉米）亩均净收益从1986年的102.72元下降至2018年的52.13元，降幅达到49.25%，其中人工费用、物质费用等投入要素成本的快速上涨是导致耕地净收益下降的根源。值得注意的是，近年来山地农业区的耕地净收益下降幅度最大，甚至出现亏本的状况。1986—2018年，耕地流转租金整体上呈现下降趋势，从初期的亩均243.34元下降至末期的165.80元，降幅达到31.86%。分地区来看，东部沿海地区耕地租金降幅较低，租金水平整体上高于全国平均水平；中西部地区比如华北平原、江汉平原等地的耕地租金下降较为明显，亩均耕地租金处于100—300元；而多数丘陵山区的耕地租金下降十分明显，部分省（市）的亩均耕地租金已下降至100元以下。近年来，耕地"零租金"流转现象愈发凸显，耕地"零租金"流转的比例不断攀高。近期，无论按照耕地地块数量还是耕地面积统计，全国耕地"零租金"流转的比例均超过了40%，丘陵山区甚至超过了70%。总之，伴随着耕地租金水平的下降，全国各地耕地"零租金"流转的现象已十分普遍。与此同时，耕地撂荒现象也不断显现，尤其在丘陵山区，农户耕地撂荒发生率和耕地撂荒率均呈现明显上升趋势。此外，耕地租金与日均劳动力工资之比也呈现显著的下降趋势，该比值从初期的83.20下降至末期的1.68。结果表明，相对于家庭劳动力而言，农户家庭的耕地资产在农业生产中的地位不断下降，耕地正处于"贬值"状态。

第五章

耕地资产价值演变驱动机制

第一节 耕地资产价值变化的理论分析

一、耕地供给假说

从耕地供给侧来看,当耕地面积大幅度增加时,耕地资产价值会下降。图5-1显示,假设耕地需求 D 保持不变时,耕地供给量从 S_1 增加到 S_2 时,耕地供给价格相应地从 P_1 下降至 P_2。那么,研究期内中国耕地的数量是否大幅增加了呢?答案是否定的。统计显示,1986—2018年,全国耕地总面积呈现先下降、后上升的变化趋势,30多年增加约1.59%。研究期间,以耕地为支撑的第一产业产值增加了22%。总的来说,30多年农产品的需求曲线向右大幅移动,而耕地供给仅仅增加了1.59%。换言之,耕地供给增加引致耕地资产价值下降的假设显然是不成立的,即耕地资产价值的下降并不能用耕地供给假说来解释。

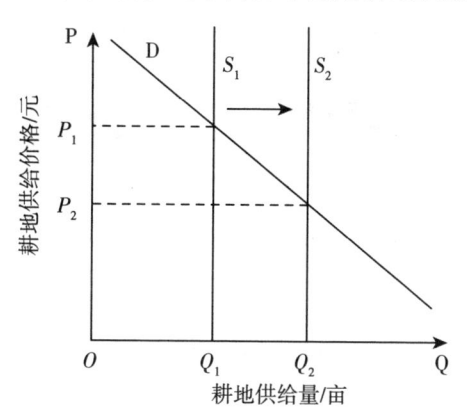

图5-1 耕地供给变动对耕地价格的影响

二、耕地需求假说

从耕地需求侧来看,如果国内耕地产量大幅下降,并且国内产品为大量进口农产品所替代,那么耕地资产价值或供给价格可能会出现下降。图5-2显示,当耕地需求从 D_0 移动至 D_1 时,耕地资产价值相应从 P_1 下降至 P_2。但事实并非如此。

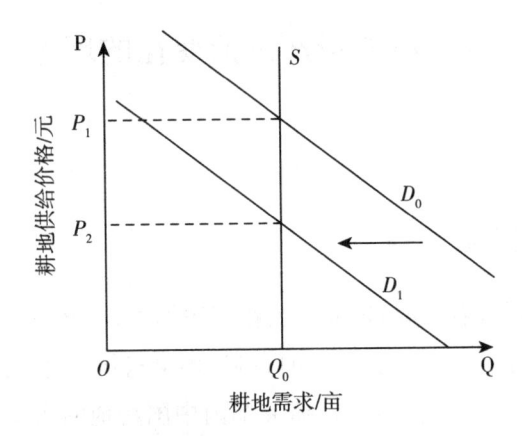

图5-2 耕地需求减少引致耕地价格下降

图5-3显示,全国粮食总产量从1986年的39151万吨增加至2018年的65789万吨,增幅达到68.04%。与此同时,人均粮食产量则从初期的364.20千克增至末期的473.27千克,整体增幅达到29.95%。其中,2003—2015年全国粮食总产量实现了"十三连增"。可见,国内粮食产量并非大幅下降,反而大幅上升。

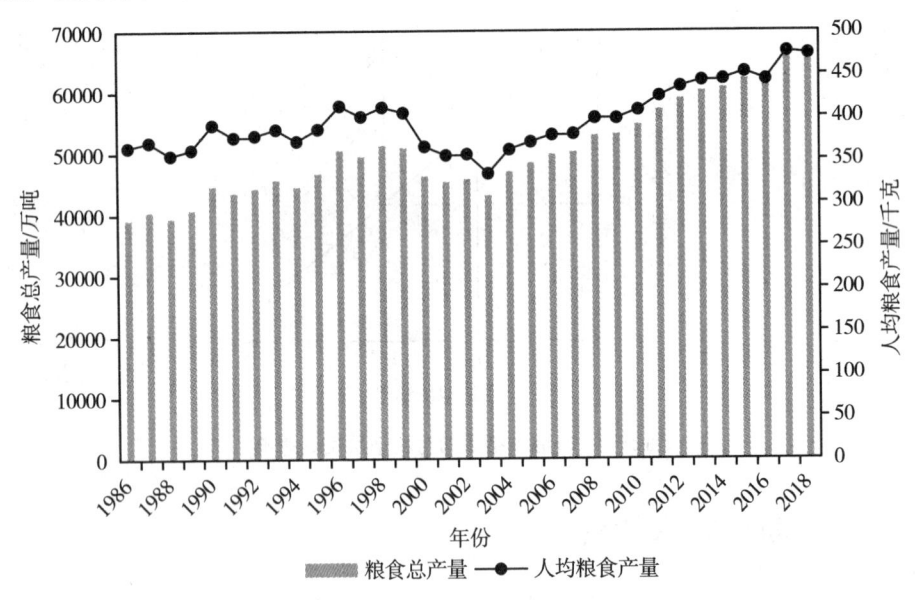

图5-3 1986—2018年中国粮食总产量和人均粮食产量

注:数据来源于中国国家统计局,并经作者整理所得。

图5-4显示,1986—2018年主粮进口量从699万吨增加至2001万吨。从主粮进口量占粮食总产量的比重来看,该比重从初期的1.78%上升至末期的

3.04%。中国的主粮自给自足率始终高于95%,粮食以进口所替代并没有大规模地发生。总之,全国粮食产量整体呈大幅增加趋势,国内主粮基本满足自给自足,耕地需求假说仍不能解释耕地资产价值下降。

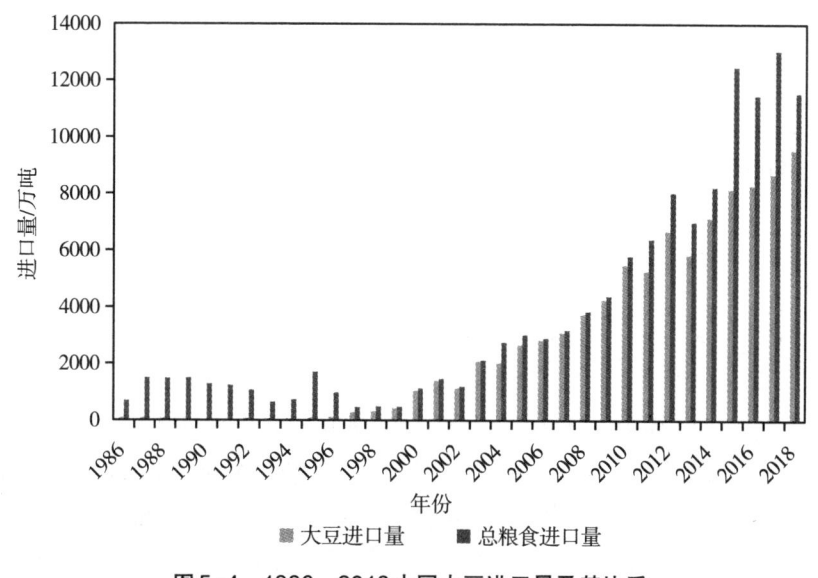

图5-4 1986—2018中国大豆进口量及其比重

注:数据来源于中国农村统计年鉴中海关进口农产品数量,并经作者整理所得。

三、耕地"贬值"的解释框架

正如上述分析,1986—2018年全国耕地总面积仅增加了1.59%,而农产品产量则增加了68.04%,耕地增幅远远小于农产品产量的增幅。但是,该期间耕地的租金并未上升反而大幅下降了。报酬递减理论认为,向土地上追加劳动和资本时其边际产出会降低,直至产生负效应(Schultz,1951)。显然,这种理论无法解释上述现象。为了解释上述难题,本研究把农业投入要素细分为传统农业资源集和新型农业资源集,其中传统农业资源集包含劳动力、资本和土地,而新型农业资源集则包含人力资本、农业结构调整、制度变迁、支农投资以及狭义技术进步(比如机械、良种及化肥等)。新型农业资源集的引入可以活化传统农业资源,提高资源质量,比如劳动力受教育年限的提高,即人力资本的增加可以提高劳动力的综合素质,提高劳动力机械操作能力、提高化肥和农药的使用率等,从而提高劳动生产率和土地生产率(贾根良,1998)。具体来看,图5-5呈现了新型农业资源可能通过两种渠道来影响耕地资产价值。

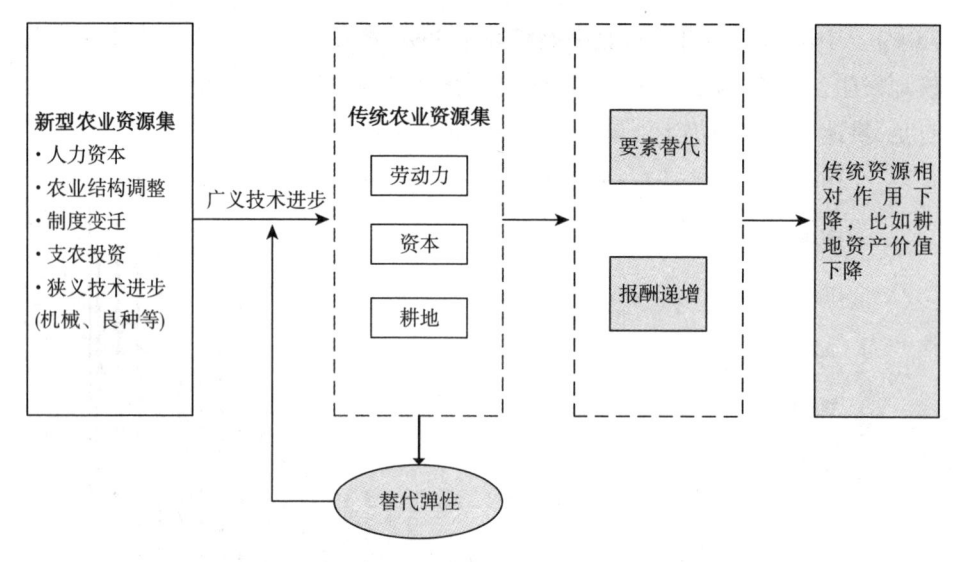

图5-5　技术进步对耕地资产价值变化的作用机制

渠道1:要素替代效应。新型农业资源可以替代稀缺的土地,以良种为例,良种的引进可以减少土地的投入,或者在相同土地规模的情况下,良种的使用可以大幅度地提高作物产量,从而实现良种对土地的替代。此外,以化肥和农药等为代表的狭义技术进步同样可以实现对土地资源的有效替代。可以说,新型农业资源可以通过要素替代效应减少土地的投入,使得耕地的相对重要性下降,导致了耕地资产"贬值"。

渠道2:报酬递增效应。新型农业资源的引进提高了传统农业资源的质量,优化了资源间的配比,实现了资源利用效率的提升,大幅减缓了要素报酬递减的时间甚至消除了报酬递减,进而实现要素报酬递增。比如九年义务教育的普及,在很大程度上降低了农村劳动力文盲发生率,提高了人力资本存量,最重要的是提升了劳动力对新技术的接受和使用能力,使得农业新技术得以快速传播。在这个过程中,同样弱化了耕地在农业生产中的作用,导致了耕地资产价值下降。

可以说,新型农业资源主要同提高传统农业资源的质量有关,这些资源具有人力资本外部性、投资外部性、知识存量以及新技术采用等。本研究把以上新型农业资源集统称为"技术进步",正是这些"技术进步"使得现实中物质极大丰富;相反,人类的地球并没有因为人口急剧上升和物质极大需求而崩溃,反而使得土地价值呈下降趋势。接下来本章分别从省级尺度和微观农户尺度实证检验上述理论推断。

第二节 省级面板数据的实证分析

一、数据与模型

(一)数据

为了测算1986—2018年各种农业投入要素的产出弹性、要素贡献率、广义技术进步和狭义技术进步,本研究收集了1986—2018年各省(区、市)的投入—产出数据。需要说明的是,1997年以前重庆市隶属于四川省,故1997年以前的数据用四川省的相应数据进行替代。相关变量和数据收集详述如下:

第一,农业产值。1986—2018年各省(区、市)的农业总产值是当年农林牧渔总产值之和,同时以1985年定基价格指数进行平减处理。农业产值来源于各年度《中国农村统计年鉴》。

第二,农业劳动力。各省(区、市)各年度农业劳动力从业人员数量,数据来源于《中国农村统计年鉴》。

第三,物质费用。物质费用是指在农业经营过程中的总投入,具体包括种子、肥料、农药、塑料薄膜、用电量、生产性服务支出和各种农机器具支出等;各年度各省(区、市)的物质费用来源于《中国农村统计年鉴》;物质费用同样通过价格指数进行平减。

第四,土地。一般来说,土地投入数据应包括农林牧渔的所有土地投入,但考虑到数据的限制,林业和牧业用地无法获取,因而本研究把农作物播种面积和渔业养殖面积之和作为土地总投入。此外,考虑到气候因素等对种植业的影响较大,故参考已有研究对土地投入数据进行矫正(徐会奇,等,2011)。其中种植业面积和养殖面积均来自《中国农村统计年鉴》。

第五,人力资本。随着九年义务教育的普及,农村人力资本存量不断上升,人力资本的外部性逐渐显现,因而本研究把人力资本外部性当作广义技术进步的一部分。其中,人力资本采用农村劳动力的平均受教育年限来度量,计算公式如下:

$$H = \sum Q_{it} E_{it} \quad (5-1)$$

其中 H 表示人力资本累计量，即人均受教育年限；E_{it} 表示 t 年度某省份受教育层次，i 代表教育层次，i 分为五个层次，即文盲、小学、初中、高中和大专及以上，其中文盲=0，小学=6年，初中=9年，高中=12年，大专及以上=16年；Q 为各层次受教育程度的从业人员在总人数中的比重。此外，E_{it} 和 Q_{it} 均来自《中国农村统计年鉴》。

第六，农业结构调整。在农村产业结构转型和资源优化配置的倒逼下，近年来农业结构调整的幅度较大；当然这也实现了劳动、土地和资本等要素从利用效率低的行业转移到效率高的行业，从而实现农村整体资源的优化（徐会奇，等，2011）。多数研究采用结构转换系数或产业结构变化绝对值等来度量农业结构调整的幅度，但无法分辨各产业的调整方向。鉴于此，这里采用穆尔结构指数来测算农业内部各产业的结构调整方向和幅度。其计算公式如下：

$$S'_t = \frac{\sum W_{it} \cdot W_{i,t+1}}{\left(\sum W_{it}^2 \cdot \sum W_{i,t+1}^2\right)^{1/2}} \quad (5-2)$$

其中 S'_t 表示农业内部的穆尔结构指数；W_{it} 表示 t 年度 i 产业的产值占比；$W_{i,t+1}$ 表示 $t+1$ 年 i 产业的产值占比。本研究将农林牧渔业细分为种植业、林业、畜牧业和渔业四个产业，组成一个空间的思维向量，当其中某产业在总产值中的份额发生变动时，该产业与其他产业的向量夹角会发生变动，通过测算夹角的变动幅度进而可以推算出农业内部各产业的结构调整程度。其计算公式如下：

$$S_t = \arccos S'_t \quad (5-3)$$

其中 S_t 为农业内部各产业的结构调整程度。

（二）扩展型 C—D 生产函数

理论推断表明技术进步是耕地资产价值变化的关键诱因，故本研究采用扩展型 C—D 生产函数估计土地要素和技术进步对农业增长贡献的变化（赵芝俊，张社梅，2006；徐会奇，等，2011）。本研究引入仅包含传统农业资源集（劳动力、物质投入和土地投入）和广义技术进步的 Cobb—Douglas 生产函数，即 C—D 生产函数，且技术进步为希克斯中性，生产函数的形式为：

$$Y = AL^\alpha K^\beta M^\gamma \quad (5-4)$$

技术进步 A 的估算形式：

$$F(Y) = F(A) + \alpha F(L) + \beta F(K) + \gamma F(M) \quad (5-5)$$

其中 α、β、γ 分别是劳动力、物质和土地的投入产出弹性系数；$F(Y)$、$F(A)$、$F(L)$、$F(K)$、$F(M)$ 分别表示农业总产值、广义技术进步、农业劳动力从业人员、物质费用和播种面积的年度增长率。计量模型设定：

$$\ln(Y_{it}) = \ln(A_t) + \alpha \ln(L_{it}) + \beta \ln(K_{it}) + \gamma \ln(M_{it}) \tag{5-6}$$

其中式(5-6)为C—D生产函数的估计形式；Y_{it} 为 i 省份 t 年农业总产值；L_{it} 为 i 省份 t 年农业劳动力从业人数；K_{it} 为 i 省份 t 年的物质费用；M_{it} 为 i 省份 t 年农作物播种面积；A_t 则为 t 年广义技术进步，其包括人力资本外部性、支农投资外部性、农作物结构调整及狭义技术进步（比如化肥、农药和良种等）；通过式(5-6)可以估算出各要素投入产出弹性系数 α、β、γ，进而可以比较劳动力和物质投入与土地之间的替代关系和报酬递增关系。广义技术进步的测算：

$$F(A) = F(Y) - \alpha F(L) - \beta F(K) - \gamma F(M) \tag{5-7}$$

通过(5-7)就可以估算出索洛余量，即广义的技术进步。

为了进一步把广义技术进步分解，在上述C—D生产函数的基础上，需引入扩展型C—D生产函数，即包括传统农业资源集（劳动力、物质和土地）和新型农业资源集（人力资本、支农投资、农业结构调整和狭义技术进步）。扩展型C—D生产函数的形式为：

$$Y = A L^\alpha K^\beta M^\gamma H^\delta S^\rho I^\omega \tag{5-8}$$

其中 L、K、M 与(5-4)中的含义相同；H、S 和 I 分别代表人力资本、农业结构调整和支农投资；α、β、γ 与(5-6)中的含义相同，δ、ρ、ω 分别表示人力资本、农业结构调整和支农投资的产出弹性系数。

根据要素替代和报酬递增理论，一种要素在农业生产中的相对地位发生变化，其价值也随之改变。农业投入可细分为传统农业资源和新型农业资源。传统农业资源包括劳动力、资本和土地，新型农业资源包括人力资本和技术进步。新型农业资源的引进活化了传统农业要素，提高其利用效率。一般而言，新型农业资源通过两种渠道影响耕地资产价值，其一要素替代效应，新型农业资源可以替代稀缺的耕地，减少耕地投入，改变土地资源在生产中的相对地位，影响耕地资产价值；其二报酬递增效应，新型农业资源的引进优化资源配比，提升了资源利用效率，改变耕地在生产中的相对作用，进而影响耕地资产价值。基于以上理论，以省级面板和农户面板数据，拟采用扩展型C—D生产函数估计耕地要素和技术进步对农业增长的贡献，同时估算各要素的产出弹性，弹性系数大小的变化可以间接看出该要素在农业生产中相对地位的变化。通过考察要素产出弹性系数大小的变化来确定耕地资产价值变化的关键驱动因子,进而构造分地块、作物的生产函数和利润函数探究其驱动机理。因而要素产出弹性系数的估算尤为重要,弹性系数的估计公式为:

$$\ln(Y_{it}) = \ln(A_t) + \alpha \ln(L_{it}) + \beta \ln(K_{it}) + \gamma \ln(M_{it}) + \delta \ln(H_{it}) + \rho \ln(S_{it}) + \omega \ln(I_{it}) \tag{5-9}$$

式中 L、K、M 分别表示劳动力、物质和土地投入;H_{it} 为 i 乡镇/农户 t 年人力资本存量;S_{it} 为农业结构调整水平;I_{it} 为支农投资额度;A_t 为 t 年技术进步,包括化肥、良种和机械化等,α、β、γ、δ、ρ、ω 分别表示各要素的产出弹性系数。通过估计式(5-9)可得出各变量的产出弹性和技术进步率,验证耕地资产价值变化的驱动机理。

二、实证结果分析

考虑到数据的非平稳性可能导致伪回归,因此在模型估计之前,需对数据进行单位根检验,由于各变量的数据生成过程存在差异,故本研究拟采用ADF、Fisher-PP等方法进行单位根检验。所有原始变量均不平稳,经过一阶差分之后,综合不同方法可以判断所有变量均在1%显著性水平上平稳,即满足I(1)序列(表5-1)。

表5-1 面板数据的单位根检验结果

变量	ADF检验	检验类型(C,T,N)	置信水平 0.10	置信水平 0.05	置信水平 0.01	p值	检验结果
农业产值	-2.429	(1,1,0)	-2.58	-2.66	-2.81	0.241	非平稳
△农业产值	-5.573	(1,1,1)	-2.58	-2.66	-2.81	0.000	平稳
劳动力	-0.773	(1,1,0)	-2.58	-2.66	-2.81	1.000	非平稳
△劳动力	-3.181	(1,1,1)	-2.58	-2.66	-2.81	0.000	平稳
物质费用	-2.086	(1,1,0)	-2.58	-2.66	-2.81	0.906	非平稳
△物质费用	-5.033	(1,1,1)	-2.58	-2.66	-2.81	0.000	平稳
土地面积	-2.117	(1,1,0)	-2.58	-2.66	-2.81	0.872	非平稳
△土地面积	-4.984	(1,1,1)	-2.58	-2.66	-2.81	0.000	平稳

注:(C,T,N)中,C、T、N分别代表常数项、趋势项和滞后阶数;△表示一阶差分。

模型筛选与多重共线性检验。首先通过hausman检验来筛选哪个模型更适合本研究的数据。表5-2结果显示，hausman模型检验结果表明支持固定效应模型，而拒绝混合面板模型和随机效应模型。故本研究在接下来的分析中均采用固定效应。

表5-2 模型选择的hausman检验结果

变量	混合面板模型	固定效应	随机效应
农业劳动力	0.131***	−0.110***	−0.0551***
	(13.68)	(−6.58)	(−4.24)
物质费用	0.867***	0.877***	0.884***
	(174.79)	−210.17	−236.49
土地面积	0.0111	0.137***	0.149***
	(1.11)	−10.40	−12.68
年份虚拟变量	NO	YES	YES
常数项	0.605***	1.030***	0.558***
	(18.11)	−6.74	−6.02
R^2_adjusted	0.989	0.985	—
Overall R^2	—	0.978	0.984
Observations	900	900	900
模型适用性检验	拒绝OLS模型	支持固定效应模型	拒绝随机效应模型

注：数据来源于1986—2018年省级面板数据，模型模拟采用STATA15.0处理。

此外，通过方差膨胀因子（VIF）和容忍度（Tolerance）检验变量间的多重共线性问题。表5-3显示，土地面积变量的VIF最大，达到7.73，整体VIF为5.62，远小于多重共线性10.0的临界值，结果表明各变量间不存在多重共线性问题。同时，容忍度的检验同样表明各变量间不存在共线性问题。

表5-3 变量间的多重共线性检验结果

变量	VIF	1/VIF
农业劳动力	6.97	0.143477
物质费用	2.15	0.465298
土地面积	7.73	0.129348
Mean VIF	5.62	—

为了估算主要年份各类要素的产出弹性，本研究把1986—2018年划分为七个阶段，即"七五"规划至"十三五"规划。表5-4显示各模型均通过了计量检验，总体拟合程度较好。其中物质费用的系数在所有时间段内均在1%显著性水平下显著，并且其产出弹性呈上升趋势，从初期的0.684增至末期的0.932，表明物质投入实现了报酬递增。相反，农业劳动力的产出弹性多处于0附近徘徊，甚至多数时期低于0，结果表明农业部门劳动力的增加并未有效提高农业产出弹性。最值得注意的是，土地面积的产出弹性在研究期间内发生较大变化，从初期的0.197下降至末期的0.032，下降幅度较为明显，并且弹性系数从初期在10%水平下显著变为末期的不显著。可以看出，30多年来耕地在农业生产中的相对重要性呈现显著下降趋势。

表5-4 不同阶段C—D生产函数的估计结果

变量	"七五"（1986—1990年）	"八五"（1991—1995年）	"九五"（1996—2000年）	"十五"（2001—2005年）	"十一五"（2006—2010年）	"十二五"（2011—2015年）	"十三五"（2016—2018年）
土地面积	0.197*	0.174	0.095	0.072**	0.037	−0.020	0.032
	(1.76)	(0.92)	(1.09)	(2.27)	(0.76)	(−0.95)	(0.67)
农业劳动力	−0.057	−0.041	−0.042	0.092	−0.0381	−0.055***	−0.021*
	(−0.48)	(−0.28)	(−0.71)	(1.14)	(−1.07)	(−3.87)	(−1.73)
物质费用	0.684***	0.704***	0.797***	0.718***	0.865***	0.931***	0.932***
	(11.71)	(15.52)	(17.69)	(12.96)	(52.59)	(59.38)	(32.45)
年度虚拟变量	Yes	Yes	Yes	Yes	Yes	Yes	Yes
常数项	0.873	0.945	1.253**	0.275	1.447***	1.582***	1.501
	(0.62)	(0.74)	(2.04)	(0.39)	(3.33)	(7.40)	(5.12)
rho	0.962	0.962	0.975	0.965	0.995	0.998	0.994
sigma_u	0.221	0.205	0.188	0.155	0.209	0.211	0.201
sigma_e	0.044	0.041	0.031	0.029	0.014	0.009	0.008
F-value	26.35	24.93	46.53	60.38	280.17	873.23	310.37
Overall R^2	0.981	0.983	0.979	0.979	0.975	0.972	0.973
Observations	150	150	154	155	155	155	93

注：*、**、***分别在10%、5%和1%显著性水平下显著，采用固定效应模型进行估计，并采用STATA15.0处理。

为了更直观地认识劳动力、物质和土地等各要素的弹性系数变化,本章进一步估算了各要素的年度弹性,为了直观显示土地产出弹性故把劳动力和物质投入的弹性系数进行加总。图5-6呈现了1986—2018年主要农业生产要素的产出弹性系数。结果表明,研究期内农业劳动力和物质投入的弹性值介于0.139和0.979之间,不同年份波动性较大,2012年以后稳定在0.822—0.906。与此同时,研究期内土地产出弹性值介于0.018和0.378之间,2012年以前土地产出弹性值波动较大,此后呈现逐年下降的趋势。整体上看,土地的投入对农业增加值的贡献程度近年不断下降。

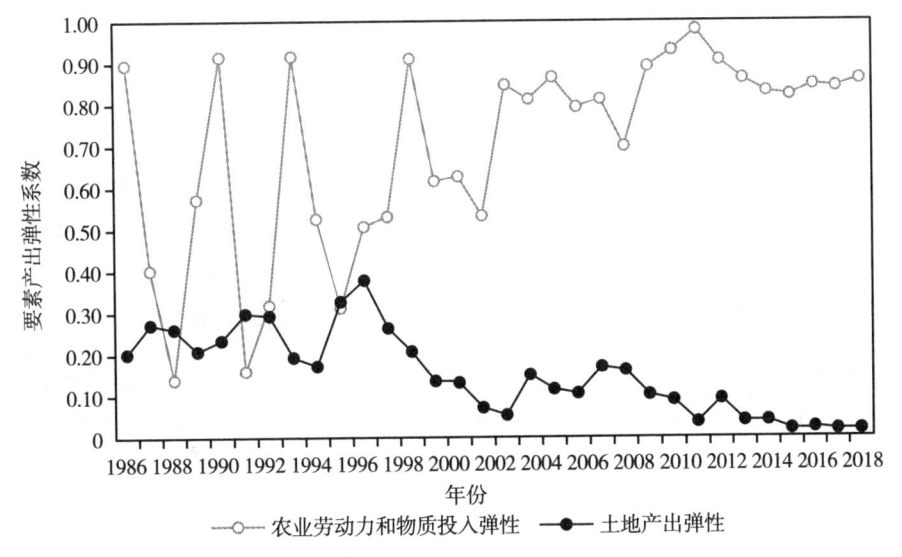

图5-6 1986—2018年主要农业生产要素的产出弹性系数

注:要素各年份产出弹性根据各年度C—D生产函数估计所得,模型估计采用STATA15.0。

由此可见,研究期内农业劳动力和物质投入的弹性波动性较大,而土地产出弹性相对较为稳定,且2012年以后呈现明显的递减趋势。值得说明的是,本研究与既有研究的结论较为一致,比如赵芝俊等(2006)认为资本弹性从1985年0.4上升至2003年0.63,而土地弹性从初期的0.27下降至末期的0.17。

根据上述要素的产出弹性系数,各要素弹性系数乘以要素年度增长率,进而估算出各类要素对农业产值增长的贡献率。表5-5呈现了不同时段各要素对农业增长的贡献率,结果显示,1986—2018年,各类要素对农业增长的贡献存在显著差异,劳动力、物质投入和土地的贡献率整体上分别为1.781%、76.621%和0.621%,其中土地要素贡献率最低。与此同时,广义技术进步贡献率为

24.512%，整体上呈现上升趋势，从初期的-10.337%上升至末期的28.12%。具体到各个时间段来看，1986—1990年农村劳动力"过密"，农业劳动力无法进城就业，同时国家政策作用下降和农业技术更新较少，直观表现为劳动力贡献率和广义技术进步贡献率偏小且均为负值；1991—1993年农民负担过重，农业新技术采用较少，但1994—1995年国家分别实施粮食价格改革和农资流通改革，市场上大批农业新技术涌现，加之劳动力可以进城务工，因而此阶段劳动力和广义技术进步贡献率大幅上升，相反土地贡献率下降明显（赵芝俊，等，2006）；1996—2000年，支农政策较少，农业技术推广率低；2001—2005年，支农惠农政策不断增加，比如农业税制改革、中央一号文件连续出台等，同时新技术研发的投入不断增长，此间广义技术进步贡献率超过40%；2006—2010年非农工资大幅上涨，农业税全部取消并对农业进行补贴，新技术不断涌现，劳动力和广义技术贡献率仍维持在较高水平；2011—2015年、2016—2018年支农惠农政策仍不断出台，比如农民工返乡创业、新技术大力推广等，此间劳动力贡献率增幅较大，同时广义技术进步贡献率仍在20%以上。

表5-5 不同时段各要素投入对农业增长的贡献率（单位：%）

时期	劳动力贡献率	物质投入贡献率	土地贡献率	广义技术进步贡献率
1986—1990年	-3.565	97.866	11.036	-10.337
1991—1995年	13.702	55.827	-7.756	21.354
1996—2000年	-1.027	83.664	1.490	25.874
2001—2005年	-1.900	63.692	-0.626	44.539
2006—2010年	0.732	79.504	0.122	29.642
2011—2015年	2.807	76.935	-0.045	32.387
2016—2018年	1.721	78.862	0.124	28.120
1986—2018年	1.781	76.621	0.621	24.512

此外，为了认识各年度要素对农业增长的贡献率，本研究分别测算了劳动力、物质、土地和广义技术进步的年际贡献率。图5-7显示，1986—1990年农业增长主要来自劳动力、物质和土地投入；此后，农业增长逐渐转变为物质投入和广义技术进步，尤其在2001年之后，物质费用贡献率一直维持在60%—70%，同时广义技术进步贡献率则维持在30%—40%。结果显示，1986—1999年广义技术进步贡献率不稳定，农业增长仍然依靠劳动力及土地投入；但2000年以后，农业增长已经转换为依靠物质投入和广义技术进步，其中技术进步对土地和劳

动力有着显著的替代效应,同时技术的引进与发展也使得物质投入的产出弹性更趋于稳定。总之,技术进步使得其对土地有着显著的替代效应,同时技术进步改善了物质投入质量使得物质投入贡献率处于稳定上升态势,即实现了报酬递增。

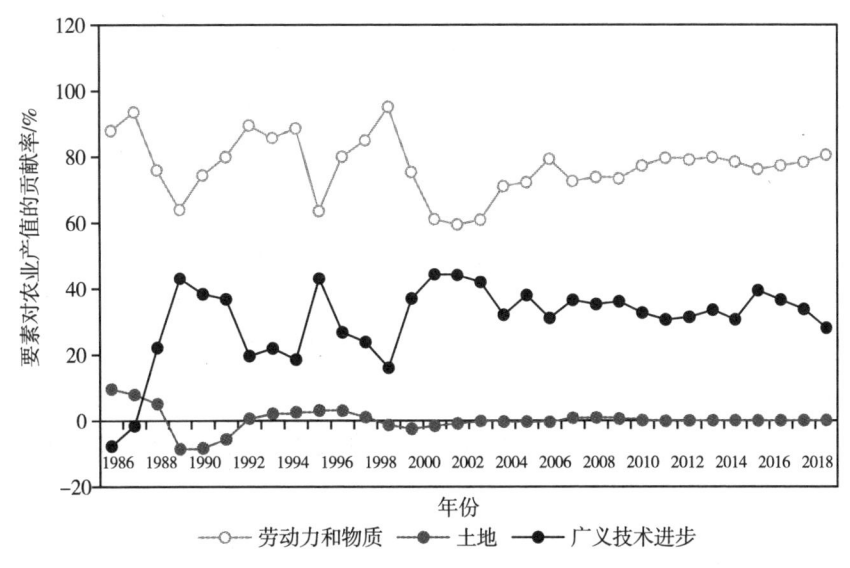

图5-7　1986—2018年各要素投入对农业增长的贡献率

本章节进一步把广义技术进步分解为人力资本外部性、投资外部性、结构调整效应和狭义技术进步(包括化肥、农药和良种等)。表5-6显示,1986—2018年人力资本累计效应、投资外部性和农业结构调整效应分别贡献0.91%、2.23%和4.24%。此间狭义技术进步贡献率最大,年均贡献率为22.09%。具体来看,人力资本外部性在1991—2000年贡献率较大,此后逐渐降低,间接说明2000年以来农村大量高素质和高技能劳动力外流,致使人力资本对农业增长的贡献作用下降。2000年以后,投资外部性基本维持在2%—3%,表明国家支农惠农政策对农业增长起到了重要作用。最值得关注的是,2000年以后狭义技术进步贡献率一直保持在较高水平,各时期均超过了20%。

表5-6　不同阶段各要素对农业增长的贡献率(单位:%)

时期	人力资本外部性	投资外部性	结构调整效应	狭义技术进步
1986—1990年	−1.23	0.39	1.40	13.45
1991—1995年	2.53	1.79	13.61	9.18
1996—2000年	1.78	2.84	2.71	22.07

续表

时期	人力资本外部性	投资外部性	结构调整效应	狭义技术进步
2001—2005年	0.98	2.72	3.48	32.96
2006—2010年	0.90	2.96	3.33	27.15
2011—2015年	0.70	2.74	2.99	26.70
2016—2018年	0.68	2.14	2.17	23.13
1986—2018年	0.91	2.23	4.24	22.09

综上来看,技术进步通过两种渠道提高了农业总产值,同时降低了耕地在农业生产中的相对重要性。其一,技术进步尤其是狭义的技术进步有效地替代了稀缺的、难以增加的耕地,使得土地产出弹性呈大幅下降趋势;其二,技术进步提高了物质投入的质量,比如提高了农业劳动力素质和改善了农业种植结构等,即"活化"了农业投入要素,实现了投入要素的报酬递增,同时间接地降低了耕地在农业生产中的相对地位。总体而言,在省级层面上,技术进步确实是耕地资产下降的根源。那么,微观农户层面的数据是否可以同样得以验证呢?

第三节 微观农户层面的实证分析

一、模型与变量

(一)模型构建

该部分数据来源于1986—2018年农业农村部农村经济研究中心农村固定观察点数据库,从农户层面验证技术进步对耕地资产价值下降的作用机制。首先,本节估算出农户家庭农业劳动力、物质和土地投入要素的产出弹性;其次估算出各投入要素的技术进步率;最后采用技术进步率除以当年家庭农业总产值增长率,即求出农户各要素技术进步贡献率。农户家庭层面的生产函数公式为:

$$Y_h = A_h L_h^\alpha K_h^\beta M_h^\gamma \qquad (5\text{-}10)$$

其中 Y_h 表示农户家庭农业总产值；L_h 表示农户农业投工量；K_h 表示农户农业生产总物质费用，包括种子种苗、化肥、农膜、农药、水电及灌溉费用等；M_h 表示农作物播种面积；α、β、γ 分别表示农户劳动力、物质费用和播种面积的产出弹性系数；A_h 表示农户层面的广义技术进步。各要素弹性系数的估计：

$$\ln(Y_{it}) = \ln(A_t) + \alpha \ln(L_{it}) + \beta \ln(K_{it}) + \gamma \ln(M_{it}) \quad (5-11)$$

其中 A_t 表示 t 年广义技术进步，包括人力资本外部性、支农投资外部性、农作物结构调整及狭义技术进步（比如化肥、农药和良种等）；各要素产出弹性系数 α、β、γ 由公式(5-11)估算所得。农户层面广义技术进步的估算：

$$F(A_h) = F(Y_h) - \alpha F(L_h) - \beta F(K_h) - \gamma F(M_h) \quad (5-12)$$

通过上式可以估算出农户层面的索洛余量（Solow residual），即家庭层面的广义技术进步率。

（二）变量说明

第一，家庭农业总产值。数据来自农村固定观察点住户调查数据，考虑到不同区域家庭经营的复杂性，本研究仅考虑家庭种植业总产值，包括粮食作物、经济作物和园地作物。其中粮食作物包括小麦、稻谷、玉米、大豆、薯类及其他；经济作物包括棉花、油料、糖料、麻类、烟草、蚕桑等；园地作物包括蔬菜、水果及其他。农业总产值通过1985年定基价格指数进行平减处理。

第二，农业劳动力。农业劳动力即农业生产的投工量，包括自用工和雇工，单位为日，和前文一致，我们把投工量折算成劳动力费用。首先我们估算出1986—2018年家庭农业投工量，然后乘以当年雇工费用。雇工费用同样进行价格指数平减。

第三，农业生产物质投入。物质费用包括每种农作物的所有物质投入之和，包括种子种苗、化肥、农膜、农药、水电及灌溉、机械作业费等。物质费用同样经过价值指数平减。

第四，土地投入。土地为每种农作物的实际播种面积。需要说明的是，2003年以前农村固定观察点并没有记录家庭每种农作物的投入产出信息，但有家庭总的农业投入和产出；而2003年以后，各种农作物的投入产出均比较齐全。因而2003年以前的投入采用家庭集总数据，2003年以后则按照各农作物加权计算所得。

二、实证结果分析

(一)要素弹性测算

考虑到不同时段固定观察点的部分指标略有变动,本部分把1986—2018年划分为六个阶段,即1986—1991年、1993年、1995—2002年、2003—2013年、2014—2015年以及2016—2018年。表5-7呈现了农户家庭层面C—D生产函数模拟结果,其中1993年为截面数据,其余阶段为面板数据。各模型均通过了变量的多重共线性检验,并且各模型的拟合程度较好。表5-7显示农业劳动力的产出弹性整体呈下降态势,但其产出弹性依然较高,说明家庭层面农业劳动力仍显短缺;物质费用的产出弹性则呈上升趋势,从1986—1991年的0.566上升至2016—2018年的0.853,上升幅度达到50.71%;相反,土地面积的产出弹性则呈现明显的下降趋势,从初期的0.223下降至末期的0.085,下降幅度达到61.88%。

本研究进一步估算了各要素年际的产出弹性。图5-8呈现了农户家庭各要素的农业产出弹性,结果显示,1986—2018年农业劳动力的产出弹性介于-0.009和0.396之间,最大值为1986年的0.396,此后整体呈现下降的趋势,2018年仅为0.125;与此同时,物质费用的产出弹性系数则介于0.552—0.977,整体上呈现上升的趋势。相反的是,土地产出弹性介于-0.071和0.326之间,整体上呈现下降的趋势,2018年仅为0.068。

表5-7 农户层面C—D生产函数的估计结果

变量	1986—1991年	1993年	1995—2002年	2003—2013年	2014—2015年	2016—2018年
农业劳动力	0.453***	0.244***	0.335***	0.046***	0.181***	0.215***
	(167.49)	(43.49)	(127.26)	(44.58)	(28.35)	(34.87)
物质费用	0.566***	0.764***	0.814***	0.702***	0.893***	0.853***
	(253.65)	(80.27)	(202.01)	(520.66)	(138.59)	(189.24)
土地面积	0.223***	0.187***	0.190***	0.122***	0.064***	0.085***
	(34.90)	(21.33)	(36.56)	(130.12)	(39.09)	(45.36)
年度虚拟变量	Yes	No	Yes	Yes	Yes	Yes
常数项	0.797***	0.721***	0.559***	0.361***	0.651***	0.582***
	(86.60)	18.31	54.21	50.98	32.29	43.67

续表

变量	1986—1991年	1993年	1995—2002年	2003—2013年	2014—2015年	2016—2018年
sigma_u	0.417	—	0.561	0.671	0.972	0.782
sigma_e	0.414	—	0.646	0.881	0.667	0.524
rho	0.503	—	0.430	0.367	0.679	0.521
F-value	4.05	84323.24	3.58	3.27	3.14	3.42
Prob > F	0.000	0.000	0.000	0.000	0.000	0.000
Overall R2	0.898	—	0.905	0.919	0.942	0.912
Adj R2	—	0.913	—	—	—	—
Observations	152485	20132	155558	224776	40848	62831
估计方法	FE	OLS	FE	FE	FE	FE

注：*、**、***分别在10%、5%和1%显著性水平下显著；由于各阶段农户问卷的内容、指标及口径存在差异，故分不同阶段进行分析；同时1992年和1994年未实施调查，故本研究单独把1993年的样本进行OLS估计。

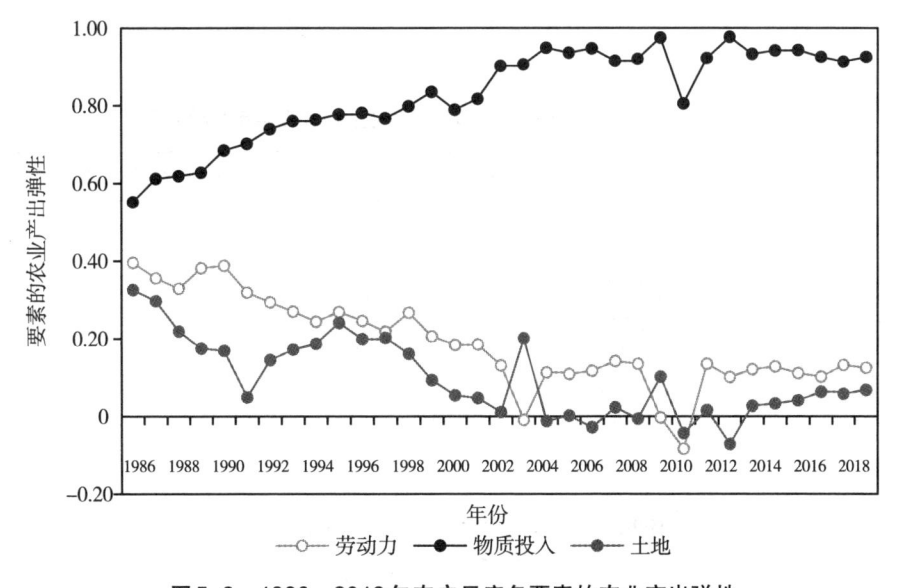

图5-8 1986—2018年农户尺度各要素的农业产出弹性

（二）要素贡献率的估算

表5-8呈现了1986—2018年各类生产投入要素对农户家庭农业增长的贡献率，结果显示，物质费用贡献率最大，年均达到76.764%，其次为劳动力和广义

技术进步,两者年均贡献率在5%—10%,其中劳动力贡献率整体呈下降态势,而广义技术进步贡献率整体呈上升趋势。与之相反的是,土地贡献率则最小,年均不足5%,并且近年呈现明显的下降趋势,末期仅为0.573。为进一步验证耕地在家庭相对地位的下降,本研究把农户家庭农业经营投入的劳动力、物质和耕地进行货币化,并测算出各类生产要素在农业总投入的比重,进而可以间接测度每种要素的相对重要性。表5-9呈现了1986—2018年各生产要素在农业生产投入中的相对比重,结果显示,1986年户均投入的劳动力、物质和耕地折价为3959.53元,此后该折价逐年上升,2018年达到13987.92元。期间,劳动力投入折价由初期的385.08元递增至末期的8689.14元,劳动力投入的相对比重从初期的9.73%增加到末期的62.12%;物质费用由初期的391.42元增加到末期的4076.01元,相应的比重从9.89%增加至29.14%。与此同时,耕地折价从初期的3183.03元减少到末期的1222.77元,相应的比重从初期的80.39%下降至末期的8.74%。整体而言,在农户家庭农业生产过程中,劳动力和物质要素的投入折价不断增高,并且占农业总投入的额度不断上升;相反,耕地的折价不断下降,且耕地投入的相对比重不断降低。以上结果表明,1986—2018年耕地作为一种投入要素其在农业生产中的相对地位正在下降。

表5-8 1986—2018年各要素对家庭农业增长贡献率(单位:%)

时期	劳动力贡献率	物质费用贡献率	土地贡献率	技术进步贡献率
1986—1991年	16.073	61.505	6.537	7.871
1992—1994年	15.544	81.109	5.996	-18.546
1995—2002年	7.553	75.289	3.874	15.709
2003—2013年	3.675	80.418	-1.342	12.318
2014—2015年	6.173	85.501	0.665	7.662
2016—2018年	4.671	86.531	0.573	8.614

表5-9 1986—2018年各要素在农业生产投入中的相对比重

年份	农业总投入/元	劳动力投入折价/元	劳动力投入的相对比重/%	物质费用/元	物质投入的相对比重/%	耕地折价/元	耕地投入的相对比重/%	农户数量/户
1986	3959.53	385.08	9.73	391.42	9.89	3183.03	80.39	27505
1987	4209.56	455.19	10.81	435.54	10.35	3318.83	78.84	26001

续表

年份	农业总投入/元	劳动力投入折价/元	劳动力投入的相对比重/%	物质费用/元	物质投入的相对比重/%	耕地折价/元	耕地投入的相对比重/%	农户数量/户
1988	4242.34	559.99	13.2	538.81	12.7	3143.54	74.1	25833
1989	5406.35	643.65	11.91	621.94	11.5	4140.77	76.59	23926
1990	4859.52	756.58	15.57	642.91	13.23	3460.03	71.2	24158
1991	4985.4	921.56	18.49	709.86	14.24	3353.97	67.28	25063
1992	4015.65	965.06	24.03	1086.18	27.05	1964.42	48.92	22573
1993	3613.07	997.04	27.6	1274.33	35.27	1341.7	37.13	21328
1994	3417.64	1229.33	35.97	1368.41	40.04	819.9	23.99	20705
1995	3961.28	1744.04	44.03	1462.49	36.92	754.75	19.05	20083
1996	5719.57	2264.85	39.6	1631.98	28.53	1822.74	31.87	20342
1997	4115.36	2219.7	53.94	1496.19	36.36	399.47	9.71	15458
1998	4085.3	2169.16	53.1	1517.55	37.15	398.59	9.76	20183
1999	4187.35	2187.22	52.23	1442.19	34.44	557.94	13.32	20269
2000	4049.41	2163.59	53.43	1335.04	32.97	550.78	13.6	20619
2001	3998.52	2181.48	54.56	1301.14	32.54	515.91	12.9	20443
2002	3934.5	2203.5	56	1368.72	34.79	362.28	9.21	20769
2003	4177.42	2112.52	50.57	1823.41	43.65	241.49	5.78	20295
2004	4240	2313.43	54.56	1605.09	37.86	321.48	7.58	19922
2005	5036.05	2479.22	49.23	2147.58	42.64	409.25	8.13	21011
2006	5283.32	2691.33	50.94	1985.03	37.57	606.97	11.49	20392
2007	7131.95	2816.31	39.49	3603.92	50.53	711.72	9.98	21229
2008	8689.3	3036.56	34.95	4962.66	57.11	690.08	7.94	20606
2009	9194.74	3764.41	40.94	4530.15	49.27	900.18	9.79	21086
2010	10218.97	4510.82	44.14	4879.79	47.75	828.36	8.11	20359
2011	11400.5	4841.86	42.47	5402.26	47.39	1156.38	10.14	19655
2012	12114.11	6247.95	51.58	4933.22	40.72	932.94	7.7	19898
2013	12941.04	6671.3	51.55	5093.28	39.36	1176.46	9.09	20324

续表

年份	农业总投入/元	劳动力投入折价/元	劳动力投入的相对比重/%	物质费用/元	物质投入的相对比重/%	耕地折价/元	耕地投入的相对比重/%	农户数量/户
2014	13007.01	7532.34	57.91	4185.58	32.18	1289.09	9.91	20640
2015	13290.23	8143.85	61.28	4083.85	30.73	1062.54	7.99	20210
2016	13361.08	8315.82	62.24	3789.12	28.36	1256.14	9.40	21062
2017	13742.51	8409.58	61.19	3941.41	28.68	1391.52	10.13	20781
2018	13987.92	8689.14	62.12	4076.01	29.14	1222.77	8.74	20988

注：劳动力价格采用各地年度农业雇工平均工资，耕地租金采用该地平均转出耕地获得租金来度量；劳动力工资、物质费用和耕地租金等指标均按照1985年定基价格指数进行平减处理。

第四节　本章小结

本章首先构建了解释耕地资产价值下降的理论框架，然后分别基于省级和微观农户家庭数据验证了技术进步导致耕地资产价值下降的理论推断，结果表明实证与理论相一致。主要结论如下：

耕地供给假说和耕地需求假说均不能解释当前耕地"贬值"的现象。在此基础上，本研究构建了一种新的解释框架，即技术进步是耕地资产下降的关键诱因，可能主要是通过要素替代和报酬递增两种渠道降低了耕地在农业生产过程中的相对重要性，进而表现出耕地资产下降的现象。

利用省级面板数据对前文提出的理论进行实证检验，结果显示技术进步的确是耕地资产下降的关键因素。其一，技术进步实现了对耕地的有效替代，比如人力资本存量、支农投资和农业结构调整等对稀缺的、不可增加的耕地资源进行有效替代，降低了耕地在农业生产中的相对地位；其二，技术进步提高了要素投入的质量,比如教育提高了劳动力技能,化肥和良种等的使用优化了要素配比,要素质量的提高突破了要素递减的瓶颈,实现了要素报酬递增,这也间接降低了农业生产对耕地的依赖,使得耕地的地位相对下降了。期间,土地产出弹性从初期的0.202下降至末期的0.018,与此同时,土地对农业增长的贡献率相应地从9.667%下降至末期的0.124%。综上可见,省级层面数据恰好验证了技术进步是耕地资产下降的关键诱因。

利用固定观察点农户数据从微观层面验证技术进步是耕地资产下降的诱因,结果显示技术进步同样是农户耕地资产下降的重要原因,其中土地的产出弹性从初期的0.326下降至末期的0.068;与此同时,耕地投入的相对比重则从初期的80.39%下降至末期的8.74%。值得一提的是,农户层面的技术进步对家庭农业增长的贡献率较小且部分年份有波动,可能是农户规模偏小、耕地细碎化程度严重、农民文化素质低以及技术传播不畅等原因所致,进而导致农业技术在农户内部的使用率较低,一定程度上阻碍了技术的传播。

整体上看,耕地作为一种投入要素的相对重要性在不断下降,究其根源是技术进步,即人力资本外部性、制度变迁、农业结构调整和化肥、农药及机械等狭义技术的采用,这些因素通过要素替代效应和报酬递增效应使得耕地的相对地位愈发下降,伴随着的是耕地资产价值的不断降低。

第六章

耕地资产价值演变机理案例剖析

第一节　问题提出

近年来,中国城镇化已进入了快速发展阶段,城镇每年新增人口达到2000万人;相反,乡村人口持续减少,2000—2015年仅农业劳动力全国年均减少约1100万人,其中山区尤为严重(Wang et al.,2020)。土地是人类活动的载体,城镇化进程中表现出来的各种社会经济问题均可以在土地利用上得以反映(龙花楼,2012)。大量山区劳动力析出,改变了不同时点、地域系统上人口分布格局和土地利用方式,如出现耕地粗放化经营、零租金流转和耕地闲置抛荒等现象(辛良杰,王佳月,2014;Li et al.,2018;Wang et al.,2019;王亚辉,等,2019)。基于中国家庭收入调查和农村固定观察点数据库的统计显示,2005年以来,在已流转的耕地中,以"零租金"形式流转的面积占比超过30%,其中典型丘陵山区甚至达到70%(王亚辉,等,2019)。中国科学院针对全国142个山区县耕地撂荒的抽样调查显示,78.3%的山区自然村经历过耕地抛荒现象;2014—2015年,全国山区耕地撂荒率超过14%(Li et al.,2018)。由此可见,丘陵山区农户耕地资产的价值出现了明显下降。那么,有必要问一问现阶段山区耕地资产下降到何种程度以及其背后的驱动机理是什么。

事实上,国内外针对耕地资产价值核算的研究已较丰富。由于国外农村土地市场化程度较高,主要采用农地价格反映耕地资产价值。亚当·斯密和大卫·李嘉图判断农地服务价格必定会上升,但以美国萨斯喀彻温州为例,研究表明1910—1914年农业用地服务价格呈下降趋势;同时,对美国整体进行分析发现土地资产价值在下降,其中土地供给服务价格大幅下降(Schultz,1951)。反观国内,考虑到农村土地市场化程度偏低,一般采用耕地收益或流转租金来衡量耕地资产价值,研究区域多集中在东部沿海区、中西部生态脆弱区和部分山区,如江苏苏南、湖南、甘肃以及重庆等(梁鸿,2000;蔡运龙,霍雅勤,2006;李恒哲,等,2015;程建,等,2016)。研究表明,以亩均耕地收益来看,1995年以后,耕地的生产资料功能开始下降,同时以家庭耕地总收益估算显示,1995年耕地总收益小于零的农户占1%,而2002年以后该比重升至46%。

虽然学术界对耕地资产价值下降等现象进行广泛研究,但仍存在以下不足。其一是已有针对耕地资产价值的量算多以截面数据、静态分析为主,缺乏跨时间的动态变化分析(Li et al.,2018);其二是在探寻土地边际化的驱动机理时,多采用农户调研或遥感监测数据(史铁丑,徐晓红,2016),虽然在微观尺度上阐释了土地边际化的发生机理,但对于同一农户边际化存在显著差异的地块仍无法给出解释,比如家庭内部有的地块发生零租金流转,而其余地块则收取租金,因而有必要深入到地块维度进行探寻,以给出地块维度的解释。

鉴于此,基于2012年和2018年典型山区农户和地块维度的实地调研及农产品成本收益资料,把农户耕地看作一项家庭资产,本章节选取耕地撂荒程度作为耕地资产价值变化的指标,构建Logit模型识别耕地资产价值变化的关键决定因素,并阐释其发生机理,以期为实现山区土地资本增值和乡村振兴提供实证参考。

第二节 数据与方法

一、研究区概况

本研究选取重庆市武隆区和酉阳县作为研究区,两地以丘陵山区为主。其中武隆区位于重庆市东南部,地处大娄山与武陵山结合部,属于中国南方喀斯特高原地区,海拔160—2033米,与重庆市区相距139千米,处于重庆"一区两群"的交汇点,辖区面积2901.3平方千米,2017年人均国内生产总值为46224元。酉阳县同样位于重庆市东南部,地处武陵山区腹地,平坝区、低山和中山并存,地貌以中低山为主,海拔在263—1895米,距重庆市区374千米,辖区面积5173平方千米,2017年人均国内生产总值为23314元。除高山和河谷等少量平坝外,两地耕地均以坡地和梯田为主,土地流转相对活跃,能够代表不同区位和社会经济发展水平的山区农业。

二、数据收集

家庭调查数据来自中国科学院和西南大学"城市化对西南地区生态压力影响"的农户调研资料。研究人员分别在2012年7—8月和2018年10月开展问卷调查。农户数据采用分层抽样的方式获得：首先，根据重庆市各区（县）的经济发展水平、地理区位和高程等综合因素选取两个典型山区县，即武隆区和酉阳县；其次，根据每个乡镇的农业发展水平和土地经营情况从每个区县内选取2个乡镇，其中武隆区为白马镇和长坝镇，酉阳县为木叶乡和毛坝乡；再次，按照村庄居民收入水平从每个乡镇内选取2个典型村庄，共计8个村；最后，从每个村内随机选取约占20%的农户进行调研，采用参与式农村评估法（Participatory Rural Appraisal，PRA）中的半结构访谈，户主为主要被访谈人，其他家庭成员辅以回答，每份问卷大约用时2—3个小时。

实地调研中可能遇到标准亩和实物量等度量标准差异，因而需要对数据进行修正。①标准亩换算。调研时酉阳县部分乡镇尚未完成土地确权，耕地面积仍按当地的自然条件或测量习惯丈量，当地土地面积的计量单位为挑，1挑折合为0.25亩；②实物量与货币量的换算。酉阳县农户之间经常互换种子种苗，耕地租金常以粮食支付，同时多数农户仍把畜禽粪便作为肥料。便于区域之间农作物的成本收益比较，有必要把实物量折算成货币价值。折算的方法是亩均种子费用以当地亩均所需的平均值替代，农家肥以当地干粪和清粪的当年售价换算，其中干粪每斤0.25元，清粪每吨为20元，耕地流转租金按照粮食的当年价格进行折算，即亩均租金等于支付粮食的数量与粮食单价的乘积。

此外，由于数据来自调研资料，原始数据可能会出现人为统计偏误，进而影响实证结果，故需要对样本进行适当处理。按照已有做法，本研究对样本进行以下处理：剔除家庭有效劳动力数量大于家庭总人口数的样本；剔除了农户为兼业户，但农业收入或非农收入占比仍为0或100%的样本；剔除了个别调研数据依据常规判断不真实或缺失重要指标的样本。经过整理，两期共计获得901份有效农户问卷，其中2012年640份，2018年261份，共包含6563块地块信息（表6-1）。农户问卷包括了家庭人口学特征、农业经营、土地流转、土地撂荒、地块特征和地块投入产出等信息。重要的是，问卷中涵盖了土地流转、撂荒和地块特征信息，这为本研究的顺利开展提供了数据支撑。

表6-1 调研样本分布情况

区(县)	调研村	2012年				2018年			
		农户		地块		农户		地块	
		数量/户	占比/%	数量/块	占比/%	数量/户	占比/%	数量/块	占比/%
武隆	车盘村、东升村、鹅冠村、前进村	317							
酉阳	大板营村、梨耳村龙村、天苍村								
合计	—								100

三、研究方法

(一)撂荒率测算

耕地撂荒率主要有两种测算方法,其一为撂荒农户比,即发生耕地撂荒的农户占总农户数的比例;其二为耕地撂荒率,即撂荒耕地面积占家庭总耕地面积的比重。其中撂荒农户比计算公式如下:

$$R_{1i} = [N_a/(N_a + N_{na})] \times 100\% \tag{6-1}$$

式中R_{1i}为发生撂荒农户比例;N_a、N_{na}分别为发生耕地撂荒的农户数量和未发生耕地撂荒的农户数量。

耕地撂荒率是以家庭全部耕地面积作为分母,撂荒耕地面积作为分子,计算公式如下:

$$R_{2i} = [A_a/(A_a + A_c + A_f)] \times 100\% \tag{6-2}$$

式中R_{2i}为撂荒耕地面积的比重;A_a、A_c和A_f分别为撂荒的耕地面积、正在种植的耕地面积和休耕的耕地面积。

(二)撂荒的决定因素分析

因变量为农户是否发生耕地撂荒,为非线性、二元离散变量,不符合正态分布,不满足线性回归条件,无法采用最小二乘法估计,需要建立二元选择模型。Logit模型是将逻辑分布作为随机误差项的一种二元离散选择模型,可用于对以效用最大化为原则的选择行为进行模拟。研究对象存在撂荒和未撂荒两种情况,引入定性变量Y_i,当农户发生撂荒时令$Y_i=1$,不发生则$Y_i=0$,解释变量为X_i。

本研究构建的Logit计量模型如下：

$$p(Y_i = 1|X_i, \beta_i) = \alpha_0 + \beta_1 X_{hi} + \beta_2 X_{li} + \beta_3 X_{pi} + \beta_4 X_{oi} + \varepsilon_i \quad (6-3)$$

式中Y_i为i农户是否发生耕地撂荒，当农户发生撂荒耕地时，Y_i=1，反之为0；X_{hi}、X_{li}、X_{pi}和X_{oi}表示一系列影响农户是否发生耕地撂荒的因素，这些因素分别代表农户家庭、区位、地块和其他因素，α_0为常数项，ε_i为误差项，β_1、β_2、β_3和β_4为待估参数。

表6-2呈现了变量定义与统计性描述。从地块是否零租金流转和是否撂荒平均来看，27%的地块处于撂荒状态。就地块维度而言，地块平均面积为1.33亩，地块与家庭住宅相距1409米，地块质量等级平均处于二等地和三等地之间。就家庭特征而言，户主平均年龄为58.42岁、受教育年限约6.28年，家庭收入中非农务工收入占比接近70%；家庭抚养比为1.41，即一个劳动力需要抚养1.41个非劳动力，说明家庭抚养负担较大。家庭地块权属细碎化程度较严重，辛普森指数为0.83，户均耕地不足10亩，表明案例区耕地细碎化程度较严重。此外，村庄与最近县城的距离平均为29.79千米。

表6-2 变量定义与统计性描述

维度	变量	定义	单位	平均值	标准差
因变量	地块是否撂荒	撂荒=1，不撂荒=0	—	0.27	0.35
地块层面	地块面积	地块面积大小	亩	1.33	1.27
	地块与家庭住宅距离	转出地块与家庭住宅距离	米	1409	1530
	地块灌溉条件	无水=1，地下水=2，地表水=3	—	1.45	0.84
	地块质量等级	五等地及其之外=1，四等=2，三等=3，二等=4，一等=5	—	3.89	1.19
	是否与转入户地块相连	相连=1、不相连=0	—	0.60	0.49
家庭层面	户主年龄	家庭户主实际年龄	岁	58.42	14.59
	户主受教育水平	接受教育年限	年	6.28	3.01
	家庭非农收入占比	外出务工收入占总收入比重	%	68.23	38.34
	家庭抚养比	非劳动力人口与劳动力之比	—	1.41	1.32
	地块权属细碎化程度	辛普森指数度量a_i为第i块面积，$s_i = 1 - \sum_{i=1}^{n} a_i^2 / \left(\sum_{i=1}^{n} a_i\right)^2$（Wang et al., 2020）	—	0.83	0.56
村庄层面	村庄与县城距离	村委会与最近县城的距离	千米	29.79	15.17
	村内人均收入	村庄内人均收入水平	元/人	6358	1623

第三节　耕地撂荒变化与驱动机理

一、耕地撂荒的变化特征

图6-1呈现了2012和2018年武隆区和西阳县农户耕地撂荒发生率。就武隆区而言,2012—2018年,发生耕地撂荒的农户比重从57.1%上升到73.6%;与此同时,西阳县的比重则相应从81.7%升至90.5%,该比重远高于武隆区。从区域整体上看,农户耕地撂荒发生率从64.9%上升到81.2%,即截至2018年研究区超过80%的农户已经出现过耕地撂荒情况。

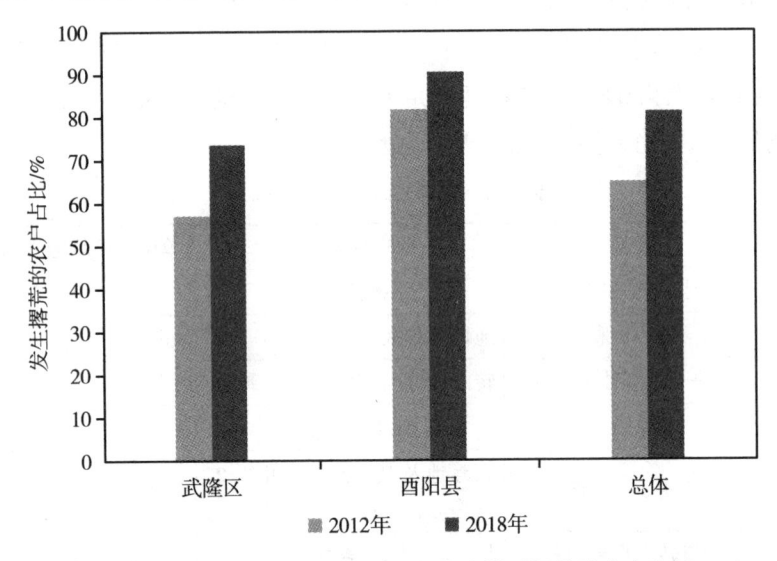

图6-1　2012年和2018年研究区发生耕地撂荒的农户比例

图6-2呈现了2012年和2018年武隆区和西阳县耕地面积撂荒率。初期,两个区(县)的耕地面积撂荒率均相对较低,分别为14.14%和28.77%;末期,两地的耕地撂荒率均呈现明显上升,分别达到23.62%和30.69%。从两个区(县)整体上看,2012—2018年,耕地撂荒率从21.57%升至27.19%,即案例区超过1/4的耕地面积处于撂荒的状态。

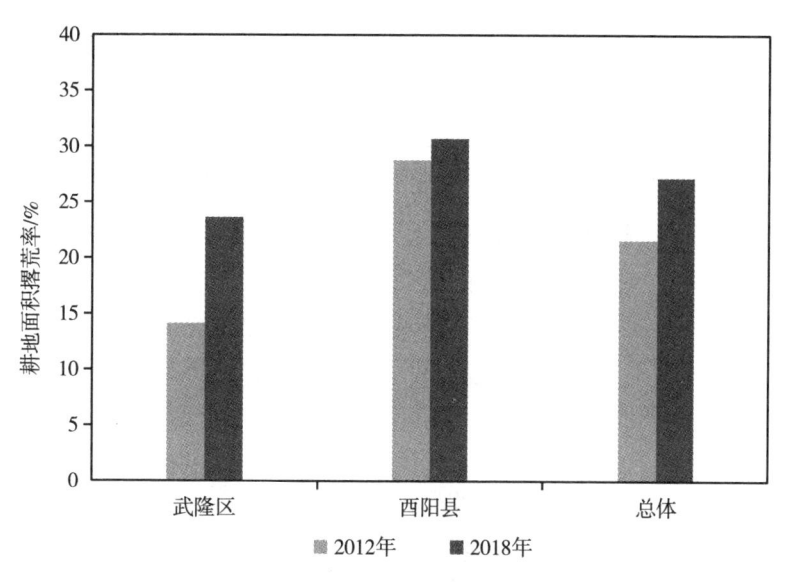

图 6-2 2012 年和 2018 年研究区耕地撂荒率

整体来看,研究期间武隆区和酉阳县农户耕地撂荒发生率和耕地撂荒率均呈现上升趋势,表明以耕地撂荒程度测度的耕地资产价值不断下降。

二、耕地撂荒的决定因素

在实证模拟之前,需对变量间的共线性进行检验,方差膨胀因子(VIF)显示,单变量的 VIF 最大为 2.31,总体变量的 VIF 为 1.46,远小于多重共线性判断的临界值 10,说明变量间不存在严重共线性问题。此后,采用逐步纳入不同维度的变量以检验模型的稳健型,各变量的估计系数和显著性未发生较大变化,说明模拟结果稳健。最后采用 AUC 来判断模型拟合优劣,其中地块是否零租金转出和地块是否撂荒的 AUC 值分别为 0.876 和 0.921,说明模型具有很好的预测性,模型设置合理。

表 6-3 呈现了地块是否撂荒决定因素的模拟结果。模型 1 仅包含地块维度因素,模型 2 和模型 3 是在模型 1 的基础上逐步纳入家庭维度、村庄维度和时间区位虚拟变量,其中模型 3 尽可能包含了影响地块撂荒的因素,模拟结果更稳健。从地块维度上看,地块面积在 10% 水平下显著为负,系数为 -0.763,说明地块面积越大该地块撂荒发生率越低。同时地块质量等级在 5% 水平下显著为负,表明优质的地块撂荒风险越低。与之相反,与家庭住宅距离的系数在 5% 水

平下显著为正,即地块与家庭住宅距离越远,该地块越容易发生撂荒。从农户家庭维度来看,地块细碎化的系数在10%水平下显著为正,表明地块权属细碎化程度越高,地块越易发生撂荒。此外,村庄维度的因素虽然在一定程度上影响着耕地是否撂荒,但这些因素的系数均不显著,说明其影响程度有限。综上,农户耕地空间分布越破碎、与家庭住宅距离越远的地块更易于发生撂荒,而面积较大和地块质量等级较高地块的撂荒风险较低。

表6-3 模型估计与检验结果(因变量:地块是否发生撂荒)

变量	模型1	模型2	模型3
地块面积	−0.962***	−0.911**	−0.763*
	(−2.96)	(−2.19)	(−1.86)
地块与家庭住宅距离	0.022**	0.022**	0.022**
	(2.54)	(2.06)	(2.19)
地块灌溉条件	−0.253	−0.255	−0.223
	(−0.64)	(−0.56)	(−0.49)
地块质量等级	−1.019***	−1.029**	−0.949**
	(−2.84)	(−2.55)	(−2.36)
是否与转入户地块相连	−1.113	−0.411	−0.214
	(−1.48)	(−0.40)	(−0.19)
户主年龄	—	−0.034	−0.027
	—	(−0.76)	(−0.61)
户主受教育水平	—	−0.075	−0.126
	—	(−0.48)	(−0.75)
家庭非农收入占比	—	1.094	1.382
	—	(0.71)	(0.87)
家庭抚养比	—	−0.422	−0.481
	—	(−1.36)	(−1.42)
地块权属细碎化程度	—	1.326*	1.389*
	—	(1.69)	(1.71)

续表

变量	模型1	模型2	模型3
村庄与县城距离	—	—	−0.025
	—	—	(−1.04)
常数项	6.630***	9.362*	9.230*
	(3.19)	(1.70)	(1.70)
地区虚拟变量	no	no	yes
年份虚拟变量	no	no	yes
AUC	—	—	0.921
样本数量	2051	2051	2051

注：*、**、***分别在10%、5%和1%水平下显著，( )内为t值，标准误聚类到村庄尺度，模型模拟采用STATA15.0处理。

为了更直观地认识地块撂荒的原因，本研究进一步对研究区地块撂荒的因素进行统计。表6-4呈现了研究区1476块撂荒耕地地块的归因统计情况。在撂荒的地块中，地块离家较远出现的频次最多，达到919次，占比23.34%；其次是山区野猪活动频繁出现870次，占比为22.09%。近年来由于山区耕地撂荒和植被覆盖变好，使得野猪活动频繁，农作物因野猪破坏进而导致耕地撂荒。除此之外，地块质量差、劳动力短缺和周边地块已撂荒出现的频次依次达到646次、555次和547次，比重依次为16.4%、14.09%和13.89%。总之，与家庭住宅距离偏远、野猪活动频繁、质量差、家庭劳动力短缺和周边耕地已撂荒是地块撂荒的主要原因。

表6-4 地块撂荒的因素分析

撂荒原因	地块数量/块	地块所占比重/%	总地块数量/块
地块离家较远	919	23.34	3938
野猪破坏	870	22.09	3938
地块质量差	646	16.40	3938
劳动力短缺	555	14.09	3938
周边地块已撂荒	547	13.89	3938
地质灾害破坏	167	4.24	3938

续表

撂荒原因	地块数量/块	地块所占比重/%	总地块数量/块
无法灌溉	67	1.70	3938
其他原因	167	4.24	3938

三、耕地撂荒的发生机理

(一)耕地成本收益分析结果

表6-5呈现了2012年和2018年研究区内主要农作物的成本收益,不同时期所列农作物的种植面积均超过当地耕地面积的80%以上,能够较好地代表当地耕地的收益情况。首先,从耕地净收益来看,2012年研究区亩均耕地加权净收益为92.3元,2018年下降到18.76元,研究期间下降79.67%。值得注意的是,2018年白菜、花生、大豆和玉米四种作物已处于亏损状态,玉米的亩均亏损最大,达到170.7元。其次,从农作物生产成本来看,2012年亩均耕地加权劳动力成本为449.91元,2018年达到503.18元;两期劳动力成本占比分别为48.94%和58.04%,也就是说2018年劳动力成本占比接近60%。2012和2018年亩均耕地加权化肥成本分别为122.37元和158.69元,化肥成本占比分别为13.88%和17.87%,亩均耕地化肥成本上升约四个百分点。结果表明,2012—2018年研究区亩均耕地加权净收益下降了近80%,部分作物处于亏损状态,主要原因在于劳动力和化肥等生产成本的上涨。

表6-5 研究区主要作物成本收益分析

年份	作物	亩产值(元/亩)	生产成本(元/亩)							净收益(元/亩)	权重/%	加权净收益(元/亩)
			劳动力	种子	农药	化肥	灌溉	机械	其他			
2012	小麦	571.34	201.22	39.97	12.69	108.25	22.98	73.68	13.79	45.17	5.83	92.30
	中稻	841.34	387.23	36.53	35.84	129.4	65.50	71.56	31.98	23.96	13.92	
	玉米	727.81	337.42	40.51	15.07	116.44	24.78	71.78	9.20	62.52	30.38	
	大豆	495.53	292.12	34.27	15.16	40.29	24.42	26.02	16.40	17.72	2.08	
	薯类	761.56	420.23	125.4	5.85	119.69	17.13	14.28	7.66	44.72	25.12	
	棉花	1159.57	451.31	39.42	57.15	162.93	32.40	35.46	28.03	221.71	6.29	
	油料	683.87	410.32	50.97	15.89	89.03	10.77	28.69	9.51	40.72	8.17	
	烟草	2161.83	1099.44	34.01	14.61	212.89	28.10	24.21	225.03	468.52	8.21	

续表

年份	作物	亩产值(元/亩)	生产成本(元/亩)							净收益(元/亩)	权重/%	加权净收益(元/亩)
			劳动力	种子	农药	化肥	灌溉	机械	其他			
2018	白菜	753	457.16	27.20	67.80	185.20	0.00	16.00	4.70	-5.06	2.80	18.76
	红薯	882.59	515.96	109.52	15.39	135.73	0.00	24.78	10.51	70.71	26.65	
	花生	804.17	484.35	141.42	37.5	142.08	0.00	46.67	0.00	-97.84	0.97	
	大豆	567.06	426.6	39.81	38.00	60.00	0.00	28.13	0.00	-25.47	2.28	
	土豆	1056.43	467.23	246.11	26.29	111.07	0.00	31.43	4.21	170.08	11.58	
	玉米	874.37	572.84	74.65	62.71	291.49	0.00	31.25	12.13	-170.7	34.59	
	中稻	1427.14	598.15	102.96	183.86	185.24	2.38	142.48	22.40	189.66	21.11	

(二)山区耕地边际化的发生机理

与其他国家和地区土地边际化的发生机理相同(李升发,李秀彬,2018),中国山区当前经历的以耕地资产贬值和撂荒为特征的土地边际化的驱动机理是快速城镇化和工业化导致的乡村劳动力大量析出的结果。基于实证分析和文献梳理,当前中国山区土地边际化的发生机理如下:随着城镇化工业化的快速推进,城市对劳动力的需求增大,城市就业机会增多。在跨过刘易斯拐点后,非农劳动力工资快速上涨,致使农业劳动力的机会成本增加,促使大量的乡村劳动力流向城市,转为从事工业、服务业等非农行业,造成农业劳动力流失。根据诱致性技术变迁理论,当要素价格发生相对变化时,农户作为理性的生产决策者会倾向于使用相对便宜的、数量多的要素,减少或不使用相对昂贵的、稀缺的要素,进而引发要素替代。于是面对劳动力成本上升,农户就会减少劳动力的投入,转而增加其他相较便宜的要素的投入,如用化肥、省工性机械等代替高昂的劳动力,在削弱劳动力成本对农业生产利润的侵蚀和减少生产成本的同时,也弥补了农业劳动力存量不足。但是中国地形复杂多样,不同的地区要素替代的可行性和替代程度不同,所以对城镇化带来的劳动力外流、劳动力成本上升的响应存在区域异质性,特别是平原和山区存在较大差异。

平原地区地势平坦,农村劳动力转移促进了农业机械化的使用,省工性机械弥补了劳动力不足。但只有实现规模化经营,机械化农业才能充分发挥出优势。随着土地规模经营的发展,在农民对耕地租金的非理性预期下,土地租金占农业生产成本的比重显著上升。由此可见,耕地租金连续增高,地租成本显化进一步抬高了农业生产成本，土地流转的租金超过了土地用于粮食生产的合理水平，所以出现了平原地区耕地过度资本化的问题。耕地过度资本化使农民收益减少，种粮农户选择放弃较低收益的粮食种植而转为利润更高的经济作物，一定程度上导致了耕地"非农化"和"非粮化"，势必对农业规模经营稳定性尤其是粮食生产带来严峻挑战。

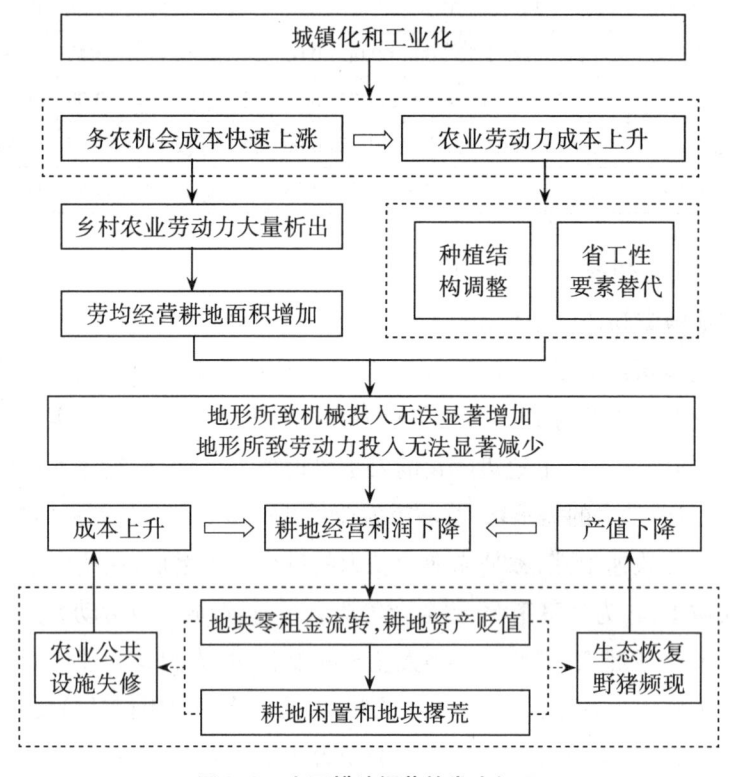

图6-3　山区耕地撂荒的发生机理

然而，对于山区，农户为了实现增收，一方面，调整农作物种植结构，减少劳动力密集型农作物的面积，增加劳动力节约型农作物的种植面积，但受制于山区自然条件，劳动节约型农作物的面积很难大规模增加；另一方面，采用省工性要素替代价格"高涨"的农业劳动力，比如增加机械化作业程度，因地形问题导致耕地较零散，土地地块较小，地块之间有很多田间小径，即使两地间相邻，也存在一定的高度差，而且耕地形状不规则，不适宜一般的机械耕作。目前适宜中国山区农业的小型机械较少，同时山区地区信息闭塞，山区农户对机械耕作的认知不够，经济发展落后，山区农户对农业机械的购买力不足，山区农业机械投入很难显著增加,劳动力投入很难显著减少,在农业劳动力居高不下的情况下,那些劣质地块的经营利润必然快速下降,农户优先考虑零租金流转和闲置。随着地块的闲置,山区生态环境得到恢复,野生动物活动频繁,破坏田间作物,进一步降低了相邻地块的利润,同时也导致了农田公共设施维修成本的上升,农业公共设施服务水平下降,提高了农业经营成本,进一步降低了其余地块的利润。未撂荒地块的产量不断下降,而成本却不断上涨,耕地资产也不断贬值直至亏本,农户经营意愿下降,最终以零租金形式转出,甚至扩大耕地抛荒规模(图6-3)。

四、与相关研究结果比较

近年来,全球范围内丘陵山区的耕地撂荒问题严峻性加重。在欧洲,2000—2010年,俄罗斯、乌克兰、哈萨克斯坦和捷克共和国,分别有33%、33%、22%和32%的耕地被撂荒,欧洲撂荒耕地已占所有土地面积的24.4%,主要分布在东欧、南斯堪的纳维亚和欧洲的山区(Gellrich et al.,2007;Baumann et al.,2011)。在南美洲,1985—2007年,智利的撂荒率达45.05%(Diaz et al.,2011)。而在亚洲,近年来中国、日本和泰国涉及耕地撂荒的报道层出不穷(张学珍,等,2019)。

20世纪90年代以来,中国山区的耕地撂荒情况同样不容乐观。1992—2017年,中国有耕地撂荒记录的县不断增加。2000年以前,全国仅有45个县有撂荒记录,主要分布在重庆、湖北、湖南、安徽、江西。2000—2009年,耕地撂荒区(县)增加到102个,新增区(县)主要分布在长江中下游地区,如四川东北部和安徽中部。2010—2017年,全国有撂荒记录的县增加到165个,主要分布在四川东部、湖南、安徽南部、重庆、甘肃东南部、福建和云南等地区(张学珍,等,2019)。2014—2015年,中国科学院对在全国25个省份142个典型山区县开展农户家庭调查,调查显示在235个调查村庄中,78%的村庄出现过耕地撂荒,全国山区县耕地撂荒率超过14%,南方丘陵山区耕地撂荒率达到20%—30%,其中江西、重庆耕地撂荒率甚至达到了34%、32%,南方丘陵山区耕地撂荒问题严峻(李升发,等,2017;Li et al.,2018)。

从农户撂荒发生率和耕地撂荒率来看,案例区两者的比例均呈现上升趋势,2018年超过80%农户家庭的耕地发生过撂荒,整体上超过1/4的耕地已处于撂荒状态。此外，从耕地净收益来看，2012—2018年，研究区亩均加权净收益从92.3元下降到18.76元，降幅接近80%，其中玉米、大豆、花生和白菜均处于亏损状态，究其根源在于劳动力成本不断攀升，比如玉米和大豆的劳动力成本占比从2012年的51%上升到2018年的63%。总之，近年来中国典型山区农户的耕地资产正处于贬值状态，土地边际化现象不断加剧。

实际上，撂荒是耕地资产贬值的一种极端情况。截至2017年，全国范围内共165个县或市有耕地撂荒的记录，主要分布在四川东部、湖南、安徽南部、重庆、甘肃东南部、福建和云南等地区。以面积统计的全国耕地撂荒率已超过14%，部分山区甚至已超过30%。当耕地利润持续下降直至亏本时，农民的理性选择是放弃农业和抛荒转而从事非农经济活动。其根源在于伴随城镇化和跨越刘易斯拐点之后，务农机会成本快速上涨。受到地形限制，那些面积偏小、地理位置偏远和质量等级较差的地块因无法实现省工性机械替代，利润不断下降直至亏本，耕地资产不断贬值，农户优先考虑弃耕和撂荒。这也是自1999年开始山区实施退耕还林工程获得成功的重要原因之一。若把退耕还林补贴看作是政府"购买"农户耕地的使用权，从土地经济角度分析，这些边际土地在已经发生撂荒并实现自然植被恢复的情况下，无需再采用远高于市场价的补贴标准"购买"农户耕地的使用权；从改善山区生态环境的角度来看，部分人口矛盾突出的生态脆弱区可以继续开展退耕还林工程，但不应再全面铺开，更要避免对已撂荒耕地实施退耕还林工程，以免公共财政经费的浪费。此外，政府应停止在山区进行大规模的开垦耕地工程。

第四节　本章小结

以重庆市武隆区和酉阳县的耕地为研究对象，基于2012年和2018年901份农户问卷和6563块地块资料，揭示研究期间耕地资产价值和撂荒的变化特征，构建Logit模型识别地块零租金流转和撂荒的关键决定因子，并探寻以耕地零租金流转和撂荒等土地边际化现象的发生机理。主要得出以下结论与启示：

对耕地撂荒分析显示，研究期内农户耕地撂荒发生率从64.89%上升到81.23%，耕地撂荒率相应地从21.57%上升到27.19%。由此可见，山区农户的耕地资产正处于贬值状态，以耕地零租金流转和撂荒为特征的土地边际化现象不断加剧。地块面积、与家庭住宅距离、耕地质量等级和地块细碎化是地块是否撂荒的主要决定因子。然而，山区耕地资产贬值和撂荒等土地边际化现象的根源则在于，务农机会成本的快速上涨。城镇化和工业化的推进，尤其在跨越刘易斯拐点之后，务农机会成本快速上涨。受到地形等自然条件限制，目前山区很难推广农业机械化，机械无法有效替代劳动力，农业利润因劳动力成本持续走高而不断下降，直至利润低于零。农民理性的选择是放弃农业而转向非农活动，耕地便以低租金或零租金形式转出，甚至撂荒。

在农业劳动力不断析出的过程中，山区土地资源开始变得愈发丰富。政府应该合理引导城市资本进入山区农村，充分挖掘农村相对富裕的土地资源，以实现山区土地资本增值和发展当地经济。此外，山区新开垦的耕地质量较差，验收合格后的耕地通常又会被撂荒。将耕地开垦费用于改善边际土地的农业生产条件，比如修建田间道路和改善梯田，增加农业机械的可达性；增加旱区灌溉设施，提高土壤肥力以提升耕地单产水平；通过修缮栅栏等切实可行的措施减少野猪对农作物的破坏。通过耕地质量和利用效率上的提升，弥补耕地在数量上的损失。耕地资产贬值主要体现在耕地"零租金"流转和耕地撂荒，耕地边际化是社会经济发展过程中山区普遍出现的现象，而中国山地丘陵和高原面积广阔，占全国土地面积比重超过了2/3，耕地边际化会造成土地资源浪费，影响中国粮食安全。但耕地边际化并非只会带来负面影响，耕地边际化助推了退耕还林工程的实施，有利于山区生态恢复。所以要因地制宜，处理好耕地边际化带来的影响。

对于土地质量和灌溉条件较差，距居民点较远的耕地，可以顺应耕地边际化现象，遵循生态优先，实施退耕还林、还草措施，服务于生态环境建设；对于灌溉条件良好，土地质量高的耕地，可以考虑种植经果林，经果林作为重要的水土资源开发性治理措施之一，不仅保水、保土、保肥能力强，生态效益明显，而且经营周期短，经济效益好，增加农民收入，维护农民生计。

政府投入一定的资金，给予政策扶持。开展土地整治工程，对有条件利用的耕地,进行基础设施建设,进行宜机化改造,同时推广小型农机的使用,对使用农机耕作的给予一定的财政补助;同时出台边际地区的农业补助或扶持政策,早在20世纪70年代,法国就本国偏远山区的耕地撂荒出台了一系列的农业发展政策,该政策通过财政支持,增强落后地区的农业发展能力和竞争能力,刺激农户继续耕作耕地。在该政策支持力度较大的国家成效较为显著。在日本,山区和半山区的撂荒问题也非常突出。为解决山区、半山区农业的发展问题,日本政府在2000年出台了专门地区的财政补贴政策,直接向山区、半山区采取大力的财政补贴政策,并制定了稻作安定经营策略,对农户进行补贴。随着这一政策的出台,日本的耕地撂荒增长趋势开始减缓。

第七章

家庭耕地资产作为生产资料的作用

第一节 问题提出

2014年11月中共中央办公厅、国务院办公厅印发了《关于引导农村地区土地经营权有序流转发展适度规模经营的意见》,其中规定"坚持农村土地集体所有,实现所有权、承包权、经营权三权分置"。这为加快土地经营权流转提供了政策支持。截至2015年底,全国家庭承包耕地经营权流转面积达到4.47亿亩,占家庭承包经营耕地面积的33.3%。截至2016年6月底,全国承包耕地流转面积达到4.60亿亩,超过承包耕地总面积的1/3,在一些东部沿海地区,流转比例甚至已超过50%。近年来,全国经营耕地面积在50亩以上的规模经营主体已超过350万户,经营耕地面积已超过3.5亿亩。整体来看,近年来中国农村土地流转面积呈现逐年上升的趋势,并且在未来的土地流转市场中土地流转面积将持续扩大。

与此同时,随着社会经济的持续发展,农村人地分离和家庭兼业行为尤为普遍,大量的农村劳动力转移到城市从事非农行业,农户家庭的收入水平大幅增长。那么,对于单个农户家庭而言,家庭农业经营收益占家庭总收入的比重如何变化?对于纯农户而言,要想达到农村平均户均收入水平需要经营多大规模的耕地?同时,在所需经营耕地中,农户家庭拥有承包权的耕地资产对家庭收入的支撑作用到底还有多大?

第二节 家庭耕地收益收入比变化

一、全国农户耕地收益比

家庭耕地资产在家庭生计中的重要性取决于这些耕地的经营净收益占家庭总收入的比重,即家庭耕地收益—收入比(下面简称"耕地收益比")。该指标可以揭示农户耕地资产作为家庭生产资料的作用。家庭耕地经营收入占比越大，说明家庭耕地资产的价值越大；反之则越低。本研究分别从全国、不同农业区等角度探讨家庭耕地收益比。

图7-1呈现了1986—2018年农户家庭耕地收益、家庭总收入以及耕地收益比。结果显示，户均家庭耕地收益从初期的911.40元增至末期的3726.23元，研究期内增加了3.09倍；与此同时，户均家庭总收入从初期的1950.18元增至末期的67342.34元，研究期内增加了33.53倍。整体上看，家庭总收入的增幅远大于家庭耕地收益。

值得注意的是，1986年家庭耕地收益占家庭总收入的比重为46.73%，即家庭近一半的收入来自拥有承包权耕地的经营所得。可以说，20世纪80年代中期耕地资产的确是农户家庭的一项重要资产，佐证了耕地是农民"命根子"的说法。然而，1986年以后农户耕地收益比不断下降，尤其在1995年以后，耕地收益比甚至低于1/10；2018年，该比例甚至仅为5.53%。总之，从全国整体上看，耕地资产作为农户家庭的一项生产资料所创造的收益占总收入的比重从初期的近1/2一直下降至末期的1/20。研究期内，家庭耕地收益比不断下降，表明耕地资产作为农户家庭的生产资料作用不断下降。

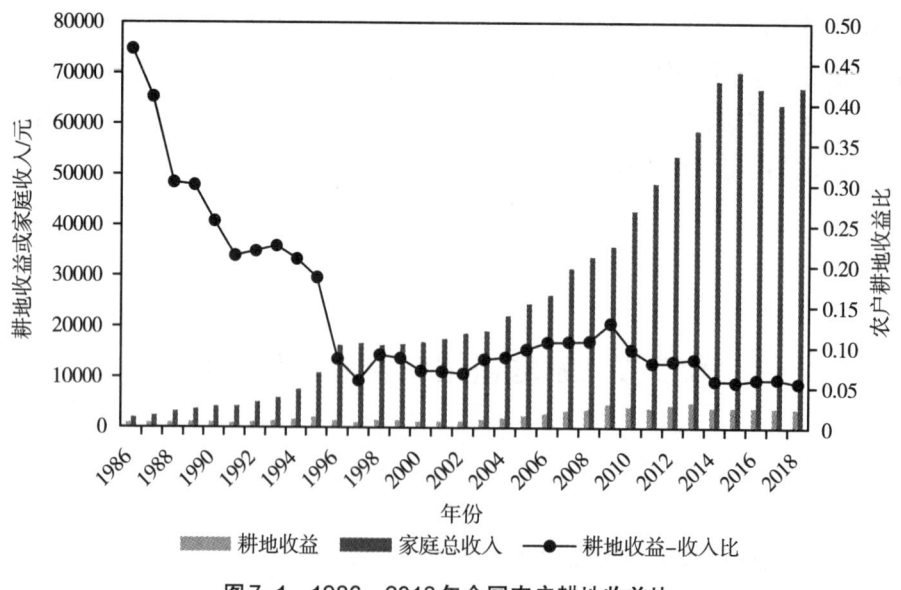

图7-1 1986—2018年全国农户耕地收益比

二、不同农业区农户耕地收益比

受地形和其他自然条件影响,不同土地利用方式下耕地收益存在显著差异。本章节分别从集约农业区、主粮作物区和山地农业区三个农业区揭示家庭耕地收益比的年际变化。

(一)集约农业区

图 7-2 呈现了 1986—2018 年典型集约农业区户均耕地收益、家庭总收入和农户家庭耕地收益比的变化特征。结果显示,研究期内户均耕地收益从初期的 1721.52 元增长至末期的 18012.33 元,与此同时,户均家庭总收入则从初期的 2248.38 元增长至末期的 63098.12 元。与之相对应的是,农户家庭耕地收益比则从初期的 76.57% 下降至末期的 28.55%。

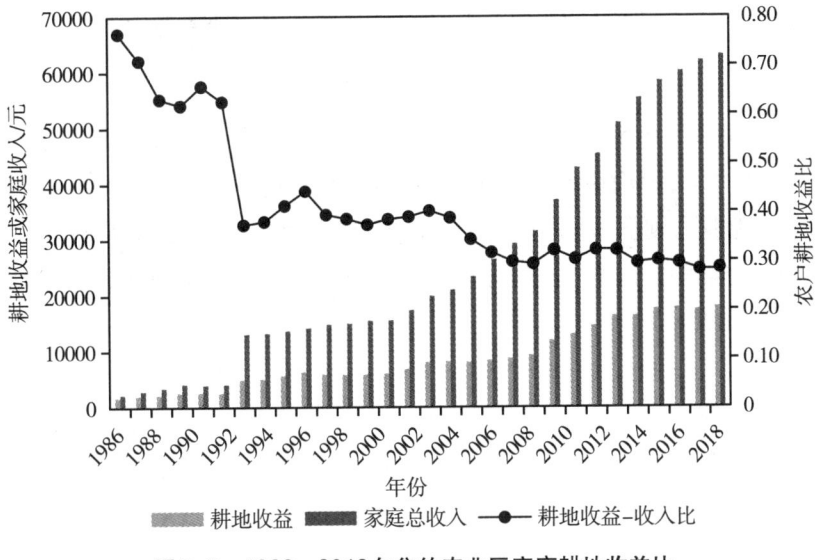

图 7-2 1986—2018 年集约农业区家庭耕地收益比

(二)主粮作物区

图 7-3 呈现了 1986—2018 年典型主粮作物区户均耕地收益、家庭总收入和家庭耕地收益比的变化。结果显示,户均耕地收益从初期的 1266.47 元增长至末期的 9479.34 元,同时户均家庭总收入则从 2641.16 元增长至 72562.34 元。相应地,家庭耕地收益比则从 47.95% 下降至 13.06%。

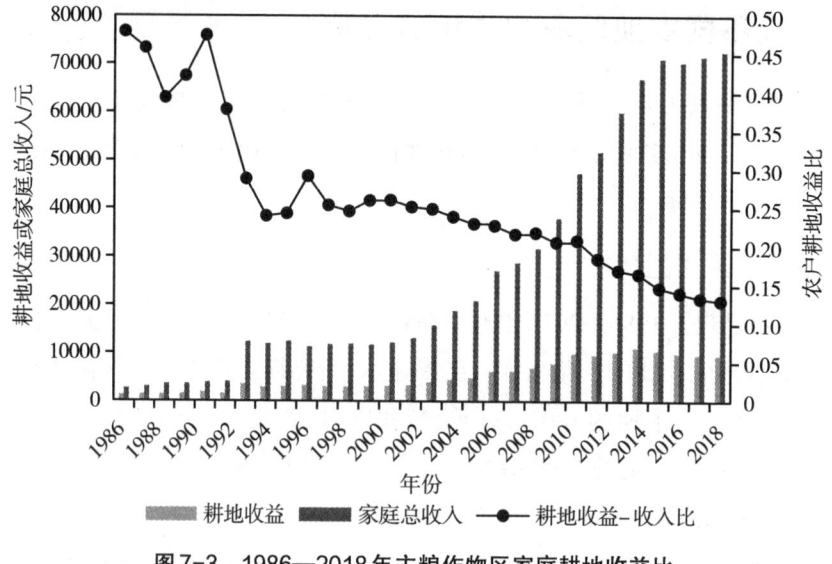

图 7-3　1986—2018 年主粮作物区家庭耕地收益比

(三)山地农业区

图 7-4 呈现了山地农业区户均耕地收益、家庭总收入和耕地收益比的变化特征。结果显示,户均耕地收益从初期的 1235.76 元增长至末期的 3369.21 元;同时,家庭总收入则从 2285.76 元增长至 59120.43 元。相应地,农户耕地收益比则从初期的 54.06% 下降至末期的 5.69%,即家庭耕地资产所创造的收益约占家庭总收入的 1/20。

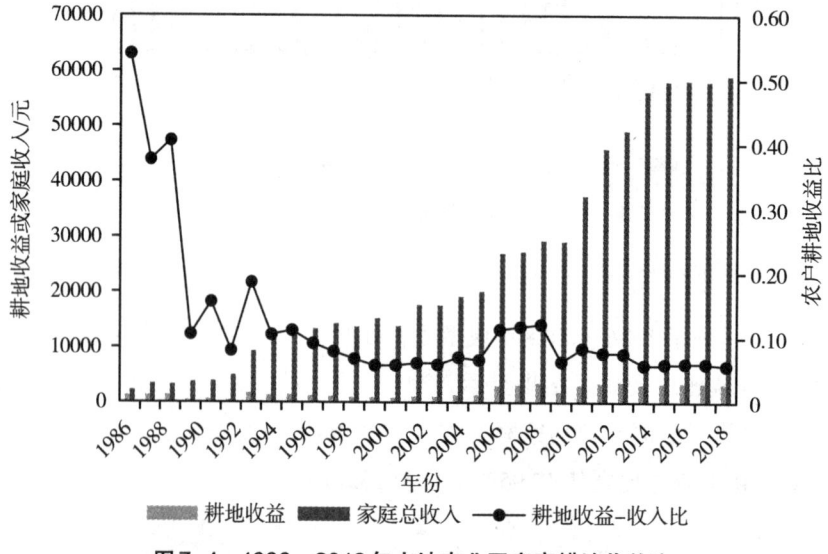

图 7-4　1986—2018 年山地农业区家庭耕地收益比

第三节 实现平均收入所需耕地规模

一、实现农村户均收入所需耕地面积

上节的分析发现，农户家庭耕地资产获得经营收益在家庭总收入的比例不断下降，当农户仅依靠农业来实现户均收入水平时所需的耕地规模必然不断扩大。那么，不同农业区的户均需要多大的土地经营规模才能达到户均收入呢？

首先，从全国整体来看，1986年亩均耕地收益为100.75元，实现农村户均纯收入水平需要经营16.06亩耕地；此后，随着亩均耕地收益不断降低和户均纯收入不断上升，实现农村户均纯收入所需耕地经营规模也不断扩大。图7-5显示，2011年以前户均所需耕地规模均在80亩以下，2012年以后户均所需耕地规模均超过100亩，而2018年更是高达239.57亩，30多年所需耕地面积扩大13.92倍。已有的研究与本研究的结论大致相同，比如华南农业大学关于土地适度规模经营的课题组认为："基于农户种植收益最大化考虑，平原地区户均最优面积为88—117亩"（李琴，2017）；有关资料显示，2012年全国户均经营200亩土地就可以实现当地户均收入水平（王亚辉，等，2017；张自强，等，2018）。此外，各地政府部门也对农户适度经营规模的大小进行了测算，比如2015年上海的测算认为户均经营100—150亩便与当地务工收入相当。其次，从主粮作物区来看，1986年达到农村平均收入水平户均需要经营耕地12.03亩；此后部分年份虽有波动，但户均所需耕地规模总体上呈不断上升趋势，2018年户均所需耕地规模达到118.76亩，30多年所需耕地规模扩大8.87倍。最后，从集约农业区（包括城市周边都市农业区）来看，1986年实现农村平均收入的户均所需耕地规模仅为1.09亩；此后所需耕地同样呈现不断上升趋势，2018年需要7.46亩，30多年需要扩大5.84倍。

总之，随着耕地收益的不断下降和农村家庭收入水平的不断提高，仅依靠农户家庭承包的耕地很难达到农村户均收入水平，若农户未有劳动力外出务工则必然不断扩大家庭耕地经营规模。当然，不同土地利用方式下家庭所需耕地规模存在显著差异，若实现农村家庭平均收入水平，研究期间内全国整体、主粮作物区和集约农业区等地区户均耕地需分别扩大13.92倍、8.87倍和5.84倍。

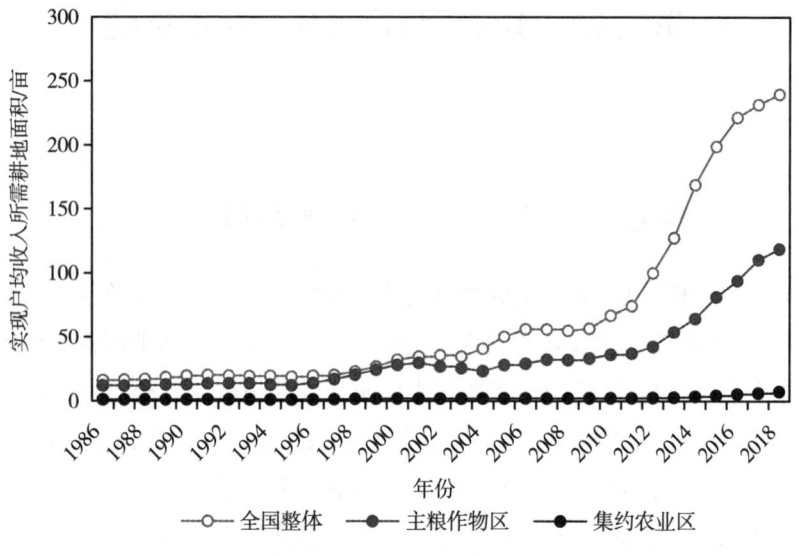

图 7-5　1986—2018 年达到农村户均收入所需的耕地面积

二、家庭承包耕地占所需耕地规模的比重

随着实现户均收入所需耕地规模的不断扩大,家庭拥有的耕地资产在所需耕地规模中的比重必然下降,同样不同土地利用方式存在显著差异。下面分别从全国整体、主粮作物区及集约农业区进行比较分析。

(一)全国整体

图 7-6 显示,1986 年全国户均拥有承包权的耕地资产为 9.21 亩,实现农村平均收入所需的耕地规模户均为 16.06 亩,即耕地资产占比为 55.58%;此后,部分年份虽有波动,但总体处于下降趋势;2018 年户均耕地资产为 7.98 亩,而所需耕地面积为 239.57 亩,家庭耕地资产仅占所需耕地规模的 3.33%,即家庭耕地资产已不足户均所需耕地面积的 1/25。

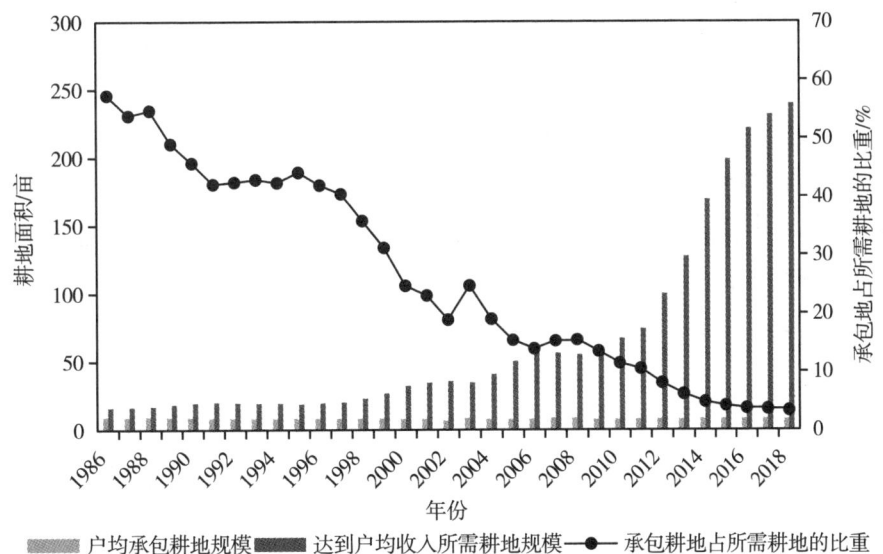

图 7-6 1986—2018 年全国户均实有耕地与所需耕地规模的比较

(二)主粮作物区

图 7-7 显示,1986 年主粮作物区户均耕地资产为 9.28 亩,实现农村平均收入的户均所需耕地为 12.03 亩,家庭耕地资产占所需耕地面积的比重为 77.18%;此后年际间虽波动较大,但该比重总体下降;2018 年该比重降至 6.90%。

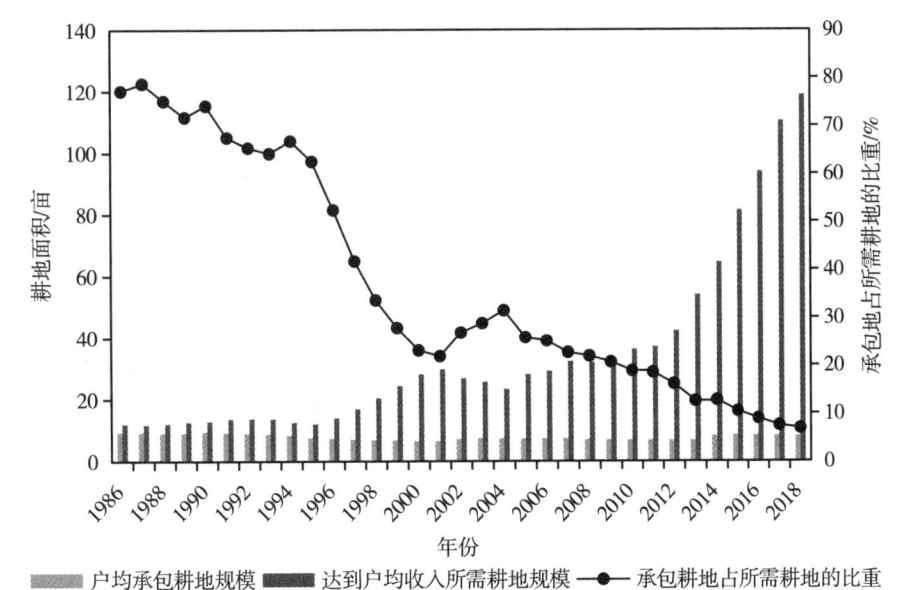

图 7-7 1986—2018 年主粮作物区户均耕地资产的份额

(三)集约农业区

图7-8显示,1986年集约农业地区户均耕地资产为4.63亩,实现户均收入所需的耕地仅为1.09亩,家庭耕地资产占比为387.90%,即初期农户依靠家庭耕地完全可以实现当年户均平均收入,并且有大量富余。此后总体上处于下降趋势;2018年家庭耕地资产占比仅为40.21%,即现阶段在集约农业地区依靠家庭耕地已无法实现农村平均收入。

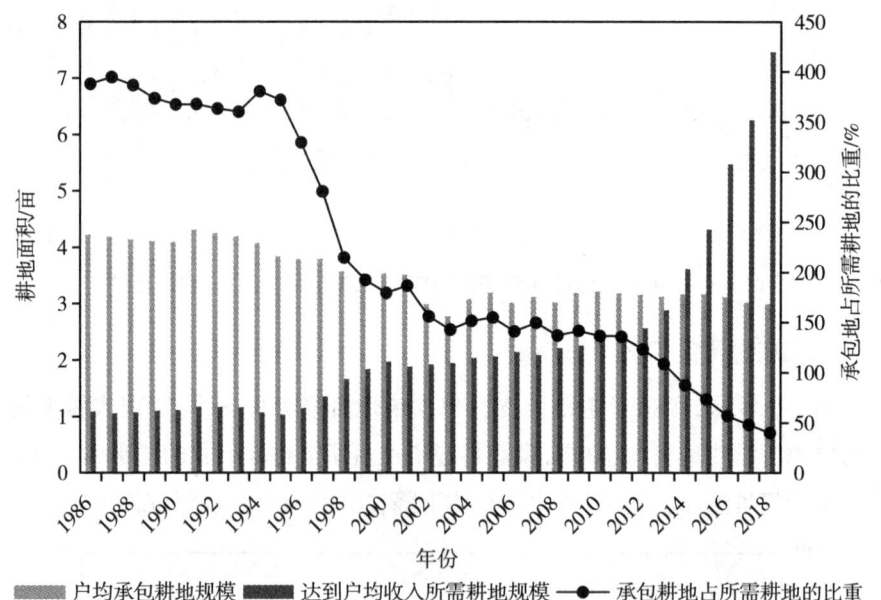

图7-8 1986-2018年集约农业区户均耕地资产的份额

综上,研究期间家庭耕地资产作为生产资料的作用不断弱化。具体表现:1986—2018年,家庭耕地收益比不断下降,全国整体上耕地收益比从初期的近1/2降至末期的1/20;如果仅从事农业经营,实现户均收入所需的耕地面积不断扩大,全国整体上户均所需耕地面积从初期的16.06亩上升至末期的239.57亩;同时,家庭耕地资产在所需耕地规模中的份额不断下降,从初期的55.58%下降至末期的3.33%,2018年家庭耕地资产已不足所需耕地面积的1/25。

第四节 不同农业区农户耕地收益收入占比

上节厘清了1986—2018年家庭耕地资产作为生产资料对农户家庭收入的贡献,结果显示耕地资产对家庭收入的支撑作用大幅下降,这也佐证了第四章耕地资产贬值的结论。虽然已探讨了不同土地利用方式下家庭耕地资产对农户生计的支撑作用,但由于数据库(成本收益资料汇编和农村固定观察点数据库)中土地利用方式的区分难度较大,无法准确揭示不同土地利用方式下的农户耕地资产差异。因而,本节以全国四个不同农业区为例,通过实地调查揭示不同土地利用方式下家庭耕地资产对农户生计的支撑作用。

一、不同农业区耕地净收益核算

标准农业劳动力换算。现实中农业劳动力存在显著异质性,不同年龄、性别及务工时间差异的劳动力有效经营耕地的规模存在明显差异,因而在核算农业劳动力成本时有必要把农业劳动力标准化。劳动力标准化就是把每户投入的劳动力换算成标准劳动力。换算时设定不同性别、年龄及务农时间的折算系数,然后将三个系数相乘即得到标准劳动力。劳动力折算系数参考20世纪60年代农民的工分标准(张江华,2007),三种折算系数的设定分别为:①性别折算系数,劳动力为男性赋值1,女性赋值0.8;②年龄折算系数,劳动力年龄小于60岁赋值1,大于60岁赋值0.5;③务农时间折算系数,纯务农赋值1,兼业赋值0.5(表7-1)。比如某农户投入的劳动力为男性(性别折算系数=1)、年龄小于60岁(年龄折算系数=1)且纯务农(务农时间折算系数=1),那么该劳动力便是一个标准劳动力。

表7-1 标准劳动力性别、年龄和时间折算系数

分组	性别转换系数	劳动力年龄转换系数	务农时间转换系数	总折算系数
男性&小于60岁&纯务农	1	1	1	1
男性&小于60岁&兼业	1	1	0.5	0.5
男性&大于60岁&纯务农	1	0.5	1	0.5
男性&大于60岁&兼业	1	0.5	0.5	0.25

续表

分组	性别转换系数	劳动力年龄转换系数	务农时间转换系数	总折算系数
女性&小于60岁&纯务农	0.8	1	1	0.8
女性&小于60岁&兼业	0.8	1	0.5	0.4
女性&大于60岁&纯务农	0.8	0.5	1	0.4
女性&大于60岁&兼业	0.8	0.5	0.5	0.2

亩均耕地净收益计算。亩均耕地净收益等于亩均总产值减去亩均总成本，其中成本包括种子种苗、农药、化肥、灌溉、机械、地膜、大棚及劳动力等。由于典型农业区农作物类型较多，加之各作物种植面积差异较大，因而本章节通过农作物种植面积权重来测算各案例区的亩均耕地净收益，即亩均耕地加权净收益。

表7-2呈现了不同农业区亩均作物的成本收益，都市农业区和集约农业区以蔬菜瓜果为主，其中集约农业区的蔬菜瓜果面积比重超过90%；相反，主粮作物区和山地农业区则以水稻、小麦和玉米等主粮作物为主。不同农业区的作物布局恰好符合本研究的目的，即选取不同农业区以便揭示不同土地利用下农户家庭耕地资产的差异特征。四个农业区的亩均耕地净收益存在巨大差异，其中都市农业区、集约农业区、主粮作物区和山地农业区的亩均耕地净收益分别为1484.75元、7818.51元、476.42元和16.82元，亩均净收益比为88.27∶464.83∶28.22∶1。可见集约农业区的耕地净收益最高，亩均近8000元，而山地农业区亩均净收益不足17元，两者相差约464倍。

表7-2 不同农业区农作物的成本收益比较

地区	作物类型	亩产值(元/亩)	生产成本(元/亩)								作物权重/%	净收益(元/亩)	
			种子种苗	农药	化肥	灌溉	机械	大棚	劳动力	其他		亩均净收益	加权净收益
都市农业区	白菜	1347.29	149.79	122.89	302.04	88.90	66.11	1024.63	587.81	44.30	4.61	-1039.25	1484.75
	豆角	3520.00	272.00	171.40	628.39	125.80	59.60	1492.17	849.10	63.40	1.64	-141.85	
	桃树	4360.71	464.29	622.97	737.43	49.93	84.29	0.00	888.93	42.86	9.99	1470.03	
	西瓜	9023.81	718.86	90.95	738.35	53.74	128.81	1346.31	713.82	105.24	18.32	5127.73	
	香菇	30182.25	16466.67	17.50	0.00	83.33	11.67	2729.30	2865.09	0.00	2.14	8008.69	
	小麦	925.31	86.96	85.02	219.27	66.19	249.38	0.00	107.08	0.00	16.65	102.04	
	玉米	805.58	46.60	38.94	182.78	30.80	193.33	0.00	123.47	4.55	24.08	184.35	
	西红柿	6725.00	1266.25	585.00	582.50	66.00	79.25	2831.38	1267.50	28.25	1.57	18.88	

续表

地区	作物类型	亩产值(元/亩)	生产成本(元/亩)							作物权重/%	净收益(元/亩)	
			种子种苗	农药	化肥	灌溉	机械	大棚	劳动力	其他		亩均净收益	加权净收益
集约农业区	大姜	9800.00	1066.67	190.00	1130.00	546.67	1073.33	1634.44	1216.43	73.33	1.24	2749.13	7818.51
	花生	1748.75	97.13	57.56	233.13	67.50	236.25	0.00	272.79	60.38	3.28	716.52	
	黄瓜	27870.56	1934.35	690.70	3822.80	220.00	47.06	6623.20	2363.29	57.94	7.01	12111.23	
	黄桃	5333.33	400.00	286.67	693.33	291.67	70.00	0.00	470.42	0.00	4.89	3121.25	
	尖椒	28925.00	1964.38	886.25	3793.29	513.50	551.93	5679.85	2649.03	110.25	2.92	12776.54	
	苦瓜	29928.57	868.07	447.14	3310.89	323.05	112.14	7714.74	2641.22	13.57	2.99	14497.41	
	辣椒	14260.48	776.97	543.90	1064.16	252.90	222.89	2938.49	1899.21	39.75	25.86	6519.99	
	茄子	43741.38	1519.97	914.57	6067.09	414.24	265.59	6316.08	3204.55	88.09	13.70	24657.42	
	甜瓜	6700.00	418.50	94.75	702.44	216.88	135.00	1553.47	1738.27	53.38	6.02	1787.32	
	西瓜	7064.11	467.33	181.51	1036.98	147.85	267.27	1771.50	1026.77	58.49	19.39	2106.40	
	西红柿	19900.00	1694.00	190.20	1936.00	312.00	94.00	3182.40	1049.02	48.00	3.06	11394.38	
	小麦	1250.00	35.61	50.67	185.33	110.00	218.33	0.00	146.24	6.94	4.27	496.87	
	玉米	790.68	64.01	60.12	208.62	64.06	182.82	0.00	127.40	38.16	5.36	41.96	
主粮作物区	黄豆	542.72	96.50	40.00	44.34	0.00	49.84	0.00	126.12	0.00	0.66	182.58	476.42
	棉花	1295.00	50.92	97.67	120.00	4.83	140.00	0.00	357.93	3.83	0.30	519.82	
	晚稻	1441.13	138.38	167.50	142.08	48.14	93.13	0.00	185.07	13.19	5.79	653.65	
	油菜	610.00	20.15	42.50	87.00	0.00	50.00	0.00	188.37	0.00	0.29	221.98	
	再生稻	1679.04	104.08	112.42	149.70	48.69	240.35	0.00	132.06	14.43	6.47	877.31	
	芝麻	349.17	24.80	23.33	61.00	0.00	27.33	0.00	226.72	0.00	0.43	-14.02	
	中稻	1273.65	119.87	121.22	145.67	39.66	179.41	0.00	212.05	14.58	86.06	439.76	
山地农业区	白菜	753.00	27.20	67.80	185.20	0.00	16.00	0.00	457.16	4.70	2.80	-5.06	16.82
	红薯	882.59	109.52	15.39	135.73	0.00	24.78	0.00	515.96	10.51	26.65	70.71	
	花生	804.17	141.42	37.50	142.08	0.00	46.67	0.00	484.56	0.00	0.97	-97.84	
	黄豆	567.06	39.81	38.00	60.00	0.00	28.13	0.00	426.60	0.00	2.28	-25.47	
	土豆	1056.43	246.11	26.29	111.07	0.00	31.43	0.00	467.23	4.21	11.58	170.08	
	玉米	874.37	74.65	62.71	291.49	0.00	31.25	0.00	572.84	15.19	34.59	-173.76	
	中稻	1427.14	102.96	183.86	185.24	2.38	142.48	0.00	598.15	22.40	21.11	189.66	

注：数据来源于四个农业区的实地调查，并经作者整理所得。

图7-9和图7-10分别呈现了不同农业区的亩均耕地成本收益和劳动生产率。结果显示，集约农业区的亩均耕地净收益最高，远高于其他地区。此外，不同农业区的农业劳动生产率同样存在巨大差异，其中集约农业区的劳动生产率

为4.97元/小时,其次是主粮作物区和都市农业区,山地农业区最小仅为0.05元/小时。都市农业区、集约农业区、主粮作物区和山地农业区的农业劳动生产率之比为37.2∶99.4∶40.4∶1。

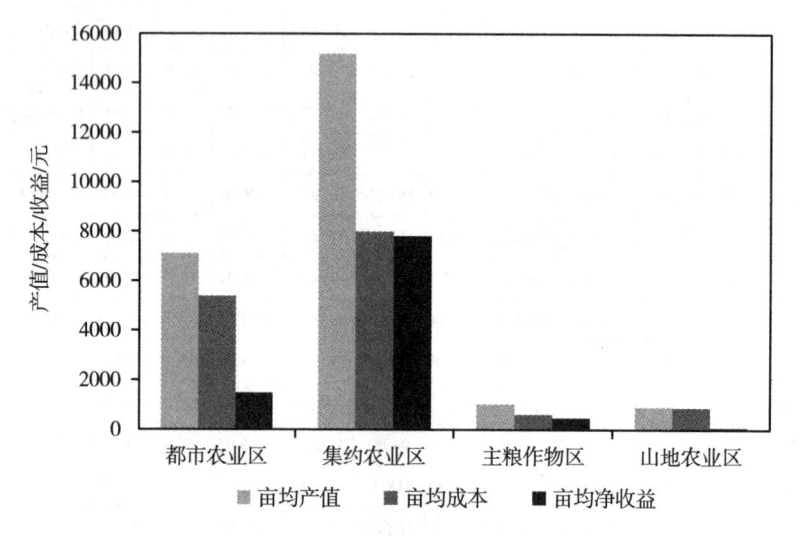

图7-9 不同农业区亩均耕地成本收益

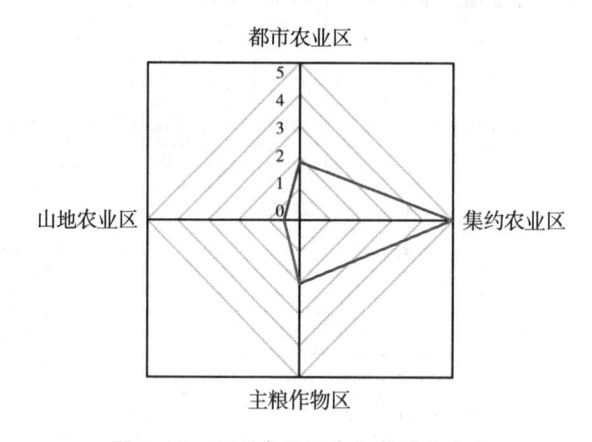

图7-10 不同农业区农业劳动生产率

此外,本节还估算了典型农业区亩均耕地的要素投入成本占比,其中劳动力已进行标准化。图7-11显示,山区亩均耕地的劳动力成本依然占比最高(56.94%),究其根源是受限于山区地形等自然条件,机械等省工性要素仍无法在山区普及,劳动力密集型的生产格局在短期内很难改变。这也解释了在非农工资大幅上涨的背景下,山区出现了大量耕地闲置或撂荒的现象。相反,都市农业和集约农业地区的劳动力成本反而相对较少,其主要原因是大量的技术,比如良种、机械、化肥等,实现了对劳动力的有效替代。

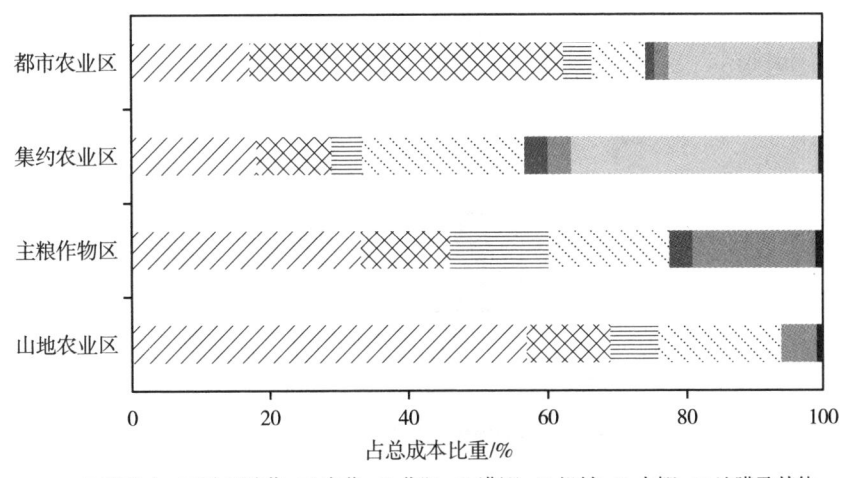

图 7-11 不同农业区亩均各类要素成本的份额

二、不同农业区农户耕地收益比

本部分测算了典型农业区农户耕地收益比,以便揭示家庭耕地资产所创造收益对家庭总收入的贡献。图 7-12 显示,不同案例区户均耕地收益存在明显差异,都市农业区、集约农业区、主粮作物区和山地农业区的户均耕地收益分别为 11544.38 元、69672.96 元、14167.32 元和 4071.63 元;户均总收入分别为 111058.4 元、137332.8 元、135560.5 元和 62252.34 元;家庭耕地收益比分别为 10.39%、50.73%、10.45% 和 6.54%。可见都市农业区和主粮作物区农户耕地资产所创造收益约占家庭总收入的 1/10,而山地农业区约为 1/20。总之,虽然不同土地利用方式下家庭耕地资产价值存在明显差异,但仅依靠家庭承包耕地已无法达到当地农村平均收入。尤其是山地农业区,耕地资产创造收益对家庭收入的贡献率大约为 1/20。

图 7-12　不同农业区农户家庭耕地收益比

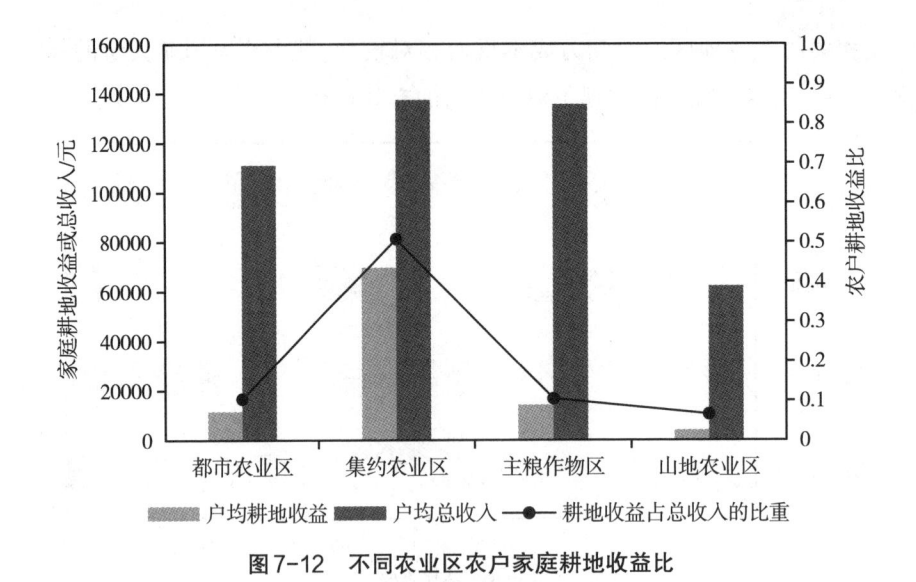

第五节　不同农业区实现户均收入所需耕地

图 7-13 显示,达到农户家庭平均收入水平所需的耕地经营规模在不同案例区存在显著差异。都市农业区、集约农业区、主粮作物区和山地农业区需要经营耕地规模分别为 46.08 亩、14.83 亩、199.22 亩和 119.72 亩。其中主粮作物区所需耕地规模最大,户均接近 200 亩。该面积与各地政府规定的 100—150 亩以及达到全国户均收入所需 200 亩的规模十分接近。其次,从家庭承包耕地占所需耕地面积的比重来看,都市农业区、集约农业区、主粮作物区和山地农业区的占比分别为 10.39%、50.73%、10.45% 和 6.54%。结果表明,集约农业区家庭承包耕地大约占所需耕地的 1/2,都市农业区和主粮作物区约占 1/10,而山地农业区约占 1/20。整体上看,山地农业区农户家庭耕地资产作为生产资料的功能十分微弱。

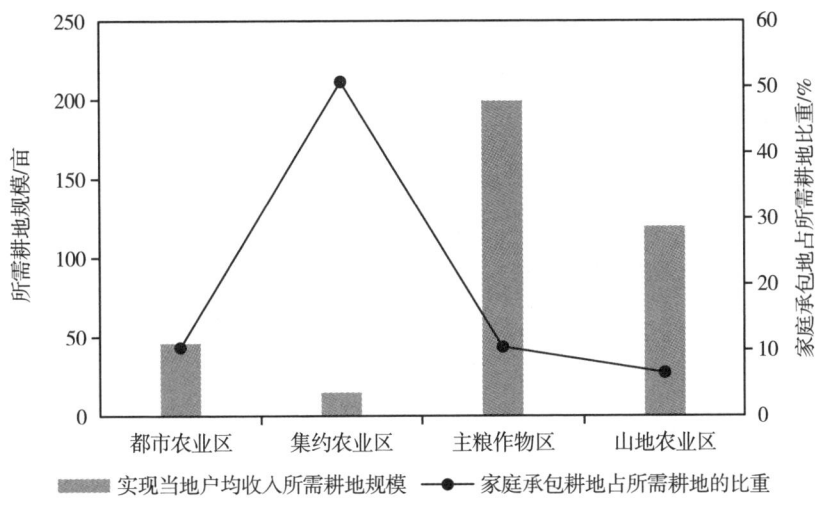

图7-13 实现户均收入所需耕地规模与家庭耕地占比

第六节 本章小结

本章分别利用时间序列数据和不同农业区调查数据,借助家庭耕地收益比来揭示农户家庭具有承包权的耕地资产对家庭生计的支撑作用。主要结论如下:

研究期间家庭耕地资产作为生产资料所创造的收益对家庭收入的贡献不断下降。具体来看:1986—2018年家庭耕地收益比在整体上呈现不断下降的趋势。全国整体上,户均耕地收益收入比从初期的46.73%降至末期的5.53%;户均耕地收益收入比在不同类型农户间的变化虽有差异,但总体均呈下降趋势。若仍从事农业经营,农户达到户均收入需不断扩大耕地规模;全国整体上,户均耕地规模需从初期的16.06亩升至末期的239.57亩,30多年需扩大13.92倍。家庭耕地资产占户均所需耕地比重从初期的55.58%降至末期的3.33%(不足1/25)。从典型农业区看,不同农业区的家庭耕地收益比存在显著差异。都市农业区、集约农业区、主粮作物区和山地农业区户均耕地资产净收益分别为

10366.38元、59246.54元、10314.55元和2345.22元,其中集约农业区和山地农业区相差超过25倍;同时户均耕地收益占家庭总收入的比重分别为9.33%、38.77%、7.61%和3.77%。

综上,1986—2018年家庭耕地资产作为生产资料对家庭收入的支撑作用均不断下降,同时不同案例区存在明显差异。值得注意的是,山地农业区农户的耕地收益比最小,其中耕地收益比仅为3.77%,即耕地资产创造的收益不足家庭总收入的1/25。

第八章

家庭耕地资产作为养老保障的作用

第一节 问题提出

自20世纪80年代,"农地社保论"假说就已在政学两界广泛流行(温铁军,2001;李昌平,2004),其大致可概括为土地是8亿农民的社会保障和耕地最基本的功能就是养老保障。在农村社会养老保障水平供给不足的情况下,耕地仍然是农村老年居民养老的首要保障(位涛,闫琳琳,2014;赵渺希,等,2018)。随着城市化的不断推进,农民的消费呈大幅上升趋势,从耕地中获取的收益在养老需求中的占比越来越小。同时,土地养老保障功能逐渐受到学者的质疑(韩芳,朱启臻,2008),比如部分老年人虽然能够从事农业生产,但低层次的土地养老并非长久之计,土地养老保障并非真正意义上的社会保障,而是一种落后和不健全的保障,土地的养老作用正处于下降趋势等。但这些报道尚未采用翔实的数据和科学的方法被论证,这可能是目前土地养老保障仍被大家所认可的原因。

事实上,土地养老保障功能的大小取决于农户耕地资产的价值。近年来,山区坡耕地闲置、弃耕撂荒(李升发,等,2017;Li et al.,2018)以及"零租金"流转(Wang et al.,2019;王亚辉,等,2019)等现象逐渐凸显。中国科学院对全国142个山区县的抽样调查显示,78.2%的村庄出现了耕地撂荒现象;大规模的农户调研发现,2014—2015年,全国山区耕地撂荒率达到14.3%(Li et al.,2018)。基于遥感解译和农户抽样调查相结合的研究显示,重庆市典型山区县的耕地撂荒率已超过20%(史铁丑,徐晓红,2016)。与此同时,全国层面上,在已流转的耕地中,"零租金"转出的比例接近40%,其中丘陵山区的比例已超过70%(王亚辉,等,2018)。以上现象说明,丘陵山区农户耕地资产的价值出现了下降。那么,现阶段耕地养老的保障功能是否存续,以及耕地资产的养老保障作用到底还有多大,对以上问题的争议主要在于缺乏对耕地养老保障功能的系统性量算。

此外,受计划生育政策和人口老龄化的影响,农村家庭少子化趋势及家庭结构功能变迁加剧,农民的养老观念也在不断变化,以家庭养老为主的传统养老模式面临着前所未有的挑战(乐章,2005)。但由于农村社会养老保障制度不健全和养老保障供给的缺位,多数农民仍将耕地作为其首要的养老保障(位涛,闫琳琳,2014;何艳冰,等,2017)。在这种背景下,只有对耕地养老保障价值及其贡献进行测度,才能为逐步调整、完善农村养老保障体系提供参考依据。基于以上认识,耕地的养老保障作用究竟还有多大,是当前学界亟需回答的一项重要课题,其关系到农村土地制度的改革和养老保障制度的完善。在此背景下,本研究借鉴前文"农村耕地资产"的定义,即农户实际控制的、能够为其带来一定经济收益的土地实物或土地权。可以理解为,农村耕地资产既可以来源于耕地资源的实物形态,又可以来源于耕地资源的权利形态。当耕地资产来源于权利形态时,农户可以通过土地流转市场将耕地资源的全部或者部分产权进行流转交易,可以获得租金。

鉴于此,基于1986—2018年农业农村部农村经济研究中心农村固定观察点数据库中的近67万份微观农户资料,本章节把拥有承包权的耕地看作农户家庭的一项资产,分别从全国和省(区、市)不同尺度、长时间序列系统性地测算了农户耕地的养老保障价值,揭示耕地养老贡献水平及养老需求缺口的时空特征,以期为农村土地制度改革和养老保障体系建设与完善提供实证参考。

第二节　数据与方法

一、数据来源

主体数据来自农业农村部农村经济研究中心固定观察点数据库(http://www.rcre.agri.cn/)。其数据由前农业农村部农村经济研究中心负责调研与管理。该数据库有三个鲜明特征:一是样本分布范围广和代表性强。数据库覆盖了自1986年以来中国大陆31个省(区、市)的300个区县中370余个村庄。按照地形、经济发展水平、农业类型(农区、林区和牧区)和地理区位等指标对村进行抽样选取。同时各省(区、市)也按照以上原则进行抽样,保证样本具有全国和省域的代表性。二是农户样本量大。调研过程按各地区人口数量、经济发展水平和家庭土地规模进行抽样,每年调研农户20000户左右(表8-1),1986—2018年共收集665346户住户资料,满足大样本分析的需要。值得说明的是,调研村和农户一旦确定下来,原则上需对其进行长期追踪调查,但由于部分调研村已消失和农户的外迁,对以上村和住户进行了替换,使得样本仍具有较强的代表性。三是指标丰富。数据库包含了村问卷和住户问卷两种类型。村问卷涵盖了村域经济、人口与劳动力、土地利用、财务收支、农业经营和社会发展等信息;住户问卷涵盖家庭成员、土地情况、家庭生产经营、农产品出售、生产资料消费、家庭全年收支和食物消费等情况。重要的是,数据库还囊括了本研究所涉及的土地流转(流转规模、对象和租金)和农村居民的生活支出,如食品、衣着、住房、燃料、生活用品、保险支出、生活服务和交通通信等,使得本研究得以顺利开展。

表8-1 各年度农户样本数量与可用指标统计

年份	调查户数/户	可用指标/个	年份	调查户数/户	可用指标/个
1986	27505	315	2003	20331	992
1987	26001	315	2004	19945	1206
1988	25833	316	2005	21043	1206
1989	23926	315	2006	20422	1206
1990	24158	315	2007	21288	1200
1991	25063	317	2008	20688	1200
1992	—	—	2009	21168	899
1993	18909	401	2010	20438	770
1994	—	—	2011	19810	935
1995	20231	446	2012	20010	1323
1996	20343	442	2013	20424	925
1997	20262	448	2014	20640	939
1998	20194	449	2015	22150	913
1999	20274	446	2016	20167	913
2000	20627	446	2017	21021	913
2001	20448	446	2018	21232	913
2002	20795	446	—	—	—

注:其中1992年和1994年数据缺失。

其他相关数据包括从1987—2019年《中国卫生统计年鉴》中获取农村居民患病率,用于估算人均养老需求的下限和上限;从1987—2019年《中国统计年鉴》和《中国农村统计年鉴》中获取"老农保"和新型农村养老保险的支付金额，用于估算人均养老需求下限和上限的缺口。此外，农村消费价格指数CPI同样来源于《中国统计年鉴》，用于对耕地养老保障价值进行价格指数平减修正。

二、研究方法

值得提醒的是，为了保证耕地养老保障价值的可比性，本研究的研究区域仅限于种植主粮作物的农区，即耕地资源是种植大宗粮食作物，不包括大城市周边的郊区农业、经果园和观光农业等集约型农业。

(一)耕地养老保障价值的核算

耕地养老保障价值是耕地养老保障功能大小的体现，是指当农民因年龄较大而无法从事农业生产时，转出拥有承包权的耕地获取租金以供养老。耕地养老保障价值等于人均承包耕地面积乘以单位面积流转租金，计算公式如下：

$$EVLP = LR \cdot LP \tag{8-1}$$

式中$EVLP$表示人均耕地养老保障价值，单位：元/年；LR表示转出耕地获得的租金，单位：元/亩；LP表示家庭人均承包耕地面积，单位：亩。

(二)养老需求下限和上限的确定

养老需求是指在当前社会经济发展条件下，农村老年居民养老消费与中国的经济发展水平相协调，重点在于养老消费要适度，即存在养老需求最小值和最大值。其中最小值是指仅包含老年居民的基本生活开支，比如衣食住行和基本医疗消费，即养老需求下限；最大值是指在养老需求下限的基础上适度地增加老年居民的日常娱乐消费，即养老需求上限(位涛，闫琳琳，2014)。设置养老需求上下限的目的是反映农村耕地养老保障对养老需求适度性的贡献程度。人均养老需求下限的测算公式如下：

$$OD_L = \beta C_1 + (1 - \eta) \kappa C_2 \tag{8-2}$$

式中OD_L表示人均养老需求的下限；C_1表示人均基本生活支出，包含衣着、食品、居住和交通通信；β为老年居民人均消费系数，通过对农村固定观察点数据库的整理，估算出家庭普通成年人和老年人的基本生活消费水平，统计显示老年居民人均消费约占普通成年居民的65%，故β取0.65；C_2为农村居民人均医疗支出；η为新型农村合作医疗报销的比例，按照当前农村报销的比例，故η取

70%；κ为老年居民的患病率，农村老年人患病率约是农村居民平均水平的2倍，故κ取2。值得一提的是，这里也尝试建立老年居民的养老需求与社会经济发展水平的动态关系，但这类参数值在不同年份段的拟合效果差异较大，如在寻找年际间β的动态值时，$\beta=0.65$的拟合优度最高，因而这里β仍取0.65。此外，新型农村合作医疗报销比例η和老年人患病率κ多年不变。人均养老需求上限的测算公式如下：

$$OD_H = \beta C_1 + (1 - \eta) \kappa C_2 + C_3 + C_4 \qquad (8-3)$$

式中OD_H表示人均养老需求的上限；C_1、β、C_2、η和κ与式（1）含义一致；C_3为老年居民人均日常消费；C_4为老年居民人均娱乐消费。

（三）耕地养老保障价值贡献率的测算

耕地养老保障价值对养老需求下限的贡献率指耕地养老保障价值占人均养老需求下限的比例，测算公式如下：

$$R_L = EVLP/OD_L \qquad (8-4)$$

式中R_L表示耕地养老保障价值对养老需求下限的贡献率；$EVLP$和OD_L分别与式（8-1）和式（8-2）中的含义一致。类似地，耕地养老保障价值对养老需求上限的贡献率指耕地养老保障价值占人均养老需求上限的比例，测算公式如下：

$$R_H = EVLP/OD_H \qquad (8-5)$$

式中R_H表示耕地养老保障价值对养老需求上限的贡献率；$EVLP$和OD_H分别与式（8-1）和式（8-3）中的含义一致。

（四）养老需求缺口的核算

农村老年居民的养老经费来源主要包括：①家庭养老，随着城镇化的快速推进，家庭少子化、劳动力流动和老龄化等问题的加剧，传统的家庭养老模式受到严重挑战；同时考虑到家庭养老的区域差异，甚至部分老年居民无法依靠家庭养老，这些增加了家庭养老的不确定性，故这里未把家庭养老作为养老经费的主要来源。②耕地养老，即上文测算的耕地养老保障价值。③农村养老保险提供的养老保障金，按实施顺序分为"老农保"和新型农村养老保险（以下简称"新农保"）。类似地，养老需求缺口分为养老需求下限缺口和养老需求上限缺口。其中养老需求下限缺口是指养老需求下限减去耕地养老保障价值和农村养老保障金，计算公式如下：

$$GP_L = OD_L - EVLP - SEV \qquad (8-6)$$

式中 GP_L 表示人均养老需求下限的缺口；OD_L 表示养老需求下限；$EVLP$ 表示耕地养老保障价值；SEV 表示农村养老保障金。其中农村社会养老保障分为"老农保"和"新农保"。老农保实施的时间较早，经历了推广、衰败和退出阶段，各地区政策不统一，财政补贴较少，老农保的养老金普遍较低。2009年以前，中西部老农保基本养老金年均96元，东部地区年均144元；2009年以后实行新农保，相应的养老金标准分别为：对于2009年末年龄已到60岁的农村居民，只有基础养老金和地方政府补贴，中西部每人年均养老金为710元，即每月55元和每年50元补贴，东部每人年均养老金为760元，即每月55元和每年100元补贴；对于2009年末未满60岁的农村居民，根据个人缴费标准进行发放，中西部地区个人缴费额度为每人每年100元，东部地区为300元，缴费年限需按15年或补齐15年，60岁以后中西部地区每人年均领取养老金840元，东部地区每人年均领取1148元（位涛，闫琳琳，2014）。值得一提的是，各地区的养老金根据当地经济发展水平、地方财政能力和物价水平进行年际间适度调整。此外，养老需求上限缺口是指养老需求上限减去耕地养老保障价值和农村养老保障金，公式如下：

$$GP_H = OD_H - EVLP - SEV \qquad (8\text{-}7)$$

式中 GP_H 表示人均养老需求上限的缺口；OD_H 表示养老需求上限；$EVLP$、SEV 和式(8-6)中的含义一致。

第三节　耕地养老保障价值的年际特征

一、耕地养老保障价值的时序变化

在考察耕地养老保障价值的演变之前，需要摸清农村人均承包耕地面积和单位面积流转租金的变化特征。根据1986—2018年农村固定观察点数据库统计显示，研究期内，户均承包耕地面积从9.21亩下降至7.98亩，下降幅度达到13.36%。农户家庭人口数量是指农业户口的家庭成员数量，1986—2018年户均养老需求上限则从1986年的339.95元增加至2018年的2378.32元,期间增幅达到5.99倍。需要注意的是,从人均耕地养老保障价值、人均养老需求下限以及人均养老需求上限的比较来看,初期人均耕地养老保障价值高于人均养老需求下限和人均养老需求上限,结果表明,依靠耕地租金可以满足老年农村居民的基本养老支出;1993年以后,人均耕地养老保障开始出现亏损,此后亏损额度越来越大;2018年,人均养老需求下限和人均养老需求上限的年均缺口分别达到1351.60元和2208.60元。总的来说,当前仅仅依靠家庭拥有承包权的耕地远无法满足农村老年居民的基本养老需求,并且耕地养老缺口会越来越大。究其根源,其一是社会总体消费水平的提高,老年居民的消费水平也不断提高;其二是耕地流转租金较低,耕地养老保障价值偏低。

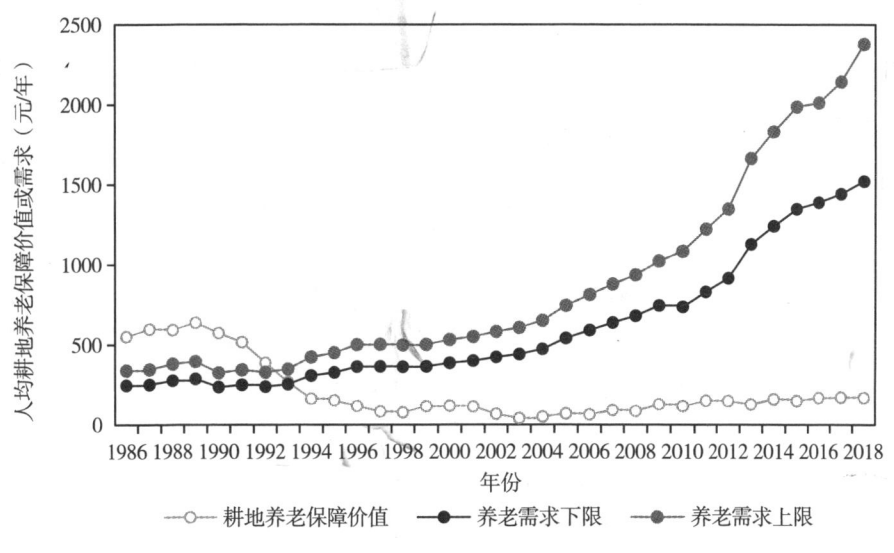

图8-2　1986—2018年人均耕地养老保障价值、养老需求下限和上限

三、耕地养老保障价值及其贡献率的时空演变

表8-2呈现了1986—2018年各省(区、市)人均耕地养老保障价值的时空演变特征。修正到1985年不变价,整体上看,人均耕地养老保障价值在所有省(区、市)均呈现下降趋势,但降幅存在明显的区域差异。具体来看,20世纪90年代以前,人均耕地养老保障价值普遍较高,比如1986年和1990年大约90%省(区、市)的人均耕地养老保障价值超过200元/年。结果表明,20世纪80年代和90年代,农户家庭拥有承包权的耕地作为家庭养老保障功能的作用普遍较高,

人口数量从4.3减少到3.4。人均承包耕地面积的确定,采用家庭承包耕地总面积除以家庭农业人口数量获得。统计显示,农村人均承包耕地面积从初期的2.14亩上升至末期的2.34亩。为了确保研究结论的可比性,本研究通过消费价格指数修正,把年际间耕地流转租金折算到1986年。初期亩均耕地流转租金为262元,2018年亩均耕地租金则为73.79元。

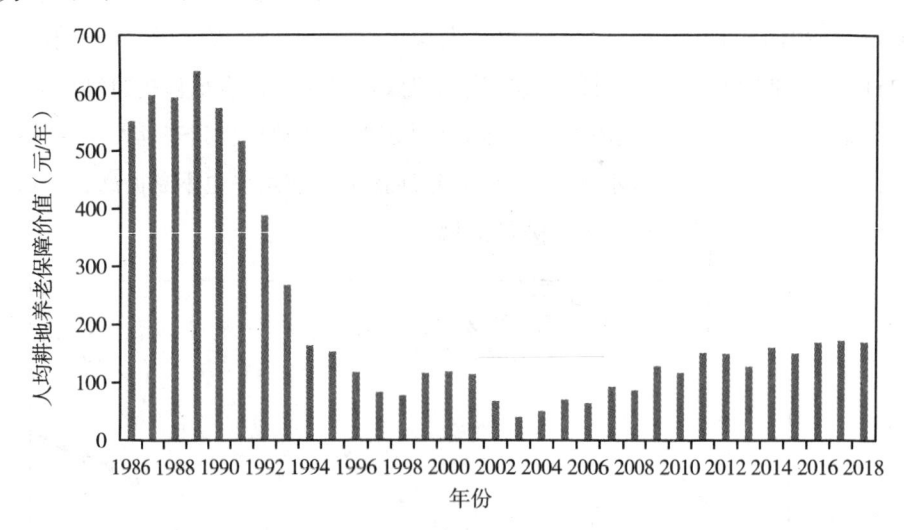

图8-1 1986—2018年全国整体人均耕地养老保障价值

图8-1呈现了1986—2018年全国整体上人均耕地养老保障价值。结果显示,研究期内人均耕地养老保障价值总体上呈现下降的趋势。修正到1985年不变价,人均耕地养老保障价值从初期的550.90元下降至末期的169.72元,总体下降幅度达到69.19%。分时段具体来看,1986—1991年,人均耕地养老保障价值处于较高水平,并且均超过500元/年;1992—2003年,人均耕地养老保障价值处于下降阶段,下降速度较快且下降幅度较为明显,2003年达到最小值,当时人均耕地养老保障价值仅为40元/年;2003年以后人均耕地养老保障价值虽然有所上升,但上升幅度较小,并且近年来一直处于较稳定的水平。

二、养老需求下限和上限的变化

图8-2呈现了1986—2018年全国整体人均耕地养老保障价值、人均养老需求下限以及人均养老需求上限的变化。与图8-1的结果一致,研究期内,人均耕地养老保障价值下降了69.19%;与此同时,人均养老需求下限从初期的247.21元/年增加至末期的1521.32元/年,期间增长了5.15倍;相对应的是,人均

依靠承包耕地基本上可以满足基本的养老支出。1995—2002年,全国各省(区、市)的耕地养老保障的价值均呈现明显下降趋势,如2002年全国超过80%省(区、市)的人均耕地养老保障价值不足100元。而2010—2018年,多数省份的耕地养老保障价值虽有所上升,但升幅十分有限,因而研究末期耕地养老保障价值仍处于较低水平。

表8-2 主要年份各省(区、市)人均耕地养老保障价值(单位:元/年)

地区	1986年	1990年	1995年	2002年	2010年	2015年	2018年
天津	270.69	241.14	44.92	142.71	97.76	166.01	258.82
河北	432.87	459.00	59.36	25.56	79.00	83.56	163.76
山西	288.08	735.54	157.54	16.12	80.86	86.85	101.36
内蒙古	516.61	629.61	144.89	70.52	175.00	190.41	98.15
辽宁	397.63	400.32	57.50	29.24	66.51	50.89	202.79
吉林	236.32	437.23	132.41	185.23	188.76	158.62	160.37
黑龙江	527.55	416.40	365.17	362.47	343.39	511.03	151.60
江苏	592.37	511.14	528.44	64.98	122.93	131.79	318.00
浙江	290.42	339.64	32.38	38.07	199.15	73.20	260.22
安徽	256.88	211.84	60.71	13.86	51.85	63.77	191.26
福建	383.37	271.84	61.80	23.90	94.78	53.11	262.39
江西	371.89	67.70	17.04	9.49	34.43	51.30	223.13
山东	463.59	534.29	327.03	105.16	225.57	360.17	375.60
河南	496.97	491.05	93.67	24.13	78.26	113.14	251.23
湖北	577.01	736.25	61.21	23.64	81.97	109.57	172.82
湖南	273.14	517.79	23.68	9.94	94.29	33.32	193.38
广东	381.85	330.73	54.19	10.50	53.56	79.57	222.56
广西	218.20	477.44	32.40	53.28	55.11	71.20	99.86
海南	70.01	531.41	32.97	137.92	56.10	53.54	86.30
四川	84.81	56.86	60.59	25.69	64.68	54.34	94.77
贵州	157.25	158.99	94.02	61.37	71.77	49.10	82.92
云南	681.77	147.68	23.57	6.72	112.40	166.30	266.52
陕西	420.42	604.57	24.95	81.98	177.17	128.89	128.55

续表

地区	1986年	1990年	1995年	2002年	2010年	2015年	2018年
甘肃	169.52	189.97	29.74	24.16	81.74	89.75	77.24
青海	464.12	425.21	105.29	33.67	62.87	44.48	151.74
宁夏	450.86	428.50	42.49	45.23	101.22	104.08	82.45
新疆	310.89	284.90	152.97	262.79	99.12	141.06	93.36
重庆	84.81	56.86	60.59	99.00	34.56	40.04	77.13

注：因北京市、上海市、西藏自治区和港澳台等样本量偏少，未纳入结果中。

与此同时，研究期间耕地养老的贡献率在各省（区、市）也呈现下降趋势，受限于篇幅，这里仅以耕地养老保障价值对养老需求下限的贡献率为例进行分析。初期，绝大部分省（区、市）的耕地养老贡献率超过了100%，即依靠耕地能够满足农村老年居民的基本养老支出。此时，虽然贵州省、安徽省、吉林省和天津市等地区的耕地养老保障贡献率不足100%，但也超过60%；唯有四川省和海南省两地的养老保障贡献率偏低，贡献率不足40%。就四川省和海南省两地的数据统计发现，两地区的人均耕地面积较少，远低于全国平均水平。总之，20世纪80年代各省（区、市）耕地养老保障的功能较强，绝大多数省（区、市）依靠耕地可满足农村老年居民的基本养老消费。

到1995年，全国约有2/3的省（区、市）人均耕地养老保障贡献率不足100%，多数集中在东南沿海和西南地区，而此时华北平原等地区的贡献率仍然较高；2000年以后，绝大多数省份的耕地养老保障贡献率不断下降；2005年，接近50%的省（区、市）耕地养老保障贡献率不足10%，而到2018年，全国已有超过50%的省（区、市）耕地养老保障贡献率不足10%。总体结果显示，30多年来全国各省（区、市）耕地养老保障贡献率均不断下降，2018年绝大多数省（区、市）的贡献率不足30%。可以说，现阶段农户拥有的耕地资产已基本失去了其原有的养老保障功能，农村养老保障体系亟待加强和完善。

究其根源，省际间耕地养老保障功能的差异是受自然地理条件、社会经济发展水平等多种因素综合作用的结果。其一是自然地理环境条件，比如重庆市、贵州省等西南省份，耕地细碎化现象尤为严重，耕地存在大量"零租金"和撂荒现象，耕地养老保障价值很低，其养老贡献率必然偏低；其二是社会经济发展水平，比如东南沿海诸省经济发达，养老需求较高，耕地养老贡献率相对较低。

四、养老需求缺口的时空演变

表8-3呈现了各省(区、市)人均养老需求缺口的时空演变格局,同样受限于篇幅,这里仅以养老需求下限的缺口为例进行分析。整体上看,研究期内各省(区、市)的人均养老需求的缺口均在逐年扩大,且省际间存在明显差异。具体来看,1986年和1990年,多数省(区、市)的人均耕地养老保障价值有剩余;1995年,绝大多数省(区、市)的养老需求出现了缺口,此时仅江苏省和山东省的人均耕地养老保障价值有剩余;2000年以后,全国所有省(区、市)的耕地养老均出现了缺口,并且养老需求的缺口在逐年扩大;2018年,除了吉林省、黑龙江省、山西省、贵州省、云南省、陕西省、甘肃省和新疆维吾尔自治区之外,其余省(区、市)的人均养老需求的缺口均超过了1000元/年,并且东南沿海、长江沿线等省(区、市)的缺口甚至超过1500元/年和2000元/年。

总之,30多年来,中国人均耕地的养老保障价值处于不断下降趋势,并且省际间存在显著差异;耕地养老保障价值对养老需求的贡献率不断下降,1994年,人均养老需求开始出现缺口,此后该缺口越来越大,尤其在东南沿海、长江沿线等部分地区。

表8-3 主要年份各省(区、市)人均养老需求的缺口(单位:元/年)

地区	1986年	1990年	1995年	2005年	2010年	2015年	2018年
天津	−59.1710	−79.14	−338.77	−511.62	−515.47	−1754.60	−2103.42
河北	214.8494	265.15	−201.49	−412.92	−338.43	−990.88	−1154.63
山西	92.2533	538.42	−70.59	−332.56	−348.39	−797.85	−899.21
内蒙古	284.5181	413.68	−148.93	−448.70	−376.99	−1168.44	−1266.59
辽宁	92.1009	113.49	−316.80	−575.12	−501.64	−1087.50	−1290.28
吉林	−44.7086	167.79	−257.43	−487.44	−436.04	−780.93	−941.30
黑龙江	8.9593	195.59	−279.70	−286.45	−146.29	−443.85	−595.46
江苏	255.4467	173.21	56.59	−591.78	−768.94	−1556.67	−1874.67
浙江	−66.9242	−24.58	−514.66	−1015.80	−981.27	−1913.34	−2173.56
安徽	22.7512	−6.67	−205.33	−434.16	−442.41	−1088.66	−1279.92
福建	102.1931	−49.60	−399.95	−695.22	−692.33	−1631.14	−1893.53
江西	126.3075	−161.80	−309.76	−538.46	−481.79	−1103.49	−1326.62

续表

地区	1986年	1990年	1995年	2005年	2010年	2015年	2018年
山东	222.5152	317.25	7.67	-403.70	-355.16	-694.93	-1070.53
河南	304.7944	324.91	-126.91	-364.60	-330.82	-825.38	-1076.61
湖北	304.0527	479.66	-267.08	-536.63	-474.83	-1266.78	-1439.60
湖南	-7.4301	284.60	-334.59	-521.19	-490.96	-1304.12	-1497.50
广东	54.1584	-60.08	-533.02	-796.21	-743.85	-1484.79	-1707.35
广西	19.3446	294.99	-271.65	-490.18	-363.01	-911.24	-1011.09
海南	-194.2472	286.51	-261.38	-443.07	-407.64	-1135.82	-1222.12
四川	-152.7171	-170.45	-240.67	-517.57	-486.94	-1296.69	-1391.47
贵州	-37.1309	-24.51	-146.06	-305.90	-260.18	-828.51	-911.44
云南	475.8651	-46.93	-215.42	-342.16	-267.52	-653.84	-920.35
陕西	250.1463	434.38	-188.83	-334.00	-224.75	-766.32	-894.87
甘肃	3.2177	47.09	-206.18	-382.56	-247.75	-779.35	-856.59
青海	225.9159	221.11	-145.22	-318.35	-440.56	-1145.48	-1297.22
宁夏	236.8903	224.68	-230.06	-435.93	-393.09	-966.99	-1049.45
新疆	87.1521	70.74	-186.46	-182.39	-300.52	-822.04	-915.40
重庆	-152.7171	-170.45	-240.67	-490.90	-478.31	-1286.32	-1363.45

注：因北京市、上海市、西藏自治区和港澳台等样本量偏少，未纳入结果中；表中负值为养老需求的缺口。

第四节 不同农业区耕地养老保障价值比较

前面揭示了1986—2018年全国整体人均耕地养老保障价值和养老需求缺口的变化，但仍需进一步揭示不同农业区人均耕地养老保障价值的差异性，以期为制定区域差别化的养老保障政策提供参考。

一、不同农业区人均耕地养老保障价值

图8-3呈现了四个农业区的耕地流转租金比较。结果显示,都市农业区、集约农业区、主粮作物区和山地农业区亩均耕地流转租金分别为1520.07元、1137.11元、255.72元和62.78元,亩均耕地租金之比为24.21∶18.11∶4.07∶1。其中都市农业区的亩均耕地租金水平最高,接近山地农业区亩均耕地租金的25倍。与此同时,四个农业区均存在"零租金"流转的现象,山地农业区"零租金"转出耕地的比例高达78.58%,而都市农业区、集约农业区和主粮作物区的"零租金"流转比例较低,通常在10%—30%。

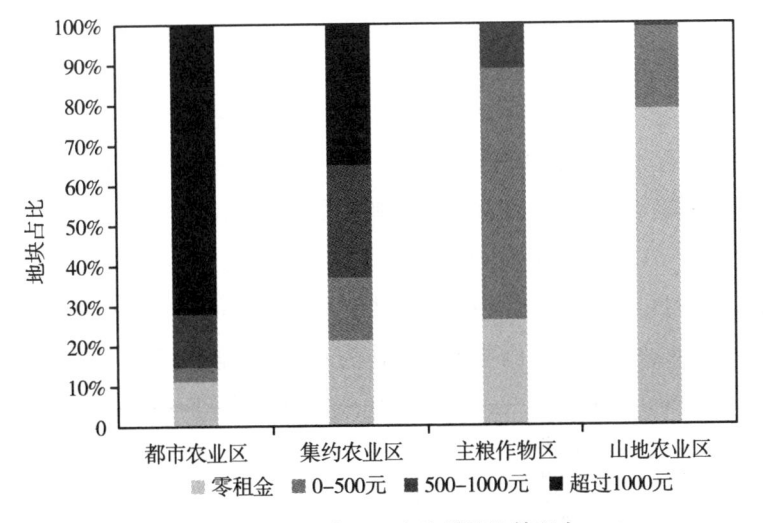

图8-3 不同农业区亩均耕地流转租金

人均耕地养老保障价值等于人均承包耕地面积乘以亩均耕地流转租金,上面已估算四个农业区亩均耕地流转租金水平,因而,这里还需测算四个农业区人均承包耕地面积。图8-4呈现了不同农业区人均拥有承包权的耕地面积。结果显示,不同农业区人均耕地面积存在显著差异,都市农业区、集约农业区、主粮作物区和山地农业区人均耕地面积分别为1.52亩、1.81亩、2.49亩和1.87亩,其中都市农业区人均耕地面积最小,而主粮作物区人均耕地的规模最大。

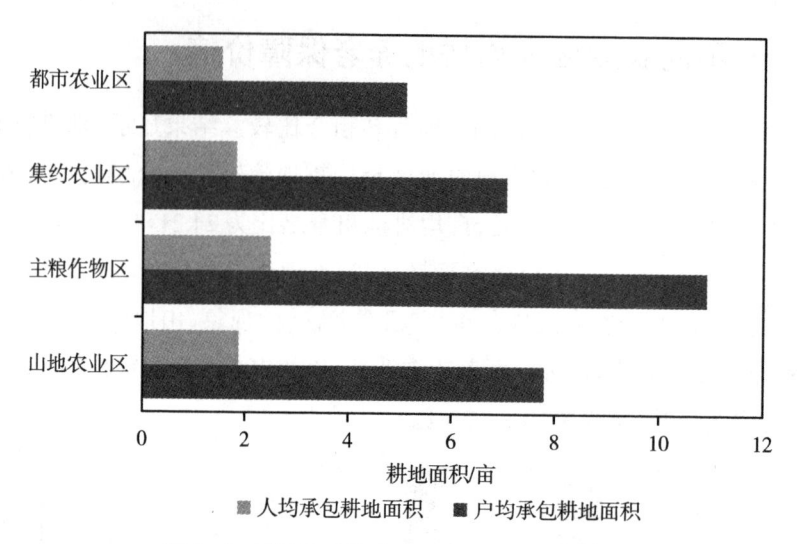

图 8-4　不同农业区人均和户均承包耕地面积

图 8-5 呈现了不同农业区人均耕地养老保障价值,其中都市农业区、集约农业区、主粮作物区和山地农业区的人均耕地养老保障价值分别为 2310.51 元/年、2058.17 元/年、636.74 元/年和 117.40 元/年,相应的比值为 19.68∶17.53∶5.42∶1;其中都市农业区或集约农业区的人均耕地养老保障价值是山区的近 20 倍。总的来看,不同农业区农户家庭耕地资产作为养老保障功能存在显著差异。

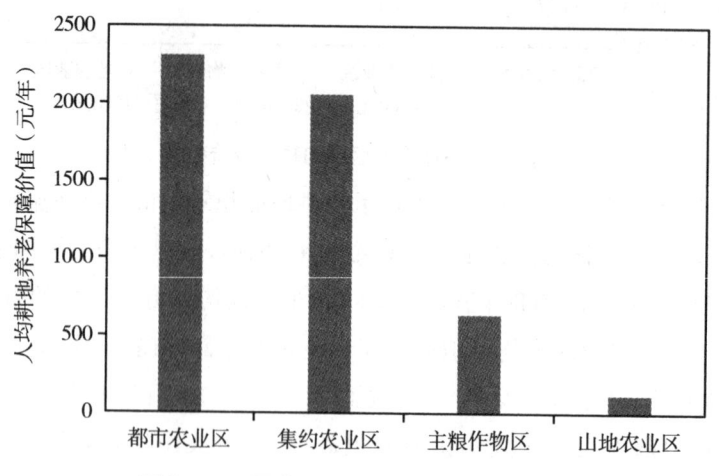

图 8-5　不同农业区人均耕地养老保障价值

二、不同农业区耕地养老保障价值贡献

图 8-6 呈现了耕地养老保障价值对养老需求下限和养老需求上限的贡献,

结果显示,不同农业区人均耕地养老保障贡献率存在显著差异。首先,从养老需求下限来看,集约农业区人均耕地养老保障贡献率最高,其贡献率为32.57%,其次是都市农业区和主粮作物区,山地农业区的贡献率最小,其贡献率仅为2.94%(约1/40);其次,从养老需求上限来看,与养老需求下限的结论类似,集约农业区的人均耕地养老保障贡献率依然最大,都市农业区和主粮作物区次之,山地农业区的贡献率最小,其贡献率为2.44%(不足1/40),表明山地农业区耕地资产作为养老保障尚不能满足养老需求上限的1/40。

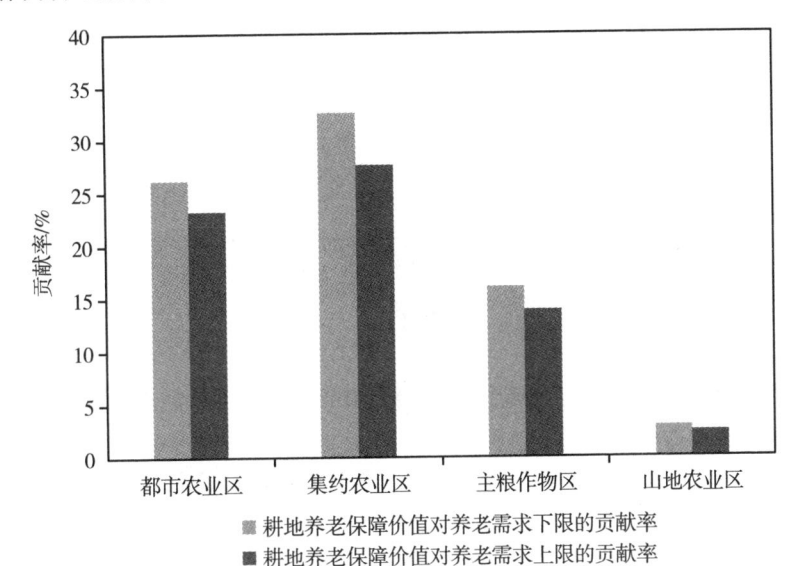

图8-6 不同农业区耕地养老保障贡献率

三、不同农业区养老保障需求的缺口

图8-7呈现了不同农业区养老保障需求下限和养老保障需求上限的缺口。具体来看:耕地养老保障价值从都市农业区、集约农业区、主粮作物区到山地农业区依次递减,从人均2310.51元/年降至117.4元/年,耕地养老保障价值在不同农业区存在巨大差异。从养老保障需求下限的缺口来看,都市农业区的耕地养老保障价值虽最大,但其养老需求下限的缺口同样最大,人均缺口为6515.26元/年,而主粮作物区的缺口最小。从养老需求上限的缺口看,与以上结论类似,即都市农业区仍是养老需求上限缺口最大的地区,其缺口达到7622.63元/年,远高

于集约农业区、主粮作物区和山地农业区的 5396.06 元/年、3943.51 元/年和 4693.48 元/年。

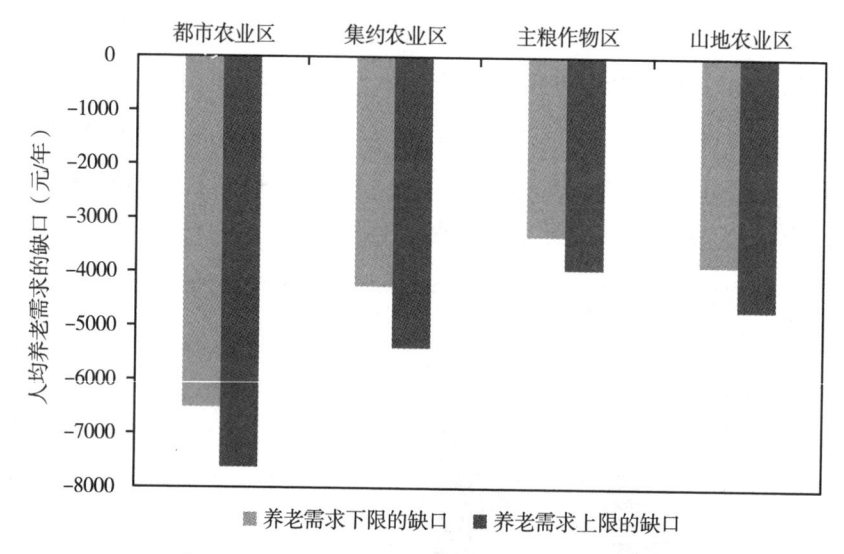

图 8-7　不同农业区养老需求下限与上限的缺口

四、关于耕地养老保障功能的讨论

值得一提的是,本研究中耕地养老保障价值的大小取决于耕地租金,耕地租金测算的不确定性主要来自年际间样本量的变化和耕地流转比例的波动。统计显示,2002 年以前耕地流转比例均小于 10%,其中 1995—2000 年甚至低于 8%;2002 年以后,转出耕地的农户占比呈现上升趋势,2011 年接近 17%。耕地流转的农户比例在年际间存在显著波动,可能会导致耕地流转租金的测算存在偏差。由于 2002 年以前耕地流转的规模较小,可能存在样本偏误或集聚现象,如耕地流转主要集中在经济发达地区,耕地流转租金并不具有全国代表性。但从时间序列上看,仍然可以看出耕地资产价值处于下降趋势。本研究还测算了 1986—2018 年全国三种主粮单位面积成本收益,修正到 1985 年不变价,三种主粮净收益从亩均 102.72 元下降至 52.13 元,下降幅度达到 49.25%。本研究还估算了亩均耕地流转租金与日均劳动力工资比值,该比值从初期的 83.20 下降至末期的 1.68,表明相对于劳动力,耕地资产在农户家庭生计支撑中的相对作用在不断下降。此外,耕地养老保障功能的下降除了受居民消费水平上涨的影响外,还取决于耕地边际化和耕地资产贬值。

农户耕地资产已基本失去其原有的养老功能。从时间序列上看,20世纪80年代中期,人均耕地养老保障价值为550.90元/年,而人均基本养老需求为247.21元/年,依靠耕地租金可以满足老年居民的消费支出。"耕地养老保障"的说法在当时具有其合理性。但此后耕地养老保障价值持续下降。整体上看,2018年人均基本养老需求达到1521.32元/年,而此时人均耕地养老保障价值仅为169.72元/年,耕地养老保障的贡献率为11.16%。可以说,现阶段家庭承包耕地的养老保障作用已十分微弱,依靠耕地租金远无法满足老年居民的基本养老需求。本研究的结论并非特例,已有研究也进行过相关报道。基于广州和佛山等经济发达地区的调研发现,从耕地上获取的收益很难支撑养老支出,农村地区的养老必须摆脱对土地的依赖;同时对村集体和农户的调研发现,农村土地的养老保障功能正处于不断下降趋势(潘漪,陆杰华,2004)。此外,本研究还分别选取了都市农业区、集约农业区、主粮作物区和山地农业区测算耕地的养老保障价值,结果显示四种农业区人均耕地养老保障的贡献率均不超过35%,其中山区甚至不足3%(表8-4)。虽然以上研究并未从全国层面、长时间序列系统地测算耕地的养老保障作用,但其结论与本研究具有一致性(吴兆娟,等,2013)。由于社会认知差别较大,"耕地养老保障"或"耕地社保论"假说已很难立足,随着社会经济的发展,土地已逐渐失去其原有的保障功能。

表8-4 不同农业区人均耕地养老保障价值与贡献率比较

农业区	人均耕地养老保障价值(元/年)	人均养老需求下限(元/年)	耕地养老保障价值贡献率/%	人均养老需求上限(元/年)	耕地养老保障价值贡献率/%
都市农业区	2310.51	8825.77	26.18	9933.14	23.26
集约农业区	2058.17	6319.43	32.57	7454.23	27.61
主粮作物区	636.74	3960.49	16.08	4580.25	13.90
山地农业区	117.40	3989.47	2.94	4810.88	2.44

注:数据来自课题组于2018年7—10月的农户调查,分别选取北京市大兴区、山东省寿光市、湖北省监利县和重庆市武隆区作为都市农业区、集约农业区、主粮作物区和山地农业区的代表,农户样本量依次为204户、172户、257户和272户。

可以说,近年来农村衰落和耕地边际化导致耕地养老保障功能持续下降,农村居民养老必须依靠社会养老保障体系。还有报道显示,农村子女给老年人的每月生活费为200元,不足老年人月均消费支出的20%。传统观念认为,子女应该承担农村老年人的养老责任,但受计划生育政策和老龄化的影响,家庭少子化和农村老龄化现象使得家庭养老能力大打折扣,以子女养老为主要方式的养老模式面临着巨大挑战(赵东霞,等,2018)。因此,农村居民养老保障必须建立在公共社会养老保障体系的基础上,而不能再指望农户拥有承包权的那些少量耕地,同时也不能过多地指望"家庭养老"。

当然,可能会有学者质疑目前农村公共养老保障体系尚未建立起来,农民依靠什么养老呢?要回答这个问题并不困难。2009年以后,国家逐步建立起新型农村社会养老保险制度。以现行的标准估算,2015年人均可获得新型农村养老保险保障金为1864元/年,而同期农户人均耕地养老保障价值仅为645元/年(修正到2015年价值水平),其仅占新型农村养老保险保障金的34.6%。就目前新型农村养老保障体系而言,其保障水平已远超家庭耕地资产的保障功能。除此之外,家庭的其他资产也可以为老年居民提供养老支持,如金融资产。2015年《中国家庭金融调查报告》显示,农村户均定期存款账户余额为43800元,年均利息收入达到1100元;同时非银行存款户均为3380元,年均利息收入为86元,折算到人头上即人均利息收入约362元。这些收益同样可以作为家庭老年居民消费的来源之一。相较于新型农村养老保险制度和家庭金融资产,家庭耕地资产的养老作用已十分微弱,依靠耕地养老的时代也会逐渐成为历史。

那么,如何针对性地完善农村公共社会养老保障体系呢?首先要厘清目前农村养老保险个人账户资金的来源,其大致包括农民个人所缴纳的养老保险金、集体所缴纳的养老保险金、国家财政拨款、保险金银行存款利息和保险金投资收益五个部分。因此,针对农村养老保障体系薄弱等问题,政府应该呼吁农民提高其养老保险参保标准和适度提高财政拨款。针对养老保障需求的区域差异,国家需要差别化地完善养老保障体系,比如在经济发达地区的农村,在提高农村养老保险水平的基础上,可以积极地引入商业养老保险,而在经济欠发达地区,政府应适度地提高财政投保力度。此外,针对耕地边际化和耕地资产贬值严重的丘陵山区,存在大量的土地资源闲置现象,丘陵山区存在相对"丰富"的土地资源;政府应考虑引入城市资本,充分发挥当地的土地资源优势以发展当地经济,同时也可以提高农户耕地资产的养老保障水平。

第五节 本章小结

本章分别从时间序列和不同农业区的视角分析了农户家庭耕地资产的养老保障价值，并测算了耕地养老保障贡献率和养老需求缺口。主要结论如下：

从时间序列上看，1986—2018年人均耕地养老保障价值从550.90元/年降至169.72元/年，30多年降幅达69.19%。初期人均耕地养老保障价值远大于人均养老需求（包括下限和上限）。但自1992年开始出现缺口。到2018年耕地养老保障价值对养老需求下限和上限的贡献率分别降低到11.15%和7.14%；相应地，耕地养老需求缺口的下限和上限则分别达到88.84%和92.86%。

从不同农业区看，都市农业区、集约农业区、主粮作物区和山地农业区的人均耕地养老保障价值目前分别为2310.51元/年、2058.17元/年、636.74元/年和117.40元/年，其中都市农业区与山地农业区相差近20倍；同时，不同农业区耕地养老保障价值对养老需求下限和上限的贡献同样存在显著差异，其中集约农业区的贡献最高，而山地农业区最低，其贡献率分别为2.94%和2.44%（不足1/40）。

总之，1986—2018年家庭耕地资产的养老保障价值呈现不断下降趋势，耕地养老保障贡献率同样不断下降，现阶段耕地资产的养老保障功能已十分微弱，农村养老需求的缺口不断扩大。典型农业区的分析同样表明，家庭耕地资产已无法满足农村老年人的养老支出。上述两种数据源的计算均表明，来自农户承包耕地的租金收入满足养老需求下限的12%都不到。需要注意的是，山区耕地资产的养老保障功能已十分微弱，其人均耕地养老保障价值已不足人均养老需求下限的1/30。

第九章

家庭耕地资产作为金融抵押品的作用

第一节　问题提出

农业发展是全面实现现代化的基础,农民扩大农业经营规模、开展畜牧养殖及返乡创业等均需要大量资金。作为现代金融体系的重要组成部分,农村金融的发展仍十分滞后,融资难和贷款难问题仍较突出,这些严重制约了农村发展、农民增收和乡村振兴的实现。农村金融发展缓慢的主要原因是受金融机构盈利和风险控制的压力,金融机构多向有抵押品、有担保项目且抵押品价值高的个人或单位倾斜,而小农户缺乏必要的抵押品,加之贷款额度较低,无形之中增加了贷款成本和违约风险,因而金融机构对农民普遍存在"惜贷"和"惧贷"的现象(焦富民,2016)。2008年10月中国人民银行和银监会下发通知,决定在中部六省和东北三省开展农村金融产品和服务方式创新试点。通知要求"创新贷款担保方式,扩大有效担保品范围""原则上,凡不违反现行法律规定、财产权益归属清晰、风险能够有效控制、可用于贷款担保的各类动产和不动产,都可以试点用于贷款担保"。此后,辽宁省、山东省、浙江省、湖北省和湖南省等相继开始出台有关文件,探索和推进农村耕地抵押贷款试点工作。

为了深化农村金融改革,有效盘活农村资产以及为稳步推进农村土地制度改革提供经验和模式,国发[2015]45号"国务院关于开展农村承包土地的经营权和农民住房财产权抵押贷款试点的指导意见"中明确提出"做好农村承包土地(指耕地)的经营权和农民住房财产权抵押贷款试点工作"。2015年12月第十二届全国人民代表大会常务委员会第十八次会议决定:授权国务院在北京市大兴等232个试点县(市、区)行政区,暂时调整实施《中华人民共和国物权法》《中华人民共和国担保法》关于集体所有的耕地使用权不得抵押的规定。具体调整内容为:"在防范风险、遵守有关法律法规和农村土地制度改革等政策的基础上,赋予农村承包土地(指耕地)的经营权和农民住房财产权抵押融资功能,在农村承包土地经营权抵押贷款试点地区,允许以农村承包土地的经营权抵押贷款"。此后,2016年3月中国人民银行、银监会、保监会、财政部和农业农村部联合发布《农村承包土地的经营权抵押贷款试点暂行办法》,其中第五条规定:"通过家庭承包方式依法取得土地承包经营权和通过合法流转方式获得承包土地的经营权的农户及农业经营主体，均可按程序向银行业金融机构申请农村承包土地的经营权抵押贷款"。

具体到不同农业区，各地方政府也相继出台相关文件以支持耕地抵押贷款试点工作。以重庆市为例，2008年重庆市开县就出台了《关于加强农村金融服务的意见》，目的是鼓励农户用耕地向商业银行融资贷款。此后，开县农业局、林业局、国土资源和房屋管理局联合颁发了《商品林权、土地流转经营权、农业生产用房抵押登记试行办法》（以下简称《办法》），《办法》规定农户的农村承包耕地和拥有经营权的耕地可向商业银行融资贷款。2010年11月，重庆市召开了"全市农村金融服务改革创新工作电视电话会议"，明确提出在全市推广农村土地承包经营权、农房、林权抵押融资，这为激活农村土地承包经营权等资产创造了条件。与此同时，典型农业区的代表如北京市、山东省和湖北省也相继颁发了相关政策，限于篇幅，在此不逐一阐述。值得说明的是，以上各地试点的耕地抵押贷款，是指农户可以把家庭承包或转入土地的经营权作为抵押品申请贷款，其中抵押物是承包耕地的经营权，而所有权仍属于村集体，承包权仍在原农户手中。这种制度安排使得农地的"三种权利"完全分离开来。而本章重点关注的是农户家庭耕地资产的金融抵押价值，即农户拥有承包权耕地的抵押贷款功能。表9-1呈现了农村耕地土地经营权抵押贷款试点的232个县（市、区）。

表9-1 农村承包土地经营权抵押贷款试点地区

地区	试点县（市、区）	地区	试点县（市、区）
北京	大兴区、平谷区	湖南	汉寿县、岳阳县、新田县、桃江县、洞口县、慈利县、双峰县
天津	宝坻区、武清区	广东	蕉岭县、阳山县、德庆县、郁南县、廉江市、罗定市、英德市
河北	玉田县、邱县、张北县、平乡县、威县、饶阳县	广西	田阳县、田东县、象州县、东兴市、北流市、兴业县
内蒙古	呼伦贝尔市阿荣旗、开鲁县、锡林郭勒盟镶黄旗、鄂尔多斯市达拉特旗、巴彦淖尔市临河区、赤峰市克什克腾旗、包头市土默特右旗	海南	东方市、屯昌县、文昌市
辽宁	海城市、东港市、辽阳县、盘山县、昌图县、瓦房店市、沈阳市于洪区	重庆	永川区、梁平县、潼南区、忠县、南川区、武隆区

续表

地区	试点县(市、区)	地区	试点县(市、区)
吉林	玉树市、农安县、永吉县、敦化市、梨树县、东辽县、前郭县、抚松县、梅河口市、公主岭市、珲春市、龙井市、延吉市	四川	崇州市、蓬溪县、西充县、武胜县、苍溪县
黑龙江	克山县、方正县、延寿县、五常市、克东县、汤原县、兰西县、庆安县、密山市、宝清县	贵州	德江县、水城县、湄潭县、兴仁县、盘县、普定县、安龙县、开阳县
江苏	东海县、泗洪县、沛县、金湖县、太仓市、如皋市、东台市	云南	开远市、砚山县、剑川县、鲁甸县、景谷县、富民县
浙江	龙泉市、长兴县、海盐县、慈溪市、温岭市、嘉善县、德清县	西藏	曲水县、米林县
安徽	金寨县、铜陵县、庐江县、定远县、涡阳县、宿松县、凤台县	陕西	杨凌区、平利县、富平县、千阳县、南郑县、宜川县
福建	漳浦县、沙县、仙游县、福清市、武平县、永春县、屏南县、古田县	甘肃	西和县、金川区、陇西县、临夏县、金塔县
江西	安义县、乐平市、铜鼓县、修水县、金溪县、新干县、信丰县、吉安县、贵溪市、赣县	青海	大通县、互助县、门源县、海晏县
山东	青州市、寿光市、平度市、沂南县、武城县、沂源县、乐陵市	宁夏	平罗县、同心县、永宁县。贺兰县
河南	长垣县、安阳县、宝丰县、邓州市、济源市、长葛市、遂平县、固始县	新疆	呼图壁县、沙湾县、博乐市、阿克苏市
湖北	钟祥市、随县、南漳县、大冶市、公安县、武穴市、云梦县	—	—

第二节　数据与方法

一、数据来源

农户家庭耕地抵押贷款交易资料主要来自两个部分。一部分资料来自四个不同农业区农户家庭耕地抵押贷款交易数据,调研资料共包含73笔农户抵押贷款的资料;另外一部分资料来自银行机构及网络上发布的农户耕地抵押贷款数据,经手工整理得到21笔有效交易的资料,合计94笔有效交易数据。每笔交易资料均包含所在省(区、市)、所属村镇、户主姓名、耕地抵押规模、农作物种植类型、抵押物评估价值和最终获得银行贷款额度等信息。表9-2呈现了部分农户家庭耕地抵押贷款的信息。由于各地方政府对可贷系数(最终获得贷款额度与抵押物价值之比)进行了不同规定,同时银行信贷部门对可贷系数可以灵活、适度地调整,因而有必要通过耕地抵押贷款交易资料估算出可贷系数,以便科学地核算农户家庭耕地抵押贷款额度。

表9-2 耕地作为抵押品的实际贷款情况(单位:万元)

序号	省(区、市)	地区	姓名	耕地规模	抵押物价值	贷款额度
1	江苏省	苏州太仓市欣科农场	仇××	2897亩小麦和玉米	700.00	300
2	江苏省	常州市惠民农业服务合作社	葛××	430亩小麦、水稻	80.00	40
3	江西省	吉安县稠州村镇	曾××	1400亩大田作物	400.00	200
4	湖北省	大冶阳光绿源种养合作社	王××	110亩葡萄	70.00	50
5	福建省	三明市龙溪县	将××	187亩红豆杉	22.30	15.6
6	甘肃省	陇南西和民旺马铃薯合作社	郭××	3000亩马铃薯	700.00	360
7	安徽省	亳州市新绿漾种植专业合作社	戚××	60亩西红柿	140.00	70
8	辽宁省	法库县秀水河镇辣椒合作社	李××	920亩辣椒	60.00	30
9	山东省	潍坊市寿光市纪台镇	桑××	6个大棚	108.00	54
10	北京市	大兴区庞各庄镇李家巷村	刘××	11.21亩白菜	11.79	3
11	山东省	青州市谭坊镇程辛村	赵××	10亩蔬菜	21.69	2
12	山东省	昌乐县营邱镇孙家庄村	刘××	4.8亩大棚	6.91	2
13	山东省	昌乐县红河镇清泉村	吴××	7.5亩大棚	5.81	2
14	山东省	昌乐县营邱镇成家庄村	程××	24亩西红柿	58.65	6
15	山东省	昌乐县红河镇清泉村	吴××	18亩大姜	12.77	4
16	山东省	昌乐县营邱镇成家庄村	成××	20亩黄桃	19.03	5
17	山东省	昌乐县营邱镇孙家庄村	孙××	6.5亩丝瓜	7.70	5
18	山东省	青州市谭坊镇庄家村	王××	40亩西瓜	40.74	5

续表

序号	省(区、市)	地区	姓名	耕地规模	抵押物价值	贷款额度
19	山东省	寿光市孙家集街道胡营王村	李××	11.5亩黄瓜	18.54	6
20	山东省	青州市谭坊镇程辛村	赵××	8.8亩辣椒	16.00	7
21	山东省	青州市高柳镇高家庄村	高××	13亩玉米	20.03	10
22	山东省	寿光市纪台镇孟家庄村	孟××	10亩茄子	20.69	10
23	山东省	青州市高柳镇高家庄村	高××	14.8亩玉米	9.31	13
24	山东省	寿光市孙家集街道胡营王村	李××	3.7亩茄子	9.10	15
25	山东省	寿光市孙家集街道齐家村	齐××	13亩黄瓜	27.39	20
26	山东省	寿光市纪台镇孟家庄村	孟××	17亩茄子	20.89	20
27	湖北省	洪湖市汊河镇太洪村	肖××	17亩水稻	10.01	2
28	湖北省	监利县毛市镇孟河村	杨××	23亩水稻	4.89	2
29	湖北省	洪湖市沙口镇崔沟村	催××	18亩水稻	4.30	2
30	湖北省	监利县黄歇口镇陈胡村	陈××	14.9亩水稻	3.21	2
31	湖北省	洪湖市汊河镇白云村	沈××	49.6亩中稻	8.83	3
32	湖北省	洪湖市汊河镇五爱村	夏××	27亩中稻	10.25	3
33	湖北省	洪湖市汊河镇双河村	李××	26.55亩中稻	6.49	4
34	湖北省	洪湖市沙口镇新场村	吴××	21.75亩再生稻	6.29	4
35	湖北省	监利县毛市镇孟河村	杨××	16亩棉花	3.66	5
36	湖北省	监利县毛市镇镜台村	李××	18亩中稻	5.30	5
37	湖北省	洪湖市沙口镇崔沟村	崔××	61.2亩螃蟹	15.50	5
38	湖北省	洪湖市沙口镇新场村	吴××	55.2亩中稻	18.06	5
39	湖北省	洪湖市汊河镇港洪村	王××	15.7亩中稻	8.51	5
40	湖北省	洪湖市汊河镇五爱村	夏××	19.5亩龙虾	8.59	5
41	湖北省	洪湖市沙口镇左张村	苗××	29.25亩螃蟹	7.06	5
42	湖北省	监利县毛市镇离家门村	夏××	300亩中稻	51.08	10
43	重庆市	酉阳县麻旺镇堰田村	田××	7.9亩蔬菜	0.66	2
44	重庆市	武隆县巷口镇出水村	陈××	12.7亩红薯	3.82	2

续表

序号	省(区、市)	地区	姓名	耕地规模	抵押物价值	贷款额度
45	重庆市	武隆县江口镇银厂村	唐××	16.5亩土豆	0.95	2
46	重庆市	武隆县江口镇史家村	杨××	45亩土豆	9.41	3
47	重庆市	酉阳县麻旺镇范家村	郭××	17.45亩中稻	1.64	5
48	重庆市	武隆县巷口镇出水村	陈××	20亩玉米	5.75	5
49	重庆市	酉阳县龙潭镇枣木村	向××	20亩红薯	1.07	5
50	重庆市	武隆县巷口镇出水村	陈××	25亩玉米	10.40	8
51	重庆市	武隆县巷口镇出水村	陈××	37亩烤烟	11.52	10
52	重庆市	酉阳县龙潭镇笔架村	白××	13亩中稻	21.24	10

注:部分农户抵押贷款资料来自四个农业区的实地调研,部分来自网络银行机构公布,限于篇幅,经作者整理后部分展示。

二、研究方法

根据2016年多部委联合发布的《农村承包土地的经营权抵押贷款试点暂行办法》规定,在实施农地抵押贷款过程中,土地承包经营权的"两权分离"呈现出两种状态:其一是通过家庭承包方式依法获得的土地经营权,即承包型土地经营权;其二是通过合法流转方式获得的土地经营权,即流转型土地经营权。两种形式的土地经营权均可按照法定程序向银行申请抵押贷款。为了揭示农户家庭拥有承包权耕地资产的抵押贷款的功能强弱,本章节重点核算承包型土地经营权的抵押贷款额度大小,具体计算流程如下:

第一,农户家庭承包耕地可以用于银行抵押品的规模。为了防止大规模农民失地,影响农村社会稳定,各地地方政府明确规定:"作为抵押品的土地面积不应超过家庭总承包地面积的70%"。因而,耕地可抵押面积系数ρ_1最大取0.7。

第二,抵押期限内可用于抵押耕地的租金现值。理论上,可用于抵押耕地的租金现值及耕地上附着物的价值之和作为耕地评估价值,但实际上,多数银行仅把抵押期限内耕地的租金现值作为耕地评估价值。该部分需要确定抵押期限、耕地流转租金和土地还原率。其中抵押期限$t=30-T-3$,即30年土地承包期减去已过年限T再减去3年期限(部分地方规定土地承包权到期的前三年禁止申请抵押贷款);亩均土地流转租金 r 根据案例区实际调研数据整理所得;最后土地还原率 i 由以下公式计算所得:

$$i = \frac{r_1}{cpi} \cdot (1 - r_{at}) \tag{9-1}$$

其中 r_1 表示一年期限金融机构存款利率,来自《中国金融年鉴》;r_{at} 表示农业税税率,来自《中国财政年鉴》,2006年之后农业税税率均为0;cpi 表示农村居民消费价格指数,来自《中国统计年鉴》。抵押期限内可用于抵押的耕地租金现值之和的计算公式如下:

$$PVR = \sum_{t=1}^{n} \frac{R_t}{(1+i)^t} = \frac{R_t}{i} \cdot \left[1 - \frac{1}{(1+i)^t}\right] \tag{9-2}$$

其中 PVR 表示抵押期限内可用于抵押耕地的租金现值之和;n 表示抵押期数,单位年;R_t 表示第 t 年可抵押耕地的总租金。

第三,耕地作为抵押品的实际抵押价值。抵押期限内可用于抵押耕地的总租金现值并不能全部作为实际抵押品价值。根据各地政府文件规定,可用于抵押耕地租金现值的60%—70%作为最终抵押品价值,即抵押品折算系数 ρ_2,$0.6 \leq \rho_2 \leq 0.7$。

第四,家庭承包型土地经营权作为抵押品可获得贷款额度。银行并非按照以上估算的耕地抵押品的实际抵押价值1:1放贷,需要经过抵押品价值可贷系数折算。根据多地规定,可贷系数不应超过抵押品实际抵押价值的50%,即 $\rho_3 \leq 0.5$。本研究通过农户耕地抵押贷款交易数据确定可贷系数 ρ_3,其中抵押品实际抵押价值与最终贷款额度之间存在高度相关性,两者的相关系数为0.4741,拟合优度(R^2)高达0.9843,表明依据耕地抵押品的实际抵押价值可以较准确地推算耕地作为抵押品最终获得的贷款额度,本研究选取 $\rho_3 = 0.4741$。

对于一个拥有承包耕地面积为 M 亩、抵押期限为 t 年、亩均流转租金为 r 元的农户而言,把耕地作为抵押品向银行申请贷款的额度为:

$$loan = \frac{rM\rho_1}{i} \cdot \left[1 - \frac{1}{(1+i)^t}\right] \cdot \rho_2 \cdot \rho_3 \tag{9-3}$$

其中 $loan$ 表示户均承包型土地经营权的抵押贷款额度;其余参数与以上含义一致;当 $\rho_2=0.6$ 时,为获得贷款的最小额度;当 $\rho_2=0.7$ 时,为获得贷款的最大额度。

满足农户资金需求所需抵押的耕地面积核算。以农户所需资金 Q 元为例，如果全部依靠抵押耕地的土地经营权获得的话，那么农户需要向银行抵押的耕地面积计算如下：

$$M^* = \frac{iQ}{r \cdot \rho_1 \rho_2 \rho_3} \cdot \left[1 - \frac{1}{1-(1+i)^t}\right] \tag{9-4}$$

其中 M^* 表示为获得 Q 元贷款农户需要抵押的耕地面积；其余参数与以上含义一致。

中国于20世纪80年代实施分田到户的家庭联产承包责任制，最初的承包期为1978—1992年，当时的承包期限为15年。但到1993年以安徽省小岗村为代表的部分地区的土地承包期已到15年。为了稳定家庭联产承包责任制，国家在原来的基础上进一步延长承包期30年，即到2022年。考虑到1986—1992年的承包期限太短，故本章节从1993年开始计算承包耕地租金的现值总和。图9-1呈现了1993—2018年在抵押期限内户均可抵押承包耕地的租金现值之和，结果表明随着土地承包权的缩短和耕地流转租金的下降，户均可抵押承包耕地租金的现值不断下降，比如从1993年的22267元降至2018年的7241元，20余年下降幅度达到67.48%。

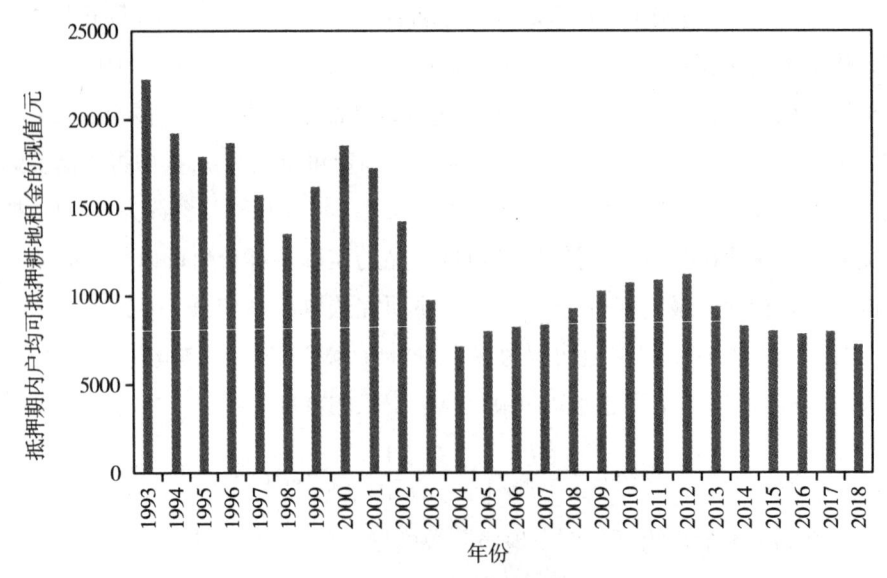

图9-1　1993—2018年户均可抵押耕地租金的现值

注：数据来源于农业农村部农村经济研究中心农村固定观察点数据库，并经作者计算和三期移动平均等处理所得。

第三节 耕地资产抵押价值的年际特征

一、家庭耕地资产可抵押贷款的额度

抵押期限内户均耕地资产的租金现值核算以后,乘以耕地抵押品实际价值系数便得到耕地作为抵押品的实际抵押价值;然后乘以抵押品可贷款系数便得到耕地资产作为抵押品的可贷款额度。在此过程中,有两个重要参数需参考相关政策进行确定:其一是抵押品实际价值系数。实际贷款中,农户并不能获得与农户可抵押耕地租金现值等额的贷款,此时需由第三方评估机构通过抵押品实际价值折算系数来确定可抵押耕地的抵押价值。抵押品实际价值折算系数为ρ_2,一般$0.6 \leqslant \rho_2 \leqslant 0.7$。本研究选取抵押品实际价值系数的下限和上限来确定耕地的实际抵押价值,即抵押品实际价值下限系数$\rho_2=0.6$,上限系数$\rho_2=0.7$;其二是抵押品可贷款系数。根据第三方评估,农户同样不能获得与家庭耕地抵押品实际价值等额的贷款,此时仍需参考政府相关文件,耕地可贷款额度不能超过耕地抵押品实际价值的70%,即抵押品可贷款系数$\rho_3 \leqslant 0.7$,多数农村商业银行取0.5。而本研究根据农户实际贷款情况(表9-2)反推出$\rho_3=0.4741$,其与多数农商行的标准基本一致,故本研究采用0.4741。

图9-2呈现了户均耕地抵押品实际价值与户均耕地可贷款额度之间的关系,结果显示两者存在高度相关性,相关系数为0.4741,拟合优度高达0.9843,表明通过耕地抵押品实际价值可以准确地估算耕地作为抵押品的可贷款额度。故本研究选取$\rho_3=0.4741$。

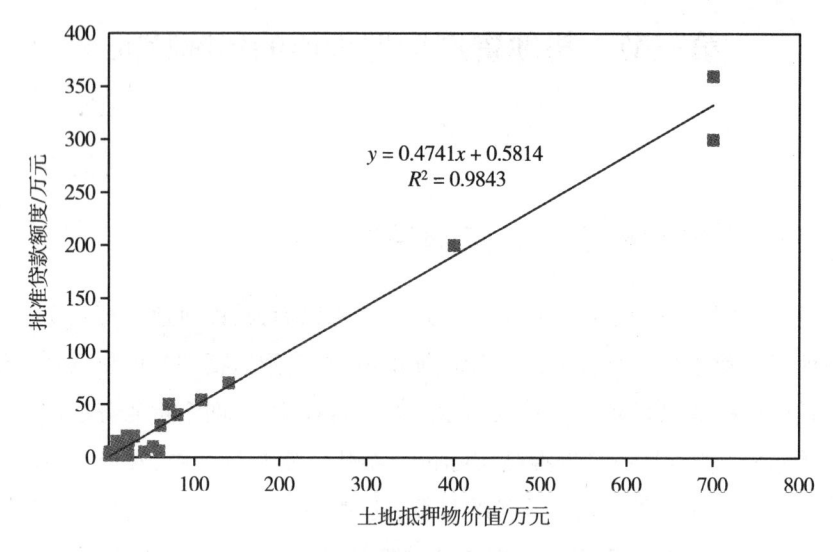

图 9-2　户均耕地贷款额度与耕地抵押品价值的关系

图 9-3 呈现了 1993—2018 年家庭耕地资产作为抵押品可贷款额度的下限和上限,结果表明家庭耕地资产可贷款额度的下限和上限总体均呈下降趋势。其中可贷款额度的下限从初期 6334.26 元降至末期 2032.14 元,20 余年间下降幅度达到 67.92%;与此同时,可贷款额度的上限则从 7389.97 元降至末期 2367.02 元,下降幅度同样达到 67.97%。总体来说,随着农户家庭耕地承包期限的缩短和耕地流转租金的下降,家庭耕地资产作为金融抵押品功能也在不断弱化。

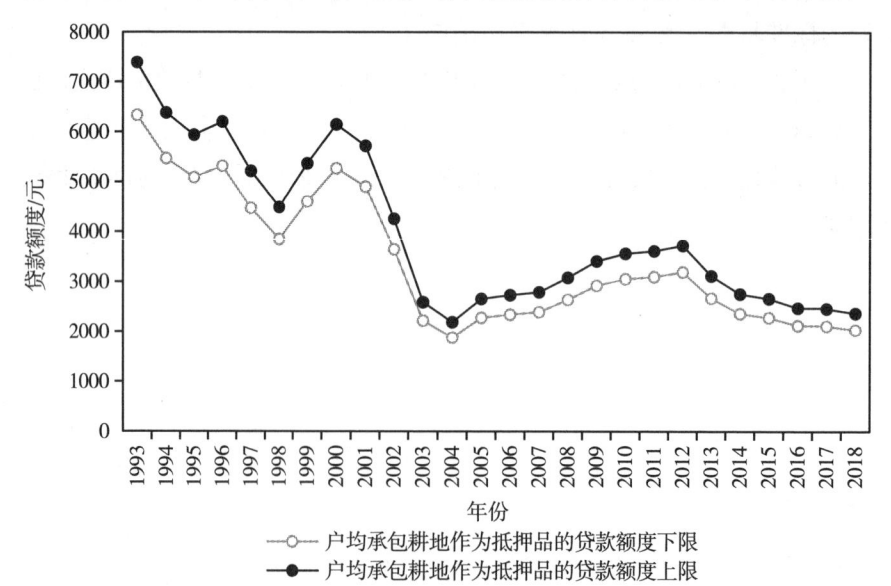

图 9-3　1993—2018 年耕地抵押贷款额度的下限和上限

二、家庭耕地资产作为抵押品的作用

前文虽已估算出1993—2018年农户家庭耕地资产作为抵押品可贷款额度下限和上限的区间分别为2032.14—6334.26元和2367.02—7389.97元,但以上贷款额度是否能满足农户实际资金需求呢?或者家庭耕地资产作为抵押品的可贷款额度对农户实际所需资金的贡献有多大呢?为了回答以上问题,该部分分别设置户均所需10万元和20万元两种情景,以分析家庭耕地资产作为金融抵押品的功能。为了使问题简化,该部分仅以家庭承包耕地作为抵押品贷款额度的上限为例进行分析。

(一)情景1:所需10万元资金。2012年国务院印发《支持农业产业化龙头企业发展的意见》,其中多地区规定,现阶段中国农户家庭土地经营规模应相当于户均承包耕地面积的10—15倍,相当于当地二、三产业务工收入。2018年全国户均承包耕地面积为7.98亩,那么家庭农场的经营规模应在79.8—119.7亩。本章节选取100亩作为家庭农场的适度经营面积,那么经营100亩耕地农户家庭需要多少前期成本呢?表9-3呈现了经营一个100亩家庭农场所需投入的资金,结果显示所需种子种苗、农药、化肥、灌溉、机械、雇工和耕地租金等合计97342.88元,大约10万元。若以家庭耕地资产作为抵押品向金融机构申请贷款,那么需要多少亩耕地作为抵押才能获得10万元贷款呢?家庭耕地资产在以上所需耕地中的比重(家庭耕地资产的贡献)有多大呢?

表9-3 经营100亩耕地所需成本

类别	面积/亩	亩均费用(元/亩)	成本/元
土地租金	92	261.64	24070.88
种子种苗	100	78.84	7884
农药	100	76.95	7695
化肥	100	195.77	19577
灌溉	100	33.12	3312
机械	100	195.05	19,05
地膜	100	5.35	535

续表

类别	面积/亩	亩均费用(元/亩)	成本/元
雇工***	100	144.00	14400
其他	100	3.64	364
合计	—	—	97342.88

注：*** 研究表明，100亩及以上的农场平均所需劳动力6人，家庭成员4人，长期雇工2人，长期雇工工资=2×6×3600=43200元；保守估计，本研究假设仅打农药、施肥和收割晾晒等环节雇工，雇工2人2个月，雇工工资=2×2×3600=14400元。

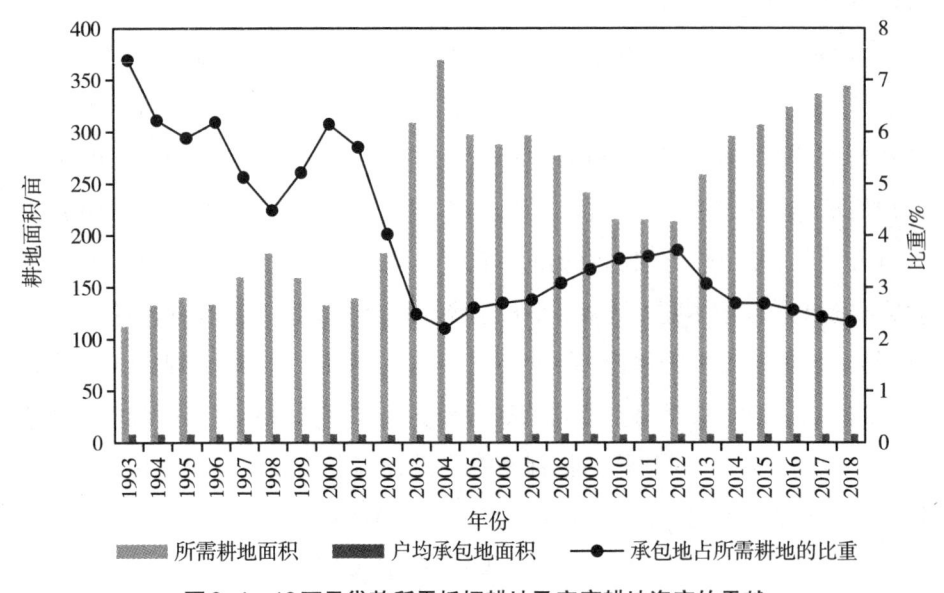

图9-4　10万元贷款所需抵押耕地及家庭耕地资产的贡献

图9-4呈现了10万元贷款所需最少的耕地抵押面积和家庭耕地资产的贡献，结果表明1993—2018年若想获得10万元贷款需抵押的耕地面积不断上升，比如从初期的112.35亩增至末期的343.99亩，20余年需增加2.06倍。相对应的是，农户家庭耕地资产在所需耕地面积中的比重不断下降，比如从初期的7.39%降至末期的2.33%。可见，家庭耕地资产作为金融抵押品的功能已十分微弱，并且这种功能仍在不断下降。

（二）情景2：所需20万元资金。如想进一步提高农村家庭收入，比如达到城镇户均收入90226.12元，其一农户可以继续租进土地以扩大经营规模，但会面临监工困难和管理不善等问题；其二农户可以从事畜牧业养殖等其他经营主业。本研究以养殖西门塔尔牛为例,10个月出栏后的每头牛平均获利6000元,若农户养殖15头牛,那么年收入可达到9万元,和城镇户均收入水平大致相当。表9-4呈现了农户经营小型畜牧业养殖场所需的资金,结果显示购买牛仔、建设养殖场设施、置办养殖器具、牛病防疫投资和饲料等共计202700元,即约20万元。若仍以耕地作为抵押品向金融机构申请贷款,那么需要多少亩耕地才能获得20万元贷款呢?同时,家庭耕地资产所占其中的份额有多大呢?

表9-4 经营小型畜牧业养殖场所需资金(以养殖西门塔尔牛为例)

类别	开支明细	成本/元
肉牛牛仔	肉牛牛仔15头,每头2400元	36000
养殖场设施建设	①户外简易养殖场,20000元;②建造牛舍和饲料库,50000元;③活动场所和牛栏,20000元。	90000
养殖器具	碎草机、兽用医疗器具等	5000
牛病防疫投资	每头牛防疫针大概40元	600
饲料	①粗饲料:小麦秸秆、玉米秸秆等,每头牛每天需20斤,每斤约0.3元,每头牛每天计6元;②精饲料:玉米面、熟豆饼等,每头牛每天7斤,每斤1.4元,计9.8元。从牛仔到出栏大概饲养10个月。共计10×30×15×15.8=71100元。	71100
合计	—	202700

注:数据来源于中国养殖网,并经作者整理所得。

图9-5呈现了20万元资金需抵押的耕地规模和家庭耕地资产作为抵押品的作用,结果表明,1993—2018年所需抵押的耕地面积整体呈上升趋势,比如从初期224.71亩增至末期677.65亩,20余年增加2.02倍;家庭耕地资产作为抵押品的功能不断下降。初期,家庭耕地资产占所需抵押耕地面积的比重为3.69%,而2018年,该比重下降至1.18%。总体来看,家庭耕地资产作为金融抵押品的功能十分微弱,并且该功能仍不断下降。

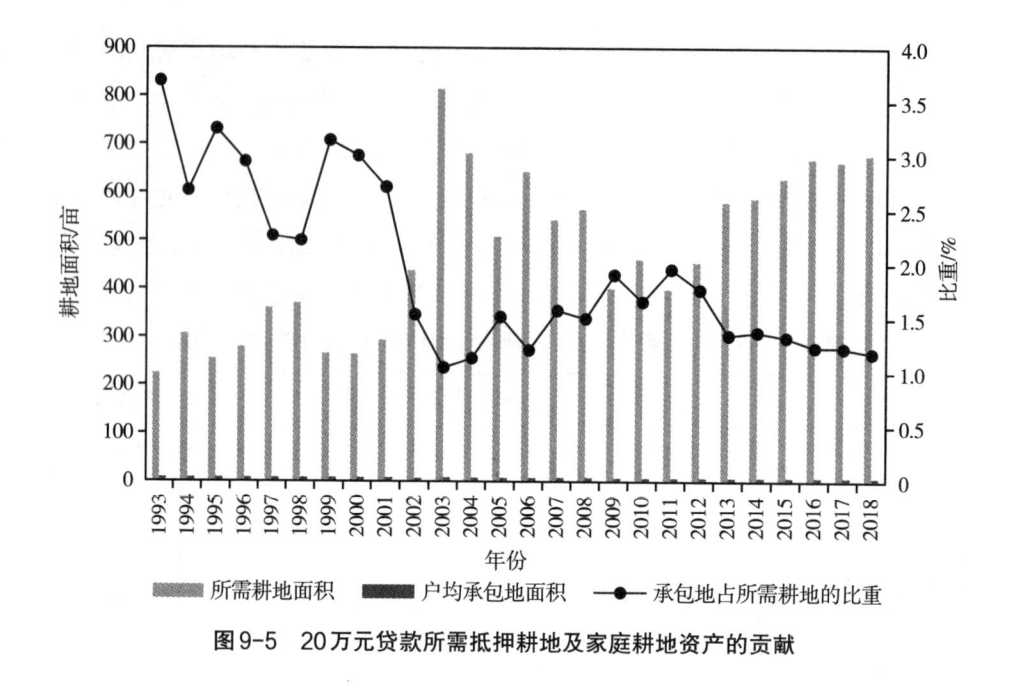

图9-5　20万元贷款所需抵押耕地及家庭耕地资产的贡献

第四节　不同农业区耕地资产抵押功能

一、不同农业区耕地资产抵押价值

2017年中共十九大报告指出:"保持土地承包关系稳定并长久不变,第二轮土地承包到期后再延长三十年"。如果以2017年为例,家庭耕地资产作为金融抵押品的抵押期限可以达到27年,因而该部分在估算案例区耕地资产抵押贷款额度时,取 $t=27$ 年。按照公式(9-1)至(9-4),本章节可以估算出不同农业区家庭耕地资产作为抵押品的实际抵押价值。图9-6呈现了不同农业区户均耕地资产的实际抵押价值。结果显示,从户均耕地抵押价值下限来看,不同农业区的户均耕地抵押价值存在明显差异,其中都市农业区和集约农业区的抵押价值最高,分别达到82354.55元和85329.23元,而山地农业区的户均耕地抵押价值最低,仅为5205.53元,其仅为最高值的6%。

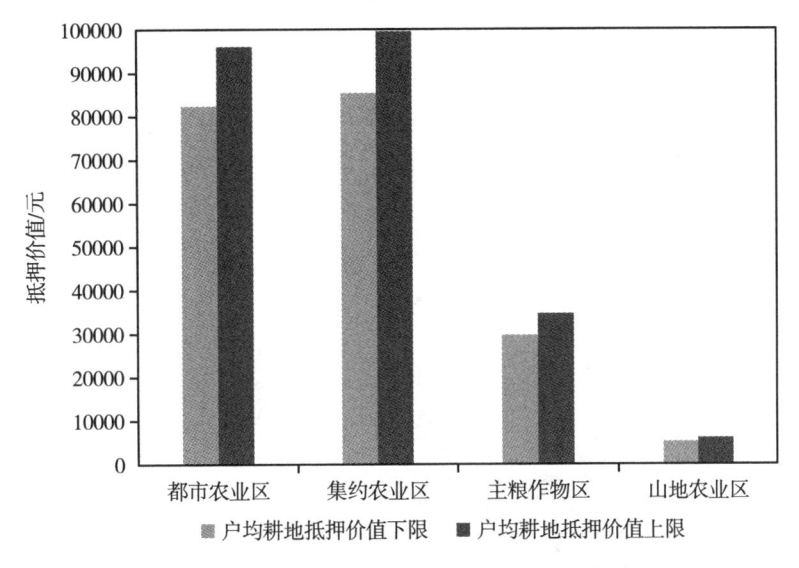

图9-6 不同农业区户均耕地资产的实际抵押价值

总体上看,不同农业区户均家庭耕地资产的实际抵押价值介于5205.52—85329.23元,并且最高与最低值相差达到16.39倍。从户均耕地抵押价值的上限来看,不同农业区的户均耕地抵押价值同样存在明显差异,并且家庭耕地资产的实际抵押价值介于6073.12—99550.77元,最高与最低值相差同样近17倍。

二、不同农业区耕地资产抵押贷款额度

家庭耕地资产抵押贷款额度是由户均耕地资产实际抵押价值乘以抵押品可贷款额度系数得到的。图9-7呈现了不同农业区户均耕地资产的抵押贷款额度。从抵押贷款额度的下限来看,不同农业区户均耕地资产抵押贷款额度存在明显差异,其中都市农业区和集约农业区的贷款额度下限在40000元左右,而山区仅有2467.96元,贷款额度下限的区间为2467.94—40454.59元;从抵押贷款额度的上限来看,四个农业区户均耕地抵押贷款额度上限的区间为2879.27—47197.02元,并且最大和最小值相差近17倍。

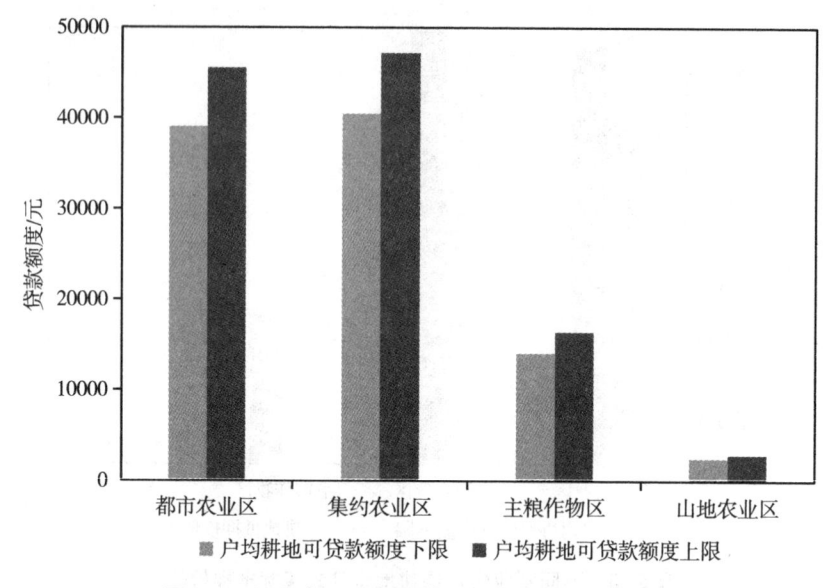

图9-7　不同农业区户均耕地资产的抵押贷款额度

三、不同农业区户均所需资金的缺口

图9-8呈现了户均家庭耕地资产作为抵押品贷款的最大额度(上限)和两种情景的资金缺口。结果表明,不同农业区户均家庭耕地资产作为抵押品的最大贷款额度介于2879.27—47197.02元,远无法满足家庭经营所需资金,若以家庭耕地资产进行抵押贷款,农户所需资金仍存在较大缺口。首先,从情景1(所需10万元资金)来看,不同农业区的户均资金缺口存在明显差异,其中都市农业区和集约农业区的缺口较少,大致为5万元;相反,主粮作物区和山地农业区的缺口则较大,其中山区的缺口高达97120.73元。其次,从情景2(所需20万元资金)来看,随着所需资金规模的扩大,农户所需资金的缺口也不断扩大;都市农业区和集约农业区户均家庭的资金缺口同样较小,两者均在15万元左右;相反,主粮作物区和山地农业区的户均家庭资金缺口偏大,比如山区的户均资金缺口高达197120.73元。

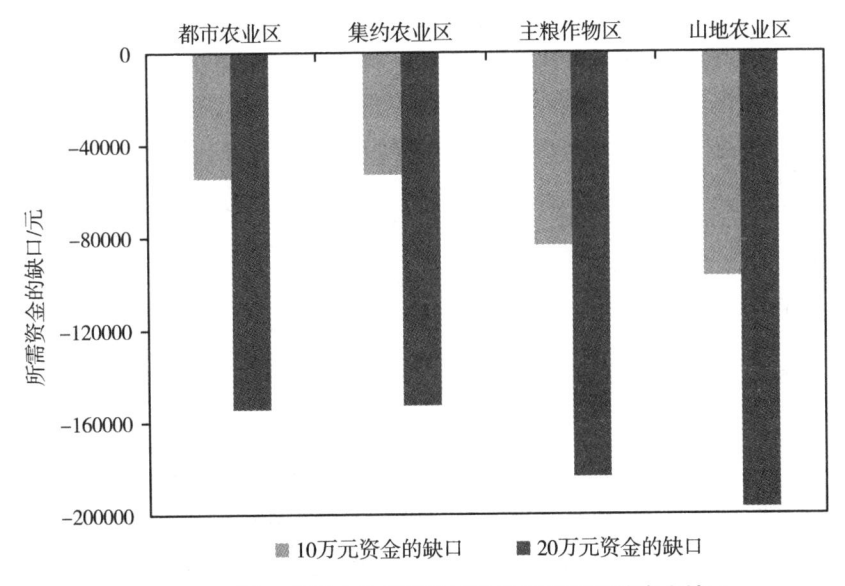

图9-8 不同农业区户均耕地资产抵押贷款额度的资金缺口

四、不同农业区户均耕地资产抵押贷款作用

图9-9呈现了10万元资金情景下家庭耕地资产的抵押融资作用,即家庭耕地资产占所需抵押耕地面积的比重。结果表明,如果申请10万元贷款不同农业区所需抵押的耕地面积存在巨大差异,都市农业区、集约农业区、主粮作物区和山地农业区户均所需耕地规模分别为11.17亩、14.94亩、66.42亩和270.56亩,其中山地农业区和都市农业区的面积比超过24。其次,不同农业区户均家庭耕地资产占所需抵押耕地面积的比重分别为45.55%、47.20%、16.43%和2.88%。更值得注意的是,山地农业区户均家庭耕地资产仅仅占所需耕地面积的2.88%。

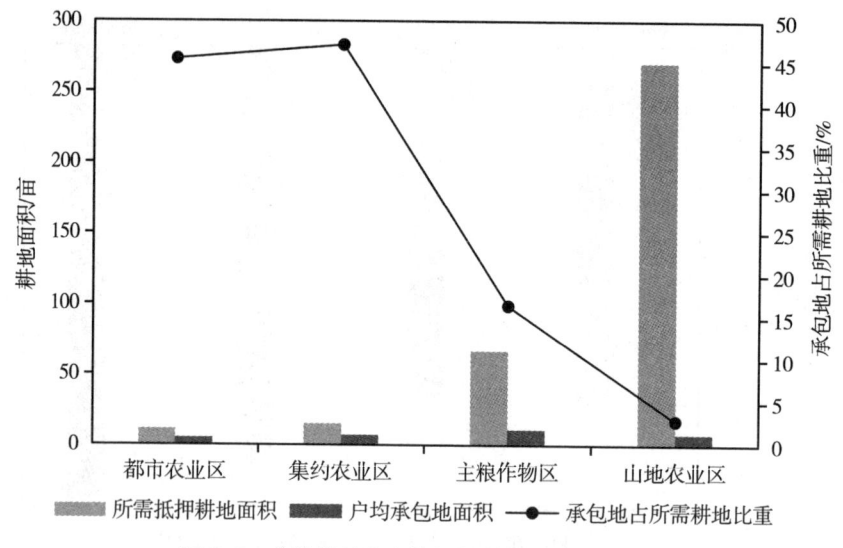

图 9-9　户均耕地资产的抵押贷款作用（情景 1）

图 9-10 呈现了 20 万元资金情境下家庭耕地资产的抵押贷款作用，结果表明，都市农业区、集约农业区、主粮作物区和山地农业区所需抵押的耕地规模分别为 22.35 亩、29.87 亩、132.84 亩和 541.11 亩，同样山地农业区和都市农业区所需耕地面积比超过 24 倍。四个农业区户均家庭耕地资产占所需抵押耕地面积的比重分别为 22.78%、23.60%、8.21% 和 1.44%。总的来说，家庭耕地资产作为抵押融资功能普遍较小，并且山地农业区基本趋零。

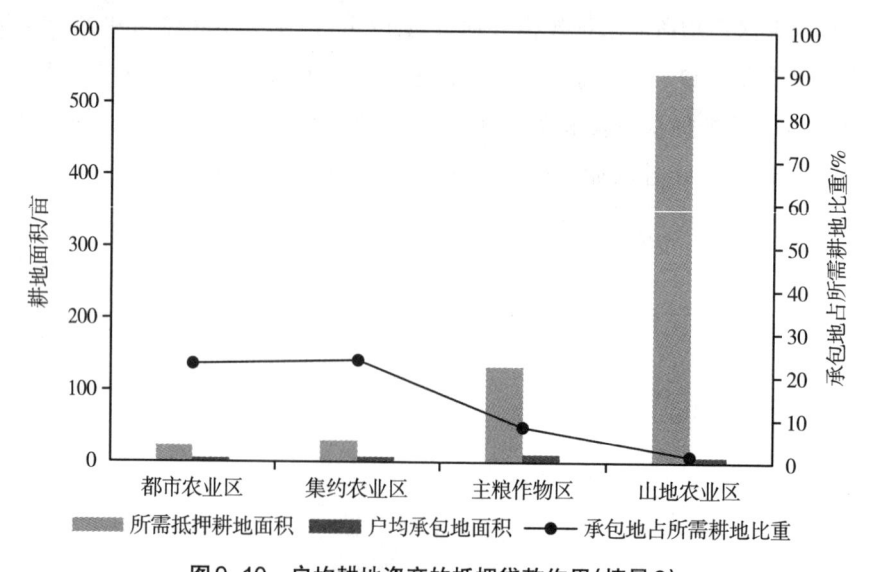

图 9-10　户均耕地资产的抵押贷款作用（情景 2）

第五节 本章小结

2015年12月,全国人大常委会调整实施《物权法》《担保法》关于集体所有耕地使用权不得抵押的规定,调整为"赋予农村承包土地的经营权抵押融资功能,在农村承包土地经营权抵押贷款试点地区,允许农户把耕地作为抵押品向金融机构申请贷款"。此后,农村耕地有了抵押贷款的功能。基于此,本章从时间序列和不同农业区分别揭示了家庭耕地资产作为抵押品的融资贷款功能。主要结论如下:

从时间序列来看,1993—2018年户均家庭耕地资产作为抵押品可贷款额度总体呈下降趋势,其中户均耕地资产的抵押贷款下限从初期的6334.26元下降至2032.14元,与此同时,户均耕地资产的抵押贷款上限从初期的7389.97元下降至2367.02元。研究期间,户均家庭耕地资产作为抵押品的贷款功能不断下降,比如以获得20万元贷款额为例,1993年家庭耕地资产占所需耕地面积的比重为3.69%,而2018年该比重仅为1.18%,不足1/80。整体上看,当前户均家庭资产作为金融抵押品的作用十分微弱。

从不同农业区来看,不同农业区户均家庭耕地资产作为抵押品的贷款额度存在明显差异。四个农业区户均耕地抵押贷款的下限介于2467.94—40454.59元,其中集约农业区最高,而山地农业区最低,两者相差近17倍;与此同时,不同农业区户均耕地抵押贷款的上限介于2879.27—47197.02元。典型农业区家庭耕地资产的抵押贷款功能普遍较低,但山地农业区的作用已十分微弱。同样以获得20万元小额贷款额为例,都市农业区、集约农业区、主粮作物区和山地农业区的户均耕地资产占所需耕地面积的比重分别为22.78%、23.60%、8.21%和1.44%,其中山区的比重不足1/60。

总的来说,家庭耕地资产作为抵押贷款的作用整体呈下降趋势,现阶段家庭耕地资产作为抵押贷款的功能普遍较低,其中山地农业区的作用十分微弱。

第十章

农户生计资本
与生计稳定性
耦合协调分析

第一节 问题提出

2020年,《中共中央关于制定国民经济和社会发展第十四个五年规划和2035年远景目标的建议》中明确提出"优先发展农业农村,全面推进乡村振兴"的战略部署,其重点是增强农户生计的可持续性(赵雪雁,等,2020)。但中国不同地区资源禀赋存在明显差异,农业类型复杂多样,农户生计必然呈现不同特征(刘彦随,等,2019)。那么,不同农业区农户生计资本存在怎样的差异?生计资本的增加是否显著改善农户的生计稳定性?以及如何提升农户生计可持续性?科学回答以上问题有助于因地制宜实施全面乡村振兴战略,但相关研究却十分鲜见。

事实上,由脆弱性背景、生计资本、结构和过程转变、生计战略及生计输出构成的可持续生计框架为生计资本的测度和生计可持续的评估提供了新视角。首先,根据社会经济的发展情况,多数学者持续改进和完善农户生计资本的测度指标,为本章节生计资本指标的选取提供借鉴。其次,生计稳定性是农户在面对外界或自身压力时保持或恢复生计的能力,也是农户生计可持续性的重要组成部分之一。不少研究集中在农户可持续生计与土地利用方式(马聪,等,2018)、生计策略选择和生态系统服务(官冬杰,等,2020;Chettri et al.,2021)等因素的耦合协调关系,其重点聚焦在生计资本测度和生计稳定性评估方面,较少涉及生计资本与生计稳定性的耦合协调研究。此外,多数研究聚焦在单一或局部地区(徐爽,胡业翠,2018;Guo et al.,2019;丁建军,等,2019),针对中国不同地域类型农户生计资本与生计稳定性耦合协调的综合性研究鲜有报道。

中国幅员辽阔,不同地域系统下耕地利用方式千差万别,形成了独特的农业区,并以都市农业区、集约农业区、主粮作物区和山地农业区最具代表性。其中都市农业区依托大都市,发展绿色生态农业和休闲观光农业等都市现代农业;集约农业区应用先进农业技术,投入较多的劳动和生产资料以增加产出,如蔬菜大棚等设施农业;主粮作物区以种植主粮作物为主,耕地可连片经营;山地农业区则以坡耕地为主,主要种植玉米和红薯等作物。

鉴于此,本章以都市农业区、集约农业区、主粮作物区和山地农业区为典型农业区,基于可持续生计框架构建生计资本和生计稳定性的测度指标,运用耦合协调模型,系统揭示不同农业区农户生计资本规模和生计稳定性特征及二者耦合协调关系,以期为提升不同地区农户生计可持续提供科学参考。

第二节 数据来源与研究方法

一、数据来源

本章同样采用的是四个典型农业区的农户家庭调研数据。首先,根据地形和耕地利用方式差异,选取北京市、山东省、湖北省和重庆市依次代表都市农业区、集约农业区、主粮作物区和山地农业区;其次,根据代表性农业区的经济发展、农业结构和区位条件,分别选取2—3个典型区县,共选取10个;再次,根据区(县)各乡镇的人均收入和耕地经营特征,每个区县分别选取2—4个乡镇,共计24个乡镇;最后,在各乡镇内随机选取3—6个自然村,根据村人口规模,每村随机选取10—30户农户进行调研。

课题组采用参与式农村评估法(Participatory Rural Appraisal,PRA)中的半结构式访谈,于2018年10月开展农户问卷调查,记录了2018年每户耕地经营、收入来源、劳动能力和社会保障等情况,为本研究提供了数据支撑。调研发放问卷共1025份(表10-1),收回有效问卷905份,有效率达到88.29%。

表10-1 研究区农户调查情况

农业区	调研区县	调研村/个	农户/户	有效农户/户	有效问卷率/%
都市农业区	北京市大兴区、通州区和顺义区	23	234	204	87.18
集约农业区	山东省寿光市、青州市和昌乐县	19	202	172	85.15
主粮作物区	湖北省监利县和洪湖市	24	287	257	89.55
山地农业区	重庆市武隆区和酉阳县	18	302	272	90.07
合计	—	84	1025	905	88.29

二、研究方法

生计资本的测算。英国国际发展部研制的可持续生计框架（Sustainable Livelihood Framework，SLF）中生计资本包括自然资本、物质资本、金融资本、人力资本和社会资本。参照研究区概况和现有研究，本章节构建了农户生计资本评估指标体系（表10-2），以期全面准确地反映四个省（市）农户生计资本情况（徐爽，胡业翠，2018）。

表10-2 农户生计资本的度量指标体系

生计资本	指标体系	指标性质	指标含义
自然资本（N）	耕地面积（N_1）	正向	家庭耕地面积，包括旱地和水田/亩
	地块数（N_2）	逆向	家庭地块数量/块，"取倒数"正向化
	作物种类（N_3）	正向	家庭种植粮食作物和经济作物种类/种
物质资本（P）	房屋面积（P_1）	正向	家庭房屋面积/平方米
	电费（P_2）	正向	家庭每年所缴纳电费/元
	村里是否有通车公路（P_3）	正向	二分变量，是为1；否为0
	村内马路的整洁程度（P_4）	正向	划分为很乱、较乱、一般、整洁、很整洁，分别赋值为1-5
	工具及耐用品数（P_5）	正向	家庭农业机械、出行工具等耐用品个数/件
	牲畜资本（P_6）	正向	包括猪、牛、羊、家禽、淡水养殖、其他养殖年均量，分别赋值为0.2、0.8、0.3、0.02、0.02、0.02
金融资本（F）	农业纯收入（F_1）	正向	家庭年度农业纯收入/元
	工资性收入（F_2）	正向	家庭年度工资性收入/元
	转移性收入（F_3）	正向	家庭年度转移性收入/元
	财产性收入（F_4）	正向	家庭年度财产性收入/元
	非农家庭经营收入（F_5）	正向	家庭年度非农经营收入/元
	家庭借贷款金额（F_6）	正向	家庭年度借贷款金/万元
人力资本（H）	劳动人数（H_1）	正向	家庭劳动力总人数/人，即年龄在14—65岁的健全劳动力
	非农劳动人数（H_2）	正向	家庭从事非农行业的劳动力总人数/人
	劳动能力（H_3）	正向	根据农户年龄和身体健康状况等，划分为无劳动力、半劳动能力、健全劳动能力，分别赋值为0、0.5、1

续表

生计资本	指标体系	指标性质	指标含义
人力资本 (H)	教育水平(H_4)	正向	划分为文盲、小学、初中、高中、大专及以上,分别赋值为0、1、2、3、4
	教育支出(H_5)	正向	家庭年度教育支出/元
	男性比重(H_6)	正向	男性占家庭成员比重/%
	医疗支出(H_7)	逆向	家庭年度医疗支出/元,"取倒数"正向化
社会资本 (S)	交通(S_1)	正向	家庭年度交通支出/元
	通信(S_2)	正向	家庭年度通信费用支出/元
	在城镇工作半年以上人数(S_3)	正向	家庭在城镇工作半年以上的总人数/元
	是否有人担任村干部(S_4)	正向	二分变量,是为1;否为0
	是否有人为党员(S_5)	正向	二分变量,是为1;否为0

注:①根据牲畜养殖成本和市场价值等,设猪P_{61}系数为0.2,牛P_{62}为0.8,羊P_{63}为0.3,家禽P_{64}为0.02,淡水养殖P_{65}为0.02,其他养殖P_{66}为0.02。$P_6=0.2·P_{61}+0.8·P_{62}+0.3·P_{63}+0.02·P_{64}+0.02·P_{65}+0.02·P_{66}$②根据不同教育程度对人力资本的影响,设文盲$H_{41}$系数为0,小学$H_{42}$为1,初中$H_{43}$为2,高中$H_{44}$为3,大专及以上$H_{45}$为4。$H_4=0·H_{41}+1·H_{42}+2·H_{43}+3·H_{44}+4·H_{45}$③逆指标取倒数正向化,为避免公式无效情况,将原始数值0取作0.1。

考虑到各项指标性质和单位的差异,本研究采用逆指标倒数正向化法和极差标准化法进行同趋化和无量纲化处理,并采用熵权赋值法测算各指标权重,分别得到四个省(市)农户户均各项生计资产价值C_j,计算公式如下:

$$C_j = \sum_{i=1}^{n} X_{ij} W_j / n \tag{10-1}$$

式中n为四个省(市)有效农户户数,本研究n依次为204、172、257和272;i为第i户农户家庭;j为第j项生计指标;X_{ij}为每户各项生计资本标准值;W_j为第j项生计指标权重。

通过公式(10-1)的计算,得到四个省(市)农户户均自然资本V_1、物质资本V_2、金融资本V_3、人力资本V_4和社会资本V_5分项值,取均值进而得到生计资本综合值$f(t)$,计算公式如下:

$$f(t) = \sum_{p=1}^{5} V_p / Z \tag{10-2}$$

式中V_p为第p项生计资本分项值;Z为生计资本分项个数,本研究Z值为5。

生计稳定性的测算。第一,多样性指数。农户生计多样性依据农户家庭从事的生计活动数量来计算,分为农业生计多样性和非农生计多样性。生计多样性越高,农户生计越稳定,抵御风险能力也就越强。计算公式如下:

$$K_{act} = Y_i/Y \quad (10-3)$$

式中 K_{act} 为农户生计多样性;Y_i 为第 i 户农户从事不同生计活动数;Y 为农户总生计活动数。其中农业生计多样性包括农作物种植、林业种植和牲畜养殖;非农生计多样性包括转移性收入(亲友汇款、农业补贴、退耕还林还草补贴、退休金、政府救济和养老金)、财产性收入(土地征用补偿金和土地流转租金)、工资性收入、家庭借贷款金额和其他非农经营收入。

同时,本章节采用香农—维纳(Shannnon—Wiener)多样性指数更直观地反映农户收入来源的均衡程度(万金红,等,2008)。该指数越大,农户收入来源就越多样且占比越均衡,农户生计稳定性越高。计算公式如下:

$$K_{inc} = -\sum_{n=1}^{s} P_n \ln P_n \quad (10-4)$$

式中 K_{inc} 为香农—维纳多样性指数;P_n 为农户第 n 类收入与家庭总收入的比值;s 为收入来源的种类。

第二,依赖性指数。收入依赖性指数反映农户对某一收入来源的依赖程度,即某类收入在家庭总收入的占比。该值越大表明农户对某类收入依赖性越高,威胁农户家庭生计稳定性。计算公式如下:

$$D_{inc} = \sum_{n=1}^{s} \frac{X_n(X_n-1)}{X(X-1)} \quad (10-5)$$

式中 D_{inc} 为收入依赖性指数;X_n 为农户第 n 类收入;X 为农户家庭总收入;s 为收入来源的种类。

此外,自然资源依赖指数反映农户对自然资源的依赖程度。该值越大表明农户对自然资源的依赖度越高,生计风险越大。本研究采用农户家庭的农业纯收入(包括耕地农作物收入、林地作物收入和牲畜养殖收入)占比来计算自然资源依赖指数。计算公式如下:

$$D_{sou} = N/T \quad (10-6)$$

式中 D_{sou} 为自然资源依赖指数;N 为农户家庭农业纯收入;T 为农户家庭总收入。

生计资本与生计稳定性的耦合协调度模型。耦合度反映两个及以上系统相互作用和相互影响的程度,耦合协调度则揭示相互作用的系统间的协同效应(徐爽,胡业翠,2018)。本章节将计算农户生计资本与生计稳定性的耦合协调度来揭示不同农业区农户生计可持续的差异。该值越大,表明农户家庭生计资本以同等速度积累时,生计稳定性提升越高。计算公式如下:

$$C = \left\{ \frac{f(t) \times f(v)}{((f(t)+f(v))/2)^2} \right\}^{\frac{1}{2}} \quad (10-7)$$

$$D = \sqrt{C \cdot T} = \sqrt{C \times (\beta_1 f(t) + \beta_2 f(v))} \quad (10-8)$$

式中 C 为耦合度;$f(t)$ 为生计资本综合值;$f(v)$ 为生计稳定性综合值;D 为耦合协调度;T 为 $f(t)$ 和 $f(v)$ 的综合评价得分;本研究中生计资本和生计稳定性同等重要,因此赋值 $\beta_1=\beta_2=0.5$。

参照前期研究,本章节将耦合度分为低水平耦合($0 \leq C \leq 0.3$)、拮抗($0.3 < C \leq 0.5$)、磨合($0.5 < C \leq 0.8$)和高水平耦合($0.8 < C \leq 1$),将耦合协调度划分为严重失调、轻度失调、初级协调和优质协调四级(表10-3)。

表10-3 耦合协调度等级分类

协调度区间	协调等级
$0 < D \leq 0.35$	严重失调
$0.35 < D \leq 0.55$	轻度失调
$0.55 < D \leq 0.75$	初级协调
$0.75 < D \leq 1$	优质协调

第三节 农户生计资本与生计稳定性耦合协调比较

一、不同农业区农户生计资本的比较

表10-4呈现了不同农业区农户户均生计资本综合值,集约农业区、都市农业区、主粮作物区和山地农业区依次为0.2311、0.2297、0.2287和0.1956,其中集

约农业区高出山地农业区 0.0355。从户均分项资本来看，都市农业区农户的自然资本和社会资本较高，分别是山地农业区相应的 1.63 倍和 1.55 倍。依托城市的发展和需求，该区域的农户可种植种类丰富、附加价值较高的蔬菜、瓜果和花卉等，农业剩余劳动力也积极进城务工，人员流动频繁，与外界联系更密切。集约农业区户均物质资本和金融资本较高，分别为 0.3973 和 0.0606，农户可采用先进的技术和管理手段提高农业收益，进而获得较高的金融收入，农业机械和工具所有量也普遍较多。主粮作物区户均人力资本较高，为 0.3500，农户家庭劳动力充足，整体健康状态良好，且受教育水平较高。

整体来看，除山区作物区外其他农业区农户生计资本发展较为均衡。受到复杂地形地貌等因素的制约，山区作物区的耕地破碎化程度高，农业基础设施落后，难以使用大型机械，农业比较收益不断下降，农户各项生计资本均处于相对较低的水平。

表 10-4　不同农业区农户户均生计资本比较

农业区	自然资本	物质资本	金融资本	人力资本	社会资本	生计资本综合值
都市农业区	0.2877	0.3178	0.0561	0.2922	0.1945	0.2297
集约农业区	0.2164	0.3973	0.0606	0.3099	0.1713	0.2311
主粮作物区	0.1790	0.3897	0.0544	0.3500	0.1701	0.2287
山地农业区	0.1767	0.3593	0.0328	0.2835	0.1257	0.1956

二、不同农业区农户生计稳定性的比较

表 10-5 呈现了不同农业区农户户均生计稳定性综合值，都市农业区、集约农业区、主粮作物区和山地农业区依次为 0.5253、0.3730、0.4540 和 0.4348，其中都市农业区比集约农业区高 0.1523。

表 10-5　不同农业区农户生计稳定性比较

农业区	收入多样性指数	农业生计多样性	非农生计多样性	收入依赖性	自然资源依赖性	务工依赖性	生计稳定性综合值
都市农业区	0.6601	0.2402	0.4647	0.6179	0.2234	0.5204	0.5253
集约农业区	0.3007	0.3333	0.2140	0.8116	0.7687	0.2016	0.3730
主粮作物区	0.4587	0.3139	0.4039	0.7363	0.2219	0.6955	0.4540
山地农业区	0.4011	0.1907	0.3993	0.7665	0.1485	0.6158	0.4348

图10-1显示,都市农业区农户收入多样性指数和非农生计多样性值最高,分别为0.6601和0.4647,表明该区域农户收入来源多样且占比均衡,并以非农家庭经营收入、务工工资和政府补偿等非农收入为主。相比之下,集约农业区农户收入多样性和非农生计多样性值均较低,仅农业生计多样性值略高,为0.3333。集约农业区耕地利用效率高,经济作物和牲畜养殖种类丰富且收益高,农业纯收入在农户家庭总收入占比大。主粮作物区与山地农业区农户收入多样性指数差距较小。由于闭塞性和耕地破碎化,山地农业区的农作物产量低,大部分用以自给自足,劳务输出也受到阻碍,因而农户生计多样性低于主粮作物区。

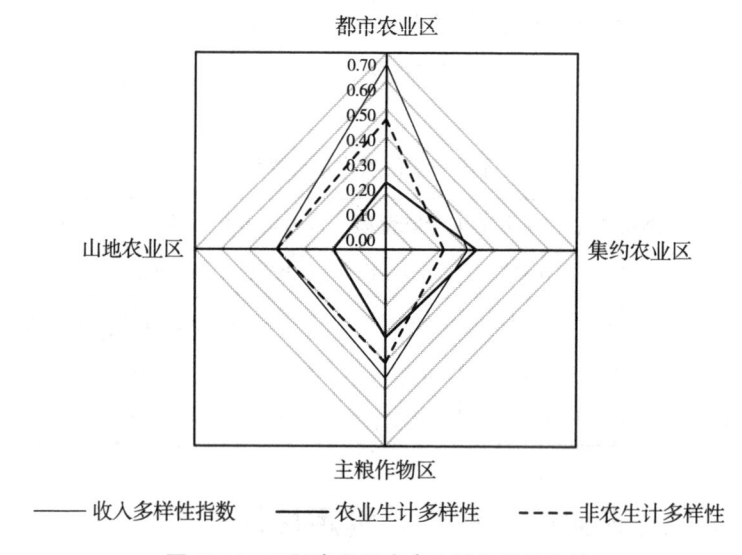

图10-1 不同农业区农户生计多样性比较

图10-2呈现了不同农业区农户收入依赖性特征,结果显示,集约农业区农户的自然资源依赖度较高,其值是山地农业区的5倍。该区域农户家庭的农业纯收入占比高,过度依赖自然资源,而当前中国旱涝灾害频繁,防灾减灾基础设施不完善,农业生产抵御自然灾害能力较低,极大威胁农户生计稳定性。另一方面,主粮作物区和山地农业区农户的务工依赖度较高,该指数分别为0.6955和0.6158,其值是集约农业区的3倍,外出务工虽然能提高家庭收入,但若外界或家庭出现变故,导致务工中断,农户家庭将难以维持基本生计。

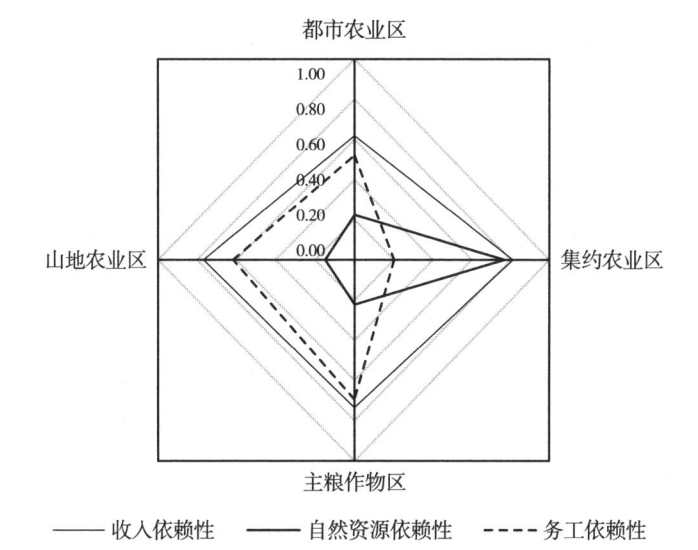

图 10-2 不同农业区农户收入依赖性比较

―― 收入依赖性　―― 自然资源依赖性　---- 务工依赖性

表10-6呈现了不同农业区农户生计资本与生计稳定性的耦合协调度,都市农业区、集约农业区、主粮作物区和山地农业区的耦合度均在0.9以上,属高水平耦合,表明生计资本和生计稳定性对农户生计可持续均有极为重要的影响。都市农业区和主粮作物区农户生计资本与生计稳定性的耦合协调度分别为0.5893和0.5676,属于初级协调,即农户家庭生计资本积累速度略大于生计稳定性提升速度,但总体协调发展。而集约农业区和山地农业区的耦合协调度分别为0.5419和0.5400,属于轻度失调,即农户家庭生计稳定性提升速度明显低于生计资本积累速度。受到复杂地形和耕地破碎化等制约,山地农业区户均家庭的耕地资产"贬值"严重(王亚辉,等,2019),农业收益低,农户生计过度依赖务工收入。而集约农业区农户家庭生计则以农业纯收入为主,生计稳定性未显著提升。

表10-6　不同农业区农户生计资本和生计稳定性耦合协调度

农业区	生计资本综合值	生计稳定性	耦合度	耦合协调度
都市农业区	0.2297	0.5253	0.9201	0.5893
集约农业区	0.2311	0.3730	0.9720	0.5419
主粮作物区	0.2287	0.4540	0.9439	0.5676
山地农业区	0.1956	0.4348	0.9252	0.5400

三、不同农业区农户生计提升策略讨论

(一)不同农业区农户生计可持续的认识

城镇化和工业化改变了不同地区人口分布格局和土地利用方式,进而引起了农户生计可持续性的差异。图10-3呈现了在快速城镇化背景下不同农业区农户生计可持续性差异的演变特征。

对于都市农业区,城镇化和工业化使城市吸纳了大量农村劳动力,提升了城市对鲜果蔬菜和休闲旅游的需求,助推郊区传统农业向都市现代农业的转型,并为城郊农户提供多样的非农就业途径,拓宽生计渠道。但也存在城市用地扩张占用郊区耕地的问题,制约农户生计的可持续提升(姚静韬,等,2020)。

对于平原地区,地势平坦,农户采用机械等省工性要素和现代化的农业管理方法,实现耕地规模化经营,且经济作物利润显著高于粮食作物。因而集约农业区农户生计以农业纯收入为主,自然资源依赖度高,一旦遭遇旱涝等自然灾害,农户生计将面临严峻挑战。比如2018年山东省寿光市特大洪灾致大棚受灾10.6万个,农作物受损面积3.5万公顷,很多农户损失了半辈子的积蓄。而在平原主粮作物区,耕地租金持续上涨,土地成本攀升压缩粮食生产利润空间(戚渊,等,2021),导致农户减少粮食作物种植而增加经济作物种植,耕地"非粮化"严重威胁国家粮食安全。

在山区,耕地破碎化严重限制了机械等省工性要素的使用,使农业劳动力成本居高不下,农业收益低;加之城市更多的就业机会和公共服务的吸引,农户放弃耕种转而进城务工,导致山区大量耕地处于"零租金"流转和撂荒的状态(王亚辉,等,2019),甚至梯田等优质土地资源也开始逐渐被撂荒(牟艳,等,2022)。长此以往,山区耕地边际化现象更严重,耕地资产贬值和高务工依赖性威胁山区农户的生计可持续性。

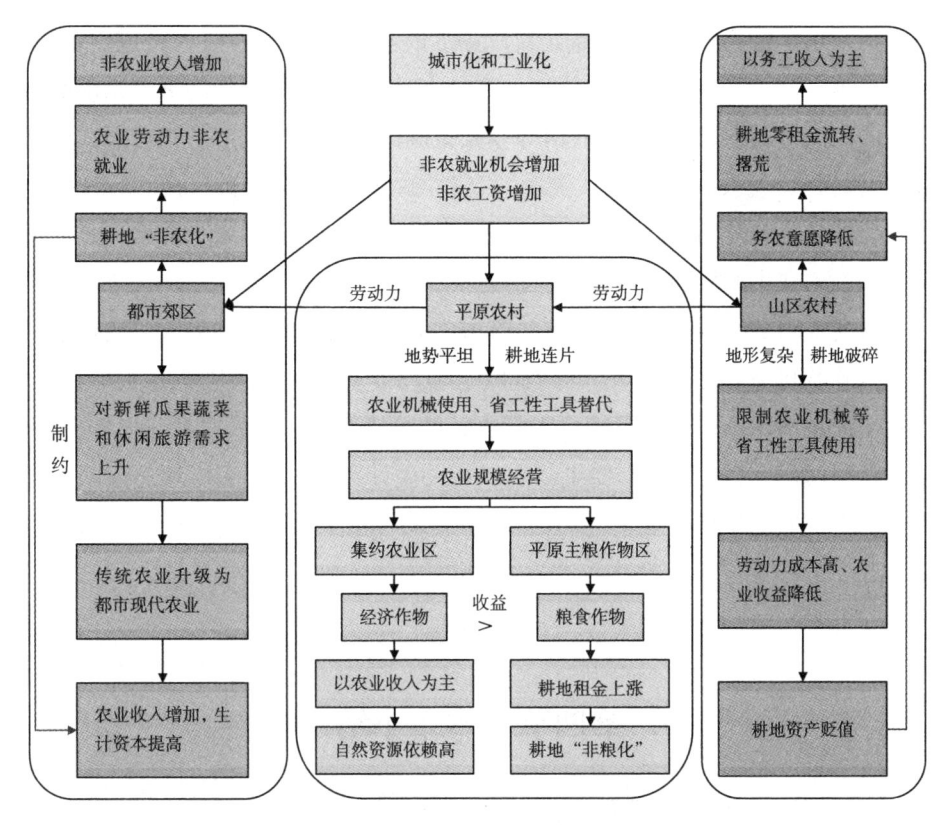

图10-3　不同农业区农户生计可持续性差异的演化

(二)因地制宜提升农户生计可持续性

针对都市农业区耕地"非粮化""非农化"制约郊区农户生计持续提升问题,政府应促进城市资金、技术和信息等要素流入郊区来支撑都市农业的转型与升级,增加农户家庭的农业纯收入;并促进农业剩余劳动力有序转移至非农市场,提高进城务工农户的福祉。同时,精细化管理耕地资源,完善耕地占补在质量、产能和生态上的平衡政策,有助于保障农户农业收入的稳定。

针对平原地区,政府一方面应着力降低农户自然资源依赖度,深挖当地特色旅游资源,增加第三产业就业岗位和服务技能培训,鼓励农户兼业化;完善防灾减灾体系,保证基础性农业巨灾保险覆盖全农户,全面提高自然灾害抵御能力。另一方面,关注耕地"非粮化",以农业适度规模经营来遏制耕地租金非理性上涨;细化粮食补贴政策,精准补贴种粮农户,拓宽粮食销售渠道,提高农民种粮积极性(汤怀志,等,2020;张惠中,等,2021)。

针对山区作物区,关键是降低农户务工依赖性,拓宽农户收入渠道。首先,政府应推广和普及先进的农作物种植和牲畜养殖技术,培育经济价值高的绿色山区农产品。其次,以交通和通信等基础设施的完善推动农产品销售模式的升级,积极探索"龙头企业+基地+农户""互联网+农业"等现代销售模式(王晗,房艳刚,2021)。此外,强化山区生态环境的保护和修复,践行"绿水青山就是金山银山"理念,在生态极脆弱区实施退耕还林和发展生态旅游等。

从研究对象上看,本研究选取的都市农业区、集约农业区、平原主粮作物区和山区作物区囊括了全国大部分农业区,但局部特殊农业区还需补充调查,以期更全面地揭示不同地域系统下农户生计的可持续性。从数据来源上看,本章节的调研时间为2018年,需要更新农户相关生计数据,以期实时动态反映不同农业区农户的生计状况。

第四节 本章小结

基于可持续生计框架,本章节构建了生计资本和生计稳定性测算指标体系,借助耦合协调度模型,揭示了都市农业区、集约农业区、主粮作物区和山地农业区农户生计资本和生计稳定性的特征及二者耦合协调关系,并差别化地提出提升农户生计可持续的建议。主要结论与启示如下:

从生计资本来看,集约农业区农户户均生计资本综合值最高为0.2311,山地农业区最低,仅为0.1956。在户均分项资本方面,都市农业区农户的自然资本和社会资本较高,集约农业区农户的物质资本和金融资本较高,主粮作物区农户的人力资本较高,而山地农业区农户的各项生计资本均处于较低水平。

从生计稳定性来看,都市农业区农户生计稳定性最高为0.5253,收入来源多样且占比平衡;集约农业区农户生计稳定性最低,仅为0.3730,农业纯收入是其主要生计来源,自然资源依赖度偏高;而主粮作物区和山地农业区农户的务工依赖度较高。

从生计资本和生计稳定性耦合协调度来看,都市农业区和主粮作物区处于初级协调,其中都市农业区耦合协调度最高,达到0.5893;而集约农业区和山地农业区处于轻度失调,其中山地农业区耦合协调度最低,仅为0.5400,农户生计稳定性提升速度明显低于生计资本积累速度。

针对不同农业区农户生计可持续性的差异,提出差别化农户生计提升策略。集约农业区应拓宽农户收入渠道,鼓励农户兼业,并促进农业基础性保险全覆盖和防灾减灾设施建设;山地农业区应遏制耕地资产贬值,培育经济效益高的山区特色农产品,完善交通和通信等基础设施,探索现代销售模式;都市农业区和主粮作物区则重视耕地"非农化"和"非粮化"问题,保障农户农业收入的稳定。

第十一章

结论与启示

第一节 主要结论与政策启示

一、主要结论

第一,1986—2018年亩均耕地净收益和亩均耕地流转租金整体上呈现下降趋势,与此同时,近年农村耕地"零租金"流转的比例和耕地撂荒率均呈现显著上升的趋势,并且亩均耕地租金与日均劳动力工资之比不断下降,以上特征表明研究期内农户家庭耕地资产处于"贬值"状态。

根据《全国农产品成本收益资料汇编》统计,1986—2018年,全国三种主粮亩均净收益从102.72元下降至52.13元,30多年间下降幅度达到49.25%,其中人工成本和物质费用的快速上涨是耕地净收益下降的重要原因。具体到不同区位,集约农业区亩均耕地净收益虽波动较大,但研究期内仍呈现微弱下降趋势(降幅接近4%);主粮作物区的亩均耕地净收益从134.55元下降至72.11元,下降幅度达到46.41%;而山地农业区三种主粮的亩均净收益同样降幅十分明显,2013年以后处于亏损状态。根据农村固定观察点数据统计显示,1986—2018年,全国亩均耕地流转租金从243.34元下降至165.80元,研究期内下降幅度达到31.86%。具体到不同区域,天津和山东等沿海省(市)耕地租金降幅十分有限,并且租金远高于全国平均水平;中西部多数省(区、市)耕地租金降幅明显,当前亩均耕地流转租金介于100—300元;而西部山区省(区、市)耕地流转租金降幅较大,部分省(区、市)亩均耕地流转租金已下降至100元以下。此外,近年来耕地"零租金"流转现象愈发凸显,"零租金"转出耕地的比重不断上升;2001年以后,农户数量和土地面积的统计均显示"零租金"流转比例均超过50%。

第二,技术进步是耕地"贬值"的诱因,其作用机制是通过要素替代效应和报酬递增效应降低了耕地在农业生产中的相对地位;同时,城镇化和工业化的推进,务农机会成本快速上涨,致使农业劳动力成本上升,加之受地形等自然条件限制,山区难以推广省工性机械,农业利润因劳动力成本和物质费用持续升高而不断下降,直至利润降至零甚至亏本,耕地便以"零租金"流转甚至撂荒。

具体来看,"耕地供给假说"和"耕地需求假说"均无法解释耕地资产价值下降现象,本研究提出了一种新的理论解释框架,即技术进步是耕地资产价值下降的诱因,并借鉴扩展型C—D生产函数,分别从宏观省级和微观农户尺度实证检验了以上理论:其一是技术进步实现了对耕地的有效替代,比如人力资本、支农投资等作为广义技术进步的一部分实现了对稀缺耕地的替代;其二是技术进步提高了投入要素的质量,突破了要素递减的瓶颈,实现了要素报酬递增。其中耕地产出弹性从初期的0.326下降到末期的0.041,同时耕地对农业增长的贡献率则从6.54%下降到0.067%。通过以上两条渠道,技术进步降低了耕地在农业生产中的相对地位,耕地资产价值整体处于下降态势。此后,典型农业区农户耕地撂荒的机理显示,地块面积、与家庭住宅距离、耕地质量等级和地块细碎化是地块是否撂荒的主要决定因子。然而,山区耕地资产贬值和撂荒等土地边际化现象的根源则在于,务农机会成本的快速上涨。城镇化和工业化的推进,尤其在跨越"刘易斯拐点"之后,务农机会成本快速上涨,农业劳动力成本上升。受到地形等自然条件限制,目前山区很难推广农业机械化,机械无法有效替代劳动力,农业利润因劳动力成本持续走高而不断下降,直至利润低于零。农民理性的选择是放弃农业而转向非农活动,耕地便以低租金或"零租金"形式转出,甚至撂荒。

第三,1986—2018年,农户家庭耕地资产作为生产资料的作用不断下降,表现在家庭耕地收益比的减小;同时,不同农业区的耕地资产存在较大差异,其中山地农业区耕地资产的生产资料功能最弱。

从农户家庭耕地收益比来看,1986—2018年家庭耕地收益比从46.73%下降至5.53%。若仍从事农业经营,农户必然需不断扩大耕地规模才能达到农村住户的平均收入水平,纯农户的户均耕地规模需从初期的16.06亩扩大至末期的239.57亩;相应地,其承包耕地占所需耕地面积的比重从55.58%下降到3.33%(不足1/25)。从不同农业区来看,都市农业区、集约农业区、主粮作物区和山地农业区户均耕地收益差异巨大,其中集约农业和山区相差约25倍;同时户均耕地收益比分别为9.33%、38.77%、7.61%和3.77%,其中山区耕地收益比不足1/25。

第四,1986—2018年,农户家庭耕地资产作为养老保障的作用同样呈不断下降趋势,现阶段耕地的养老保障功能已十分微弱,并且不同农业区存在明显差异,其中山地农业区耕地的养老保障功能最弱。

1986—2018年人均耕地养老保障价值从550.90元/年下降至169.72元/年，30多年下降幅度达到69.19%。初期，人均耕地养老保障价值远大于人均养老需求（包括下限和上限），1992年开始出现缺口，2018年耕地养老保障价值对养老需求下限和上限的贡献率分别降低到11.15%和7.14%；相应地，耕地养老需求缺口的下限和上限则分别达到88.84%和92.86%。从不同农业区来看，都市农业区、集约农业区、主粮作物区和山地农业区的人均耕地养老保障价值目前分别为2310.51元/年、2058.17元/年、636.74元/年和117.40元/年，其中都市农业区是山地农业区的近20倍；同时，不同农业区耕地养老保障价值对养老需求下限和上限的贡献同样存在显著差异，其中集约农业区的贡献最高，而山地农业区最低，其贡献率分别为2.94%和2.44%（不足1/40）。

第五，1993—2018年，农户家庭耕地资产作为金融抵押品的作用同样处于不断下降态势，现阶段耕地抵押贷款的功能十分微弱，并且不同农业区存在巨大差异，其中山地农业区的耕地金融抵押功能最弱。

具体来看，1993—2018年户均家庭耕地资产作为抵押品可贷款额度总体呈下降趋势，其中户均耕地资产的抵押贷款下限从初期的6334.26元下降至2032.14元，与此同时，户均耕地资产的抵押贷款上限从初期的7389.97元下降至2367.02元。研究期间，户均家庭耕地资产作为抵押品的贷款功能不断下降，比如以获得20万元贷款额为例，1993年家庭耕地资产占所需耕地面积的比重为3.69%，而2018年该比重仅为1.18%，不足1/80。整体上看，当前户均家庭资产作为金融抵押品的作用十分微弱。不同农业区户均家庭耕地资产作为抵押品的贷款额度存在明显差异。四个农业区户均耕地抵押贷款的下限介于2467.94—40454.59元，其中集约农业区最高，而山地农业区最低，两者相差近17倍；与此同时，不同农业区户均耕地抵押贷款的上限介于2879.27—47197.02元。典型农业区家庭耕地资产的抵押贷款功能普遍较低，但山地农业区的作用已十分微弱。同样以获得20万元小额贷款额为例，都市农业区、集约农业区、主粮作物区和山地农业区的户均耕地资产占所需耕地面积的比重分别为22.78%、23.60%、8.21%和1.44%，其中山地农业区的比重不足1/60。

二、相关讨论

（一）耕地资产价值下降并非中国特例

长期来看，在农业生产中，耕地作为一种生产要素其经济重要性的下降是必然的。针对美国、法国、英国及日本等国农业地区的研究均表明农业土地的价值在长期内是下降的。比如1900年美国农业土地租金占农业收入的比例约为1/4，到1945年该比例降至5%；同时农业用地充当农业投入的作用不断下降，1910—1914年和1955—1957年，排除农场资本设施之后，农业用地获得的收入在农业净收入的比例从18%下降到11%，它在农业总收入的比例从13%下降到5.4%，并且在国民生产净值中的比例从3.2%下降到0.6%（Schultz，1951）。此外，关于日本的研究同样存在类似的结论。近年来人口下降导致日本废弃土地激增，山谷中的小块田地、内陆陡峭山林地等价值极低，甚至成为土地所有者的一个累赘，超过20%的土地找不到所有者（Mameno and Kubo，2022）。总之，长期来看耕地作为生产要素的重要性必然会下降，本研究的结论不是特例。

（二）农户耕地资产与人力资本的相对重要性变化

近年来，虽然国家已从顶层设计的角度给予了土地经营权流转较大的政策支持，但是中国这种"人均一亩三，户不过十亩"的家庭承包耕地格局仍未有较大的改变。1986—2018年农村固定观察点数据显示，户均拥有承包耕地面积从初期的9.21亩下降到末期的7.98亩，不但没有上升反而略微下降。随着耕地流转租金的下降，农户承包耕地作为家庭生计资本其价值必然不断减弱。相对应的是，伴随着国家工业化的发展和城镇化的推进，大量的农村劳动力转移到城镇，非农工资有了大幅度上涨，尤其在2003年以后。总体上来看，1986—2018年，非农工资大约上涨了近60倍。可以说，30多年来，耕地资产的价值在不断下降，相反劳动力工资却在不断上涨，两种要素在农户家庭中的相对重要性发生了根本性变化，即在家庭生计中耕地资产的支撑作用越来越小，而人力资本则越来越重要。

（三）耕地资产已失去最基本的社会保障功能

追溯到20世纪80年代，当时家庭耕地资产的确起到了重要的社会保障作用，比如大约50%的家庭收入来自农业生产所得，同时耕地资产还能满足基本的养老需求。近年来,农村家庭生活水平大幅度提升,2018年农村户均可支配收入接近4万元,相较于1986年增长了近10倍;同时,农村家庭的恩格尔系数(家庭食品支出占家庭消费总额的比重)也不断下降,从初期的大于59%(贫困阶段)一直下降到2018年的28.4%(富裕阶段)。在此背景下,农村家庭耕地资产已失去了最基本的保障作用,比如家庭承包耕地占实现户均收入水平所需的耕地面积仅为3.33%(不足1/25),同时农村养老基本需求存在大量缺口。

(四)区域发展非均衡性的认识

近年来城镇化和工业化的推进改变了不同地域和不同时点上的人口分布、改变了土地供需和利用方式,进而使得不同区域内土地资产价值发生相应变化。其中大中城市周边的农民,依靠经营集约农业仍可获得较为可观的收入,比如都市农业;反观那些山区特别是偏远山区的农民,其耕地资产价值降幅尤为明显,多数耕地已处于"零租金"流转甚至撂荒的状态,耕地资产价值逐渐趋零,比如西部边远山区。本研究对不同典型农业区的分析表明,都市农业区、集约农业区、主粮作物区和山地农业区的亩均耕地净收益分别为1484.75元、7818.51元、476.42元和16.82元,其中集约农业区和山地农业区的亩均净收益相差464倍,并且这种差距还在持续扩大。随着城镇化的持续推进,不同地域的耕地资产价值出现分化,这将导致不同区域农户的收入和财富的分化,如若长期持续下去,必将形成所谓的"马太效应"。在此过程中,丘陵和山区的土地边际化程度更加严重,在这一极化过程中其耕地资产价值也逐渐"蒸发",山区的贫困问题以及扶贫和脱贫工作在短期内可能仍很难有效解决。因此,如何减缓山区耕地撂荒和耕地资产贬值无疑是乡村全面振兴过程中需要迫切关注的问题。

三、政策启示

第一,现阶段农户家庭耕地资产已失去其原有的社会保障功能,一定程度上挫伤了农民从事农业生产和耕地保护的积极性,威胁到了国家粮食安全,制定区域差别化的耕地保护政策迫在眉睫。

随着社会经济的发展,农户拥有承包权的耕地资产已逐渐失去了其原有的社会保障功能。其一是农业经营的风险较大和不确定性较大,土地已不具备社会保障的基本条件;其二是中国的农地为村集体所有,农民只具有承包经营权,并不具有"变卖"土地以应对社会风险的资格,并且在征地过程中农民并无较强话语权,往往处于征地谈判中的弱者。因而,对于个体农户家庭而言,"耕地社保论"已逐渐失去了基础,社会保障必须建立在公共社会保障体系的基础上,而不能再指望农户家庭拥有承包权的少量耕地。当然,可能有学者质疑现阶段公共养老保障体系尚未建立起来,农民依靠什么养老呢? 2009年以后国家逐步建立起了新型农村养老保险制度,以现行的标准估计:2015年新型农村人均养老保险金平均为1864元/年,而同期家庭人均耕地养老保障价值仅为150.37元/年,耕地养老保障价值仅占新型农村养老保险金的8.07%。就目前新型农村养老保险体系而言,其养老保障水平已超过耕地养老保障水平。此外,农户家庭的其他资产也可以提供部分养老保障,比如家庭的金融资产等。中国家庭金融调查报告(2015)显示,2014年农村户均定期存款账户总余额为43826元,年均利息收入为1109元/户;同时,非银行存款户均为3385元,年均利息收入为85.64元/户,因而人均利息收入约为362.01元。该利息收入可以作为农村养老保障的补充。与耕地养老保障价值对比发现,农户家庭金融资产的养老保障功能同样远大于耕地养老保障水平。因此,相对于新型农村养老保险制度和家庭金融资产,耕地资产作为养老保障的功能十分微弱;同时,农村养老保障制度也在不断建立和完善阶段,依靠耕地养老的时期也永远成为了历史。值得警惕的是,随着农户家庭耕地资产价值的下降,可能会进一步加剧耕地粗放化经营、闲置甚至撂荒等程度,降低了农民从事农业生产经营和耕地保护的积极性,一定程度上影响了国家粮食安全,因此,制定差别化的耕地保护政策十分迫切。

第二,随着农户耕地资产价值的下降,农业经营户需要不断扩大耕地规模,但因土地流转中过高的交易成本致使大量"零租金"流转行为的存在,因而政府应逐步建立高效的土地流转市场以推动耕地经营权的有序流转。

提高农民增收的关键在于提高农业劳动生产率,这必然要求土地的规模化经营。国家虽然推动了土地"三权分置"改革,但在耕地经营权流转过程中仍面临诸多问题,比如农村家庭耕地严重细碎化、流转期限和流转合同不固定等,导致土地流转过程中存在过高的交易成本,一定程度上阻碍了当前农业现代化和规模化的推进与发展。与此同时,2015年12月《物权法》《担保法》等在原有的基础上进行了调整,即在农村土地承包经营权抵押贷款试点地区,允许以承包土地的经营权抵押贷款。但在实施中农户贷款违约后,银行无法对只拥有经营权的耕地进行处置,这无疑降低了金融机构为农户提供耕地抵押贷款业务的意愿。此外,农户家庭耕地资产作为金融抵押品,其价值过低,因而向银行申请贷款的融资额度偏低,无法满足农户的资金需求。比如1993—2018年户均耕地资产作为抵押品的可贷款最大额度从7389.97元下降至2367.02元,若家庭所需资金为20万元,那么2018年家庭耕地资产仅占所需抵押耕地面积的1.18%(1/80)。可以说,农户家庭拥有承包权的耕地资产作为金融抵押品的作用十分微弱,对于纯农户而言扩大耕地经营规模迫在眉睫。此外,全国部分地区在推行的"一块地"改革、"小块并大块""一家一块田"和土地银行等实践也佐证了降低农村土地流转市场中交易成本的必要性和紧迫性。因此,当前各地政府应该积极推动农村土地流转市场改革和土地整治工程,以期降低土地流转中过高的交易成本,积极推动农村土地规模化经营。

第二节 创新点、研究不足与展望

一、创新点

第一,本研究构建了用于评估耕地资产价值的多元指标,并定量评估了中国农户拥有承包权的耕地资产在家庭生产资料、养老保障和金融抵押三个社会保障方面的作用,为深化新时代农村土地保障功能提供科学依据。已有研究表明,耕地价值包括社会价值、经济价值、生态价值和文化价值等,但对于个体农户家庭而言,社会价值(比如粮食安全)、生态价值(比如涵养水源、净化空气等)和文化价值(比如文化传承等)均难以直接支撑农民的生计和提供必要的社会保障。因而,本研究从耕地资产价值出发,系统揭示农户耕地资产价值演变后耕地资产对家庭生产资料、养老保障和金融抵押的支撑作用,进而引导公众理性认识"耕地社保论",避免因耕地资产价值的片面认识而导致的社会认识偏差。

第二,本研究定量评估30多年全国农户家庭耕地资产的价值变化,同时开展了不同农业区调查研究,分别从较长时间序列和不同农业区视角揭示耕地资产价值变化规律。已有研究多采用截面或时间跨度较短的数据评估耕地资产价值,缺乏时间维度上的动态演变;同时,多数案例区局限于生态脆弱区或经济落后区,缺乏大尺度和区域差异明显的不同农业区的比较性研究,同时更缺乏全国整体尺度的研究。基于农业农村部农村固定观察点数据,本研究定量反映了 30 多年来全国农户耕地资产价值的动态变化。此外,本研究还选取了具有土地利用代表性的四个典型农业区,即都市农业区、集约农业区、主粮作物区和山地农业区,系统揭示不同土地利用方式或区位下农户耕地资产的价值差异。

二、研究不足

第一,1986—2002 年转出耕地的农户比重较低,耕地流转租金可能会存在高估。耕地流转租金测算的不确定性主要来自年际间农户样本数量的变化和耕地流转率的波动。1986—2002 年,转出耕地的农户占比小于 10%,其中 1995—2002 年甚至低于 7%;2002 年以后耕地流转率不断上升。耕地流转率在年际间的较大波动可能会导致样本选择偏差,比如前期的流转农户可能集中在经济发达地区,样本集聚现象可能难以充分反映全国的特征。此外,本研究还对各省(区、市)的耕地流转租金进行了测算,但受限于样本数量,尚无法核算所有省(区、市)的耕地流转租金。

第二,受平原造林的影响,北京市的农户样本可能难以准确反映都市农业区的家庭耕地利用特征。近年来,北京市开展了平原造林工程,现已形成"两环""三带""九楔"和"多廊"的造林格局,而本研究都市农业区的代表区北京市大兴区、通州区和顺义区均在平原造林政策的实施区域。政府租入农户的耕地开展植树造林,亩均租金 1500—2000 元,超过 70% 的调研农户已参与平原造林工程,因而调研农户样本难以准确反映都市农业区的农户耕地利用特征。因此,接下来有必要补充调查都市农业的农户样本,以期准确揭示都市农业区的耕地资产价值。

第三,由于中国人多地少,耕地资源一直被认为是农民的命根子,耕地资源的社会保障功能被认为是中国城市化和工业化发展过程中的稳定器和压舱石。从耕地的资源给农民提供的价值来看,除了生产资料、养老保障和金融抵押以外,耕地还具有社会价值(比如维持国家粮食安全的功能)、生态功能(比如净化空气、水源涵养等)、文化功能(比如农耕文化遗产等)以及空间满足功能(比如耕地空间带给农民心里稳定预期价值和吸纳劳动力人群功能等)。耕地的社会价值、生态功能、文化功能以及空间满足功能虽然不能为农户家庭提供直接收益,但这些功能可能会间接通过作用于社会或国家进而影响农户家庭收益,这些功能如何测算仍然需要进一步探究。

三、研究展望

第一,适当扩大农业区范围,全面揭示不同土地利用方式下的耕地资产价值。本研究虽然选取了四个典型农业区,希望尽可能全面地揭示不同土地利用方式下的耕地资产价值差异,但由于自然条件和农业专业化等因素,仍无法囊括所有的土地利用方式,比如江汉平原的水稻作物并不能代表华北平原旱作农业、北京市周边都市农业并不能代表中小城市的城郊农业等。在本研究的基础上,下一步的工作可以适当增加典型农业区,以期更全面、详尽地揭示不同土地利用方式的耕地资产差异,以此提出区域差别化的耕地保护政策建议。

第二,开展农村宅基地资产价值的变化规律研究。宅基地与耕地一样,都属于农户拥有的一项重要家庭资产。本研究仅探讨了农户家庭耕地资产的价值变化,而没有涉及宅基地的相关内容。随着城镇化的不断推进,城乡人口布局和城乡土地价值均发生了巨大变化,其中最明显的是部分城市房价的持续上涨,城市近郊农村的宅基地急剧升值;相反,农村尤其偏远山区的农村,随着人口的持续外迁,农户的宅基地多数处于荒废状态。因此,农民的这项资产很有可能像耕地资产一样,其价值在不同地区间发生了明显的"极化"现象,未来值得关注与深化研究。

第三,在适当扩大农业区调研范围的基础上,借助社会学、经济学和地理学等相关理论深入分析耕地社会保障功能空间分异的原因,为区域差别化的耕地保护政策和生计提升策略的制定提供理论与实证依据。此外,由于耕地具有多功能性(生产功能、生态功能和文化功能等)和不同农业区耕地的功能存在较大差异,如何从多功能视角全面、系统性地评估不同农业区的耕地多功能价值显得尤为重要,为当前乃至未来国土空间规划的实施和乡村全面振兴的推进提供实践依据,接下来我们将尝试从耕地多功能性视角开展进一步的研究工作。

参考文献

[1] Bastian, C., McLeod, D., Germino, M., et al. Environmental amenities and agricultural land values: a hedonic model using geographic information systems data. Ecological Economics, 2002, 40(3): 337-349.

[2] Baumann, M., Kuemmerle, T., Elbakidze, M., et al. Patterns and drivers of post-socialist farmland abandonment in Western Ukraine. Land Use Policy, 2011, 28(3): 552-562.

[3] Becker, G. Human-capital, effort, and the sexual division of labor. Journal of Labor Economics, 1985, 3(1): S33-S58.

[4] Cherni, J., Hill, Y. Energy and policy providing for sustainable rural livelihoods in remote locations – The case of Cuba. Geoforum, 2009, 40(4): 645-654.

[5] Chettri, N., Aryal, K., Thapa, S., et al. Contribution of ecosystem services to rural livelihoods in a changing landscape: A case study from the Eastern Himalaya. Land Use Policy, 2021, 109: 105643.

[6] Choumert, J., Phelinas, P. Determinants of agricultural land values in Argentina. Ecological Economics, 2015, 110: 134-140.

[7] Deng, Q., Li, E., Zhang, P. Livelihood sustainability and dynamic mechanisms of rural households out of poverty: An empirical analysis of Hua County, Henan Province, China. Habitat International, 2020, 99: 102160.

[8] Diaz, G., Nahuelhual, L., Echeverria, C., et al. Drivers of land abandonment in Southern Chile and implications for landscape planning. Landscape and Urban Planning, 2011, 99(3-4): 207-217.

[9] Fezzi, C., Bateman, I. Structural agricultural land use modeling for spatial agro-environmental policy analysis. American Journal of Agricultural Economics, 2011, 93(4): 1168-1188.

[10] Gabruch, M., Micheels, E. The effect of Saskatchewan's ownership restrictions on farmland values. Journal of Agricultural and Resource Economics, 2017, 42(1): 114-126.

[11] Gellrich, M., Baur, P., Koch, B., et al. Agricultural land abandonment and natural forest re-growth in the Swiss mountains: A spatially explicit economic analysis. Agriculture Ecosystems & Environment, 2007, 118(1-4): 93-108.

[12] Goodwin, B., Mishra, A., Ortalo-Magne, F. What's wrong with our models of agricultural land values? American Journal of Agricultural Economics, 2003, 85(3): 744-752.

[13] Guo, S., Lin, L., Liu, S., et al. Interactions between sustainable livelihood of rural household and agricultural land transfer in the mountainous and hilly regions of Sichuan, China. Sustainable Development, 2019, 27(4): 725-742.

[14] Havelda, A. Gypsy Economy: Romani livelihoods and notions of worth in the 21st century. Corvinus Journal of Sociology and Social Policy, 2017, 8(2): 135-140.

[15] Hedges, S., Mulder, M., James, S., et al. Sending children to school: rural livelihoods and parental investment in education in northern Tanzania. Evolution and Human Behavior, 2016, 37(2): 142-151.

[16] Huang, H., Miller, G., Sherrick, B., et al. Factors influencing Illinois farmland values. American Journal of Agricultural Economics, 2006, 88(2): 458-470.

[17] Huang, X., Huang, X., He, Y., et al. Assessment of livelihood vulnerability of land-lost farmers in urban fringes: A case study of Xi'an, China. Habitat International, 2017, 59: 1-9.

[18] Jiang, M., Li, X., Xin, L., et al. Paddy rice multiple cropping index changes in Southern China: Impacts on national grain production capacity and policy implications. Journal of Geographical Sciences, 2019, 29(11): 1773-1787.

[19] Jiang, M., Xin, L., Li, X., et al. Decreasing rice cropping intensity in southern China from 1990 to 2015. Remote Sensing, 2019, 11(1): 35. DOI: 10.3390/rs11010035.

[20] Jin, T., Zhong, T. Changing rice cropping patterns and their impact on food security in southern China. Food Security, 2022, 14(4): 907-917.

[21] Johnson, D. The declining importance of natural resources: lessons from agricultural land. Resource and Energy Economics, 2002, 24(1-2): 157-171.

[22] Lawley, C. Ownership restrictions and farmland values: Evidence from the 2003 Saskatchewan farm security act amendment. American Journal of Agricultural Economics, 2018, 100(1): 311-337.

[23] Leimer, K., Levers, C., Sun, Z., et al. Market proximity and irrigation infrastructure determine farmland rentals in Sichuan Province, China. Journal of Rural Studies, 2022, 94: 375-384.

[24] Li, S., Li, X., Sun, L., et al. An estimation of the extent of cropland abandonment in mountainous regions of China. Land Degradation & Development, 2018, 29(5): 1327-1342.

[25] Li, S., Sun, Z., Tan, M., et al. Effects of rural-urban migration on vegetation greenness in fragile areas: A case study of Inner Mongolia in China. Journal of Geographical Sciences, 2016, 26(3): 313-324.

[26] Liu, Y., Heerink, N., Li, F., et al. Do agricultural machinery services promote village farmland rental markets? Theory and evidence from a case study in the North China plain. Land Use Policy, 2022, 122: 106388.

[27] Liu, Y., Li, Y. Revitalize the world's countryside. Nature, 2017, 548 (7667): 275-277.

[28] Maddison, D. A hedonic analysis of agricultural land prices in England and Wales. European Review of Agricultural Economics, 2000, 27(4): 519-532.

[29] Maddison, D. A Spatio-temporal model of farmland values. Journal of Agricultural Economics, 2009, 60(1): 171-189.

[30] Maimaitijiang, M., Ghulam, A., Sandoval, J., et al. Drivers of land cover and land use changes in St. Louis metropolitan area over the past 40 years characterized by remote sensing and census population data. International Journal of Applied Earth Observation and Geoinformation, 2015, 35: 161-174.

[31] Mameno, K., Kubo, T. Socio-economic drivers of irrigated paddy land abandonment and agro-ecosystem degradation: Evidence from Japanese agricultural census data. Plos One, 2022, 17(4): e0266997.

[32] Melián, G., Calzada, G. Reflections on the consolidated text of the Spanish land use act of 2008: Increased power of the arbitrary, fostering of corruption, and increased upward pressure on land values. Land Use Policy, 2016, 54: 432-438.

[33] Mwakubo, S., Obare, G. Vulnerability, livelihood assets and institutional dynamics in the management of wetlands in Lake Victoria watershed basin. Wetlands Ecology and Management, 2009, 17(6): 613-626.

[34] Ortyl, B., Kasprzyk, I. Land abandonment and restoration in the Polish Carpathians after accession to the European Union. Environmental Science & Policy, 2022, 132: 160-170.

[35] Rosen, S. Substitution and division of labor. Economica, 1978, 45(179): 235-250.

[36] Schultz, T. The Declining economic importantce of agricultural land. Economic Journal, 1951, 61(244): 725-740.

[37] Soltani, A., Angelsen, A., Eid, T., et al. Poverty, sustainability, and household livelihood strategies in Zagros, Iran. Ecological Economics, 2012, 79: 60-70.

[38] Stanford, R., Wiryawan, B., Bengen, D., et al. Enabling and constraining factors in the livelihoods of poor fishers in West Sumatra, Indonesia. Journal of International Development, 2014, 26(5): 731-743.

[39] Thu Trang, N., Loc, H. Livelihood sustainability of rural households in adapting to environmental changes: An empirical analysis of ecological shrimp aquaculture model in the Vietnamese Mekong Delta. Environmental Development, 2021, 39: 100653.

[40] Verburg, P., Crossman, N., Ellis, E., et al. Land system science and sustainable development of the earth system: A global land project perspective. Anthropocene, 2015, 12: 29-41.

[41] Wang, Y., Li, X., Li, W., et al.. Land titling program and farmland rental market participation in China: Evidence from pilot provinces. Land Use Policy, 2018, 74: 281-290.

[42] Wang, Y., Li, X., Lu, D., et al. Evaluating the impact of land fragmentation on the cost of agricultural operation in the southwest mountainous areas of China. Land Use Policy, 2020, 99: 105099.

[43] Wang, Y., Li, X., Xin, L., et al. Farmland marginalization and its drivers in mountainous areas of China. Science of The Total Environment, 2019, 719: 135132.

[44] Wang, Y., Xin, L., Zhang, H., et al. An estimation of the extent of rent-free farmland transfer and its driving forces in rural China: A multilevel logit model analysis. Sustainability, 2019, 11(11).

[45] Wang, Y., Li, X., Xin, L., et al. Spatiotemporal changes in Chinese land circulation between 2003 and 2013. Journal of Geographical Sciences, 2018, 28(6): 707-724.

[46] Xu, D., Deng, X., Guo, S., et al. Labor migration and farmland abandonment in rural China: Empirical results and policy implications. Journal of Environmental Management, 2019, 232: 738-750.

[47] Yan, J., Yang, Z., Li, Z., et al. Drivers of cropland abandonment in mountainous areas: A household decision model on farming scale in Southwest China. Land Use Policy, 2016, 57: 459-469.

[48] Yang, A., Ye, J., Wang, Y. Coupling and coordination relationship between livelihood capital and livelihood stability of farmers in different agricultural regions. Land, 2022, 11(11): 2049.

[49] Young, A. Increasing returns and economic progress. Economic Journal, 1928, 38(152): 527-542.

[50] Zhou, H., Yan, J., Lei, K., et al. Labor migration and the decoupling of the crop-livestock system in a rural mountainous area: Evidence from Chongqing, China. Land Use Policy, 2020, 99: 105088.

[51] 北京天则经济研究所《中国土地问题》课题组. 土地流转与农业现代化. 管理世界, 2010, 07: 66-85+97.

[52] 蔡运龙, 霍雅勤. 中国耕地价值重建方法与案例研究. 地理学报, 2006, 10: 1084-1092.

[53] 陈锦鸿, 蒋宏飞, 员学锋, 等. 陕西省城镇化与耕地利用生态效率耦合协调时空分析. 水土保持研究, 2022, 4: 1-9.

[54] 程佳, 孔祥斌, 李靖, 等. 农地社会保障功能替代程度与农地流转关系研究——基于京冀平原区330个农户调查. 资源科学, 2014, 36(01): 17-25.

[55]程建,程久苗,费罗成,等.城乡一体化背景下耕地社会保障价值研究——以安徽省怀宁县为例.中国农业资源与区划,2016,37(06):158-163.

[56]程令国,张晔,刘志彪.农地确权促进了中国农村土地的流转吗?.管理世界,2016,01:88-98.

[57]单胜道,蔡国平.不同的土地评估法及其在农地评估中的应用.农业经济问题,1999,01:28-29.

[58]单胜道,尤建新.市场比较法及其在农地价格评估中的应用.同济大学学报(自然科学版),2002,11:1397-1401.

[59]邓晰隆,陈娟,叶进.农村生产要素市场化程度测度方法及实证研究——以四川省苍溪县为例.农村经济,2008,09:50-54.

[60]丁建军,金宁波,贾武,等.武陵山片区城镇化的农户生计响应及影响因素研究——基于3个典型乡镇355户农户调查数据的分析.地理研究,2019,38(08):2027-2043.

[61]董金玮.第四届全球土地计划开放科学大会在瑞士召开.地理学报,2019,74(05):1061.

[62]杜挺,朱道林,张立新.基于空间计量模型的甘肃省耕地流转价格研究.干旱区资源与环境,2018,32(03):56-62.

[63]段宝玲,卜玉山.全球土地计划第二次开放科学大会(GLP2thOpen-ScienceMeeting)会议述评.生态学报,2014,34(10):2796-2799.

[64]官冬杰,孙灵丽,周李磊.三峡库区生态系统服务与农户生计耦合模型构建及应用.水土保持研究,2020,27(06):269-277.

[65]郭剑雄.农业人力资本转移条件下的二元经济发展——刘易斯—费景汉—拉尼斯模型的扩展研究.陕西师范大学学报(哲学社会科学版),2009,38(01):93-102.

[66]郭娅娟.农村劳动力流动问题分析——基于托达罗模型的视角.濮阳职业技术学院学报,2013,26(01):156-157.

[67]韩芳,朱启臻.农村养老与土地支持——关于农村土地养老保障功能弱化的调查与思考.探索,2008,(05):128-132.

[68]郝仕龙,李春静,田颖超,等.黄土丘陵沟壑脆弱生态区耕地资源价值动态变化研究——以上黄试区为例.中国生态农业学报,2014,22(07):843-849.

[69]何如海,高采烈,许曦晖,等.皖北地区耕地资源生态价值及安全评价.辽宁工业大学学报(社会科学版),2018,20(03):29-32.

[70]何艳冰,黄晓军,杨新军.快速城市化背景下城市边缘区失地农民适应性研究——以西安市为例.地理研究,2017,36(02):226-240.

[71]贺锡苹,张小华.耕地资产核算方法与实例分析.中国土地科学,1994,06:23-27.

[72]贺钰蕊,王玉华,赵权威,等.大都市郊区农业多功能性评价与潜力转化分析——以北京昌平区和密云区为例.生态经济,2022,11:1-17.

[73]桁林.李嘉图地租理论破产了吗?——农村公共品供给问题再研究.经济经纬,2013,01:27-32.

[74]侯孟阳,邓元杰,姚顺波.城镇化、耕地集约利用与粮食生产——气候条件下有调节的中介效应.中国人口·资源与环境,2022,32(10):160-171.

[75]胡江霞,文传浩,范云峰.生计资本、生计风险评估与民族地区农村移民可持续生计——基于三峡库区石柱县的数据.经济与管理,2018,32(05):30-37.

[76]胡蓉,邱道持,谢德体,等.我国耕地资源的资产价值核算研究.西南大学学报(自然科学版),2013,35(11):127-132.

[77]胡喜生,洪伟,吴承祯,等.条件估值法评估资源环境价值关键方法的改进.生态学杂志,2013,32(11):3101-3108.

[78]黄安,许月卿,刘超,等.基于土地利用多功能性的县域乡村生活空间宜居性评价.农业工程学报,2018,34(08):252-261+304.

[79]黄贤金.农用地估价技术路线及方法研究——以南京市耕地资源价值核算为例.南京农业大学学报,1997,03:104-108.

[80]黄延信,张海阳,李伟毅,等.农村土地流转状况调查与思考.农业经济问题,2011,32(05):4-9+110.

[81]霍雅勤,蔡运龙.耕地资源价值的评价与重建——以甘肃省会宁县为例.干旱区资源与环境,2003,05:81-85.

[82]霍雅勤,蔡运龙,王瑛.耕地对农民的效用考察及耕地功能分析.中国人口·资源与环境,2004,03:107-110.

[83]贾根良.报酬递增经济学:回顾与展望(一).南开经济研究,1998,06:29-34.

[84]蒋敏,李秀彬,辛良杰,等.南方水稻复种指数变化对国家粮食产能的影响及其政策启示.地理学报,2019,74(01):32-43.

[85]焦富民."三权分置"视域下承包土地的经营权抵押制度之构建.政法论坛,2016,34(05):25-36.

[86]孔喜梅,杨启智.质疑农村土地的社会保障功能.中国土地,2004,(Z1):48-49.

[87]乐章.风险与保障:基于农村养老问题的一个实证分析.农业经济问题,2005,(09):68-73.

[88]李昌平.慎言农村土地私有化.中国土地,2004,(09):28-29.

[89]李聪.劳动力外流背景下西部贫困山区农户生计状况分析——基于陕西秦岭的调查.经济问题探索,2010,(09):50-58.

[90]李广东,邱道持,王利平,等.生计资产差异对农户耕地保护补偿模式选择的影响——渝西方山丘陵不同地带样点村的实证分析.地理学报,2012,67(04):504-515.

[91]李恒哲,郭年冬,陈召亚,等.县域耕地资源价值综合评价及动态分析——以河北省黄骅市为例.土壤通报,2015,46(06):1334-1340.

[92]李景刚,欧名豪,张效军,等.耕地资源价值重建及其货币化评价——以青岛市为例.自然资源学报,2009,24(11):1870-1880.

[93]李宁倩.耕地使用权抵押制度研究.重庆:西南政法大学,2018.

[94]李琴.把握好农村土地适度规模经营的尺度.农村经营管理,2017,(03):33.

[95]李升发,李秀彬.中国山区耕地利用边际化表现及其机理.地理学报,2018,73(05):803-817.

[96]李升发,李秀彬,辛良杰,等.中国山区耕地撂荒程度及空间分布——基于全国山区抽样调查结果.资源科学,2017,39(10):1801-1811.

[97]李树茁,梁义成,Feldman,M.,etal.退耕还林政策对农户生计的影响研究——基于家庭结构视角的可持续生计分析.公共管理学报,2010,7(02):1-10+122.

[98]李思思.基于土地功能视角的农村社会保障体系构建.农业经济,2020,(09):77-79.

[99]李秀彬.全球环境变化研究的核心领域——土地利用/土地覆被变化的国际研究动向.地理学报,1996,(06):553-558.

[100]李秀彬.土地利用和土地覆被变化研究.科学观察,2006,(05):44.

[101]李怡,方斌,李裕瑞,等.城镇化进程中耕地多功能权衡/协同关系演变及其驱动机制.农业工程学报,2022,38(08):244-254.

[102]李长春,徐琬儿.经济学中的地租理论:从古典到现代.海南师范大学学报(社会科学版),2020,33(04):110-117.

[103]梁鸿.苏南农村家庭土地保障作用研究.中国人口科学,2000,(05):32-39.

[104]林文声,陈荣源.农业生产补贴对新型农业生产主体土地租金的影响.湖南农业大学学报(社会科学版),2021,22(03):16-22+31.

[105]刘成铭,陈振.耕地资源社会价值核算研究.上海国土资源,2019,40(02):28-31.

[106]刘成武,李秀彬.农地边际化的表现特征及其诊断标准.地理科学进展,2005,(02):106-113.

[107]刘成武,李秀彬.对中国农地边际化现象的诊断——以三大粮食作物生产的平均状况为例.地理研究,2006,(05):895-904.

[108]刘兴华,孙鹏举,刘学录.甘肃省临夏县耕地资源社会保障价值测算.干旱区资源与环境,2013,27(01):53-57.

[109]刘彦随,刘玉,翟荣新.中国农村空心化的地理学研究与整治实践.地理学报,2009,64(10):1193-1202.

[110]刘彦随,周扬,李玉恒.中国乡村地域系统与乡村振兴战略.地理学报,2019,74(12):2511-2528.

[111]龙花楼.论土地利用转型与乡村转型发展.地理科学进展,2012,31(02):131-138.

[112]龙花楼,李裕瑞,刘彦随.中国空心化村庄演化特征及其动力机制.地理学报,2009,64(10):1203-1213.

[113]罗艳,张洪吉,罗晓波,等.四川省耕地资源资产价值估算研究.中国国土资源经济,2021,34(03):51-57.

[114]吕晓,孙晓雯,彭文龙,等.基于能值分析的沈阳市耕地利用可持续集约化时空分异特征研究.中国土地科学,2022,36(09):79-89.

[115]马聪,刘黎明,任国平,等.快速城镇化地区农户生计策略与土地利用行为耦合协调度分析.农业工程学报,2018,34(14):249-256.

[116]马良灿,康宇兰.是"空心化"还是"空巢化"?——当前中国村落社会存在形态及其演化过程辨识.中国农村观察,2022,(05):123-139.

[117]茅于轼.经济学的世纪性争论——评西奥多·舒尔茨的《报酬递增的源泉》.国际经济评论,2001,(Z6):62-63.

[118]牟艳,赵宇鸾,李秀彬,等.地块质量特征对西南山区梯田撂荒的影响——以贵州剑河县白都村为例.地理研究,2022,41(03):903-916.

[119]裴银宝,刘小鹏,李永红.基于虚拟土理念的"三西"地区耕地价值核算探究.农业现代化研究,2015,36(02):270-276.

[120]裴银宝,刘小鹏,李永红,等.甘肃省虚拟耕地价值及隐性补偿流失.水土保持通报,2015,35(04):122-127+131.

[121]彭朝冰,王情.不同地区耕地资源价值比较研究——以广东佛山和四川成都为例.山西农业科学,2013,41(09):963-967.

[122]彭希哲,梁鸿.家庭规模缩小对家庭经济保障能力的影响:苏南实例.人口与经济,2002,(01):3-10.

[123]蒲晓东.农村土地功能弱化与城镇化.农业经济,2002,(05):36-37.

[124]戚渊,李瑶瑶,朱道林.农地资本化视角下的耕地非粮化研究.中国土地科学,2021,35(08):47-56.

[125]齐元静,唐冲.农村劳动力转移对中国耕地种植结构的影响.农业工程学报,2017,33(03):233-240.

[126]秦晖.中国农村土地制度与农民权利保障.探索与争鸣,2002,(07):15-18.

[127]全世文,胡历芳,曾寅初,等.论中国农村土地的过度资本化.中国农村经济,2018,(07):2-18.

[128]申云,朱述斌,邓莹,等.农地使用权流转价格的影响因素分析——来自于农户和区域水平的经验.中国农村观察,2012,(03):2-17+25+95.

[129]史铁丑,徐晓红.重庆市典型县撂荒耕地图斑的提取与验证.农业工程学报,2016,32(24):261-267.

[130]汤怀志,桑玲玲,郧文聚.我国耕地占补平衡政策实施困境及科技创新方向.中国科学院院刊,2020,35(05):637-644.

[131]唐莹,穆怀中.我国耕地资源价值核算研究综述.中国农业资源与区划,2014,35(05):73-79.

[132]万金红,王静爱,刘珍,等.从收入多样性的视角看农户的旱灾恢复力——以内蒙古兴和县为例.自然灾害学报,2008,(01):122-126.

[133]汪晓春,李江风,王振伟.农村土地流转中土地租金差异化动因及影响研究.国土资源科技管理,2016,33(05):65-71.

[134]王成,王利平,李晓庆,等.农户后顾生计来源及其居民点整合研究——基于重庆市西部郊区白林村471户农户调查.地理学报,2011,66(08):1141-1152.

[135]王晗,房艳刚.山区农户生计转型及其可持续性研究——河北围场县腰站镇的案例.经济地理,2021,41(03):152-160.

[136]王佳月,辛良杰.耕地转种速生林对土壤理化性质的影响——以华北平原种植点为例.Journal of Resources and Ecology,2016,7(05):352-359.

[137]王利平,王成,李晓庆.基于生计资产量化的农户分化研究——以重庆市沙坪坝区白林村471户农户为例.地理研究,2012,31(05):945-954.

[138]王民忠.全球土地研究计划:中国应走在前——北京大学土地科学中心主任蔡运龙访谈录.中国土地,2007,(04):19-21.

[139]王全忠,陈欢,张倩,等.农户水稻"双改单"与收入增长:来自农村社会化服务的视角.中国人口·资源与环境,2015,25(03):153-162.

[140]王学,李秀彬,谈明洪,等.华北平原2001-2011年冬小麦播种面积变化遥感监测.农业工程学报,2015,31(08):190-199.

[141]王学,李秀彬,辛良杰,等.华北平原农户主动退耕冬小麦的影响因素模型分析及政策启示.农业工程学报,2018,34(09):248-257.

[142]王学,李秀彬,辛良杰,等.华北地下水超采区冬小麦退耕的生态补偿问题探讨.地理学报,2016,71(05):829-839.

[143]王亚辉,李秀彬,辛良杰.山区土地流转过程中的零租金现象及其解释——基于交易费用的视角.资源科学,2019,41(07):1339-1349.

[144]王亚辉,李秀彬,辛良杰,等.中国土地流转的区域差异及其影响因素——基于2003-2013年农村固定观察点数据.地理学报,2018,73(03):487-502.

[145]王亚辉,李秀彬,辛良杰,等.中国农地经营规模对农业劳动生产率的影响及其区域差异.自然资源学报,2017,32(04):539-552.

[146]王亚辉,辛良杰,李秀彬.重庆典型山区耕地资产贬值特征及其发生机理.农业工程学报,2019,35(22):107-114.

[147]王亚运,蔡银莺,李海燕.空间异质性下农地流转状况及影响因素——以武汉、荆门、黄冈为实证.中国土地科学,2015,29(06):18-25.

[148]位涛,闫琳琳.中国农村土地养老保障贡献研究.人口与经济,2014,(01):99-107.

[149]温铁军.形成稳固的受惠群体——关于农地制度创新的思考.中国土地,2001,(07):14-16.

[150]吴兆娟,魏朝富,丁声源.丘陵山区地块尺度耕地社会保障功能价值研究.资源科学,2013,35(04):773-781.

[151]辛良杰,李秀彬.近年来我国南方双季稻区复种的变化及其政策启示.自然资源学报,2009,24(01):58-65.

[152]辛良杰,王佳月.耕地种植速生林的影响因素及其政策启示——基于山东省两市的农户调查.自然资源学报,2014,29(12):1991-2000.

[153]徐会奇,王克稳,李辉.基于省际面板数据的中国农业技术进步贡献率的测算分解？.经济科学,2011,(01):25-37.

[154]徐娜,张莉琴.谁获得了更多的农业补贴——基于农业补贴对土地租金的影响研究.哈尔滨工业大学学报(社会科学版),2018,20(04):134-140.

[155]徐爽,胡业翠.农户生计资本与生计稳定性耦合协调分析——以广西金桥村移民安置区为例.经济地理,2018,38(03):142-148+164.

[156]许扬,保继刚."阿者科计划"对农户生计的影响分析——基于DFID可持续生计框架.热带地理,2022,42(06):867-877.

[157]阎建忠,喻鸥,吴莹莹,等.青藏高原东部样带农牧民生计脆弱性评估.地理科学,2011,31(07):858-867.

[158]阎建忠,张镱锂,摆万奇,等.大渡河上游生计方式的时空格局与土地利用/覆被变化.农业工程学报,2005,(03):83-89.

[159]阎建忠,卓仁贵,谢德体,等.不同生计类型农户的土地利用——三峡库区典型村的实证研究.地理学报,2010,65(11):1401-1410.

[160]杨俊青,王玉博,靳伟择.劳动力有限供给条件下的二元经济转化探索.中国人口科学,2022,(01):44-58+127.

[161]杨欣怡,周洪,刘秀华.山区不同类型农户土地利用效率及其影响因素分析——基于武陵山区18个典型村的实证研究.中国农业资源与区划,2020,41(10):122-130.

[162]杨云彦,赵锋.可持续生计分析框架下农户生计资本的调查与分析——以南水北调(中线)工程库区为例.农业经济问题,2009,(03):58-65+111.

[163]姚静韬,孔祥斌,段增强,等.基于交叉熵的北京市土地利用结构变化模拟及情景分析研究.应用基础与工程科学学报,2020,28(06):1382-1396.

[164]叶姗,李世平.耕地资源社会价值评估研究——以西安市为例.中国农业资源与区划,2013,34(02):27-32.

[165]元少华.基于生产、生态和社会保障的耕地多功能综合评价——以濮阳市为例.国土资源情报,2021,(02):30-38.

[166]张佰林,高江波,高阳,等.中国山区农村土地利用转型解析.地理学报,2018,73(03):503-517.

[167]张佰林,杨庆媛,苏康传,等.基于生计视角的异质性农户转户退耕决策研究.地理科学进展,2013,32(02):170-180.

[168]张国磊,陶虹伊,黎绮琳."零租金"交易可以降低农地抛荒率吗?——基于粤中B村的调研分析.农村经济,2021,(01):46-53.

[169]张红宇,王乐君,李迎宾,等.关于完善农村土地承包制度的若干问题.当代农村财经,2014,(06):21-24.

[170]张惠中,宋文,张文信,等.山东省耕地"非粮化"空间分异特征及其影响因素分析.中国土地科学,2021,35(10):94-103.

[171]张江华.工分制下的劳动激励与集体行动的效率.社会学研究,2007,5:1-11

[172]张丽萍,张镱锂,阎建忠,等.青藏高原东部山地农牧区生计与耕地利用模式.地理学报,2008,(04):377-385.

[173]张舒.西方城市地域结构理论的评介.辽宁大学学报(哲学社会科学版),2001,(05):84-88.

[174]张晓峰,王宏志,纵兆伟,等.中国劳动力转移与土地利用效率的空间耦合度研究.地理与地理信息科学,2014,30(03):56-61.

[175]张学珍,赵彩杉,董金玮,等.1992-2017年基于荟萃分析的中国耕地撂荒时空特征.地理学报,2019,74(03):411-420.

[176]张雪靓,孔祥斌,王洪雨,等.区域耕地社会保障功能替代程度及其差异研究——基于北京市海淀区、大兴区24村214户农户问卷的实证.资源科学,2013,35(08):1555-1566.

[177]张茵,蔡运龙.条件估值法评估环境资源价值的研究进展.北京大学学报(自然科学版),2005,41(02):317-328.

[178]张英,李秀彬,宋伟,等.重庆市武隆县农地流转下农业劳动力对耕地撂荒的不同尺度影响.地理科学进展,2014,33(04):552-560.

[179]张永峰,王坤沂,路瑶.土地零租金流转与农业生产效率损失.经济经纬,2022,39(02):35-45.

[180]张友,刘玉.乡村多功能视角下耕地资源资产价值核算研究.中国农业资源与区划,2022,43(04):129-138.

[181]张自强,李怡,高岚.农户林地经营的适度规模研究——基于粤、浙、皖三省的调查数据.中国农业大学学报,2018,23(09):231-240.

[182]赵东霞,韩增林,任启龙,等.市域人口老龄化空间特征与养老资源匹配关系研究——以东北三省为例.资源科学,2018,40(09):1773-1786.

[183]赵渺希,王慧芹,刘明欣.集体土地养老支持的区位差异及政策启示——基于广州和佛山地区的实证.农业经济问题,2018,(03):134-143.

[184]赵雪雁,李巍,杨培涛,等.生计资本对甘南高原农牧民生计活动的影响.中国人口·资源与环境,2011,21(04):111-118.

[185]赵雪雁,刘江华,王伟军,等.贫困山区脱贫农户的生计可持续性及生计干预——以陇南山区为例.地理科学进展,2020,39(06):982-995.

[186]赵芝俊,张社梅.近20年中国农业技术进步贡献率的变动趋势.中国农村经济,2006,(03):4-12+22.

[187]赵梓琰,邱道持,王静,等.新型农村社区建设农户资产变化研究——以重庆市忠县复兴镇天子村新型农村社区为例.西南大学学报(自然科学版),2014,36(08):143-149.

[188]郑雄飞.破解"土地换保障"的困境——基于"资源"视角的社会伦理学分析.社会学研究,2010,25(06):1-24+242.

[189]钟骁勇,李洪义.耕地资源价值核算方法研究综述.中国国土资源经济,2020,33(09):41-47.

[190]钟骁勇,李洪义.我国耕地资源价值核算路径探索.中国土地,2021,(02):41-43.

[191]周其仁.也谈"土地的社会保障功能".经济观察报,[2013-09-08],2022-11-28.http://www.eeo.com.cn/2013/0520/244252.shtml.

[192]周倩.湖南省耕地收益区域差异研究.长沙:湖南师范大学,2015.

[193]朱道林,杜挺.中国耕地资源资产核算方法与结果分析.中国土地科学,2017,31(10):23-31+22+97.

附录

附录一:农村固定观察点调查问卷
农户调查制度

中共中央政策研究室　农业农村部　农村固定观察点办公室制定
中华人民共和国国家统计局批准

(一)分组标志及家庭成员构成情况

1.分组标志

分组情况	单位	代码	数值
1.省码	—	SM	
2.村码	—	CM	
3.组码	—	ZM	
4.户码	—	HM	
5.家庭类型		NH1A-5	
6.家庭收入主要来源	—	NH1A-6	
7.家庭经营主业		NH1A-7	
8.是否国家干部职工户		NH1A-8	
9.是否乡村干部户		NH1A-9	
10.是否党员户	—	NH1A-10	
11.是否军烈属户		NH1A-11	
12.是否五保户		NH1A-12	
13.是否上次调查户		NH1A-13	
14.是否少数民族户		NH1A-14	
15.是否信教户		NH1A-15	
16.家庭常住人口数		NH1A-16	
17.家庭劳动力数	—	NH1A-17	

2. 家庭成员的构成及就业情况

家庭成员情况	代码	1户主	2	3	4	5	6	7	8	9
与户主关系	NH1B-1									
性别	NH1B-2									
年龄/周岁	NH1B-3									
是否农业户口	NH1B-4									
是否在校学生	NH1B-5									
在家居住时间/日	NH1B-6									
文化程度（在校几年）	NH1B-7									
是否有专业技术职称	NH1B-8									
是否受过非农职业教育	NH1B-9									
是否受过非农培训	NH1B-10									
是否受过农业技术教育	NH1B-11									
是否受过农业培训	NH1B-12									
自我认定的健康状况	NH1B-13									
是否家庭经营决策者	NH1B-14									
职业	NH1B-15									
从事主要行业	NH1B-16									
本乡镇内从事农业劳动时间/日	NH1B-17									
本乡镇内从事非农业劳动时间/日	NH1B-18									
外出从业时间/日	NH1B-19									
外出从业收入/元	NH1B-20									
外出从业支出/元	NH1B-21									
外出从业地点	NH1B-22									
外出从业时间最长的省份	NH1B-23									
外出从事主要行业	NH1B-24									
外出就业类型	NH1B-25									
一事一议出工/日	NH1B-26									

(二)土地情况

土地情况	单位	代码	数值
一、耕地情况	—	—	—
(一)承包田总面积	亩	NH2-1	
(二)经营耕地情况	—	—	—
1.年初经营耕地面积	亩	NH2-2	
其中:承包田	亩	NH2-3	
承包村组内机动地	亩	NH2-4	
转包田	亩	NH2-5	
2.年内增加耕地面积	亩	NH2-6	
其中:转包入	亩	NH2-7	
3.年内减少耕地面积	亩	NH2-8	
其中:退耕还林还草	亩	NH2-9	
转包出	亩	NH2-10	
其中:转包给企业	亩	NH2-11	
转包给农民专业合作组织	亩	NH2-12	
转包给其他农户	亩	NH2-13	
其中:转包给村外	亩	NH2-14	
4.年末经营耕地面积	亩	NH2-15	
其中:承包田	亩	NH2-16	
承包村组内机动地	亩	NH2-17	
转包田	亩	NH2-18	
二、年末实际经营耕地块数	块	NH2-19	
1.不足1亩	块	NH2-20	
2.1—3亩	块	NH2-21	
3.3—5亩	块	NH2-22	
4.5亩以上	块	NH2-23	

续表

土地情况	单位	代码	数值
三、年末实际经营耕地类型	—	—	—
1.水田	亩	NH2-24	
2.旱田	亩	NH2-25	
其中:水浇田	亩	NH2-26	
3.保护地(塑料大棚)	亩	NH2-27	
四、年末经营园地面积	亩	NH2-28	
其中:果园面积	亩	NH2-29	
茶园面积	亩	NH2-30	
桑园面积	亩	NH2-31	
五、林地情况	—	—	—
(一)承包林地面积	亩	NH2-32	
(二)年内转包入林地面积	亩	NH2-33	
(三)年内转包出林地面积	亩	NH2-34	
其中:转包给企业	亩	NH2-35	
转包给农民专业合作组织	亩	NH2-36	
转包给其他农户	亩	NH2-37	
(四)年末经营面积	亩	NH2-38	
其中:有林地面积	亩	NH2-39	
六、年末经营草场牧地面积	亩	NH2-40	
七、年末经营水面面积	亩	NH2-41	
其中:海水养殖面积	亩	NH2-42	
其中:池塘养殖面积	亩	NH2-43	
淡水养殖面积	亩	NH2-44	
其中:池塘养殖面积	亩	NH2-45	

(三)固定资产情况

固定资产情况	单位	代码	数值
一、年末拥有生产性固定资产原值	元	NH3-1	
1.役畜、种畜、产品畜	元	NH3-2	
2.大中型铁木农具	元	NH3-3	
3.农林牧渔业机械	元	NH3-4	
4.工业机械	元	NH3-5	
5.运输机械	元	NH3-6	
6.生产用房	元	NH3-7	
7.设施农业固定资产	元	NH3-8	
8.其他	元	NH3-9	
二、年末拥有主要生产性固定资产	—	—	—
(一)役畜头数	头	NH3-10	
(二)种畜、产品畜头(只)数	头(只)	NH3-11	
(三)大中型铁木农具件数	件	NH3-12	
(四)农林牧渔业机械台数	台	NH3-13	
农林牧渔业机械动力数	千瓦	NH3-14	
(五)工业机械台数	台	NH3-15	
其中:农产品加工机械台数	台	NH3-16	
工业机械动力数	千瓦	NH3-17	
其中:农产品加工机械动力数	千瓦	NH3-18	
(六)汽车	辆	NH3-19	
运输用拖拉机	辆	NH3-20	
农用机动车	辆	NH3-21	
胶轮车	辆	NH3-22	
(七)生产用房面积	平方米	NH3-23	

(四)农户家庭生产经营情况

生产经营情况	单位	粮食作物					
		小麦	稻谷	玉米	大豆	薯类	其他
		NH4A1	NH4A2	NH4A3	NH4A4	NH4A5	NH4A6
1.播种面积	亩						
2.实际收获面积	亩						
3.总产量	千克						
4.总收入	元						
5.总费用	元						
其中:种子种苗费	元						
农家肥折价	元						
化肥费用	元						
农膜费用	元						
农药费用	元						
水电及灌溉费用	元						
畜力费	元						
机械作业费用	元						
固定资产折旧及修理费	元						
小农具购置费	元						
土地租赁费用	元						
雇工费用	元						
其他费用	元						
6.投工量	日						
其中:雇工	日						
7.副产品价值	元						

(五)家庭全年收支情况

家庭全年收支情况		单位	代码	数值
全年总收入	家庭全年总收入	元	NH7-01	
	一、家庭经营收入	元	NH7-02	
	其中:现金性收入	元	NH7-03	
	二、乡村干部、教师工资收入	元	NH7-04	
	三、本地从业工资性收入	元	NH7-05	
	四、外出从业工资性收入	元	NH7-06	
	五、租赁收入	元	NH7-07	
	其中:耕地转包收入	元	NH7-08	
	林地转包收入	元	NH7-09	
	六、利息、股息、红利收入	元	NH7-10	
	其中:从集体得到的收入	元	NH7-11	
	从农民专业合作组织得到的收入	元	NH7-12	
	七、征地补偿款	元	NH7-13	
	八、离退休金、养老金	元	NH7-14	
	九、其他非借贷性收入	元	NH7-15	
	1.从政府得到的收入	元	NH7-16	
	其中:各种救济、救灾、抚恤金	元	NH7-17	
	退耕还林、还草款	元	NH7-18	
	粮食直接补贴	元	NH7-19	
	良种补贴	元	NH7-20	
	购买生产资料综合补贴	元	NH7-21	
	购置和更新大型农机具补贴	元	NH7-22	
	家电下乡补贴	元	NH7-23	
	汽车摩托车下乡补贴	元	NH7-24	
	2.城市亲友赠送收入	元	NH7-25	
	3.家庭非常住人口寄回或带回	元	NH7-26	
	4.保险年金收入	元	NH7-27	
	5.医疗报销收入	元	NH7-28	
	6.其他	元	NH7-29	

续表

家庭全年收支情况		单位	代码	数值
非收入所得	一、农业保险赔偿	元	NH7-30	
	二、调查补贴	元	NH7-31	
	三、变卖财物所得	元	NH7-32	
	其中:变卖生产性固定资产所得	元	NH7-33	
	四、农村亲友赠送	元	NH7-34	
	五、其他非收入所得	元	NH7-35	
全年总支出	家庭全年总支出	元	NH7-36	
	一、家庭经营费用	元	NH7-37	
	其中:现金性支出	元	NH7-38	
	转包农户土地支出	元	NH7-39	
	二、购置生产性固定资产支出	元	NH7-40	
	其中:现金性支出	元	NH7-41	
	三、家庭经营外投资	元	NH7-42	
	四、向国家交纳税金	元	NH7-43	
	其中:农林牧渔业税金	元	NH7-44	
	工业、建筑业税金	元	NH7-45	
	商饮服务、交通、文娱业税金	元	NH7-46	
	五、上交村、组集体	元	NH7-47	
	其中:承包租赁村组集体资产支出	元	NH7-48	
	其中:承包村组内机动地支出	元	NH7-49	
	一事一议筹资	元	NH7-50	
	其中:以资代劳款	元	NH7-51	
	六、生活消费支出	元	NH7-52	
	其中:现金性支出	元	NH7-53	
	生活用品租赁支出	元	NH7-54	
	1.食品	元	NH7-55	
	其中:现金性支出	元	NH7-56	

续表

	家庭全年收支情况	单位	代码	数值
全年总支出	(1)主食	元	NH7-57	
	(2)副食	元	NH7-58	
	(3)在外饮食	元	NH7-59	
	(4)其他	元	NH7-60	
	2.衣着	元	NH7-61	
	3.住房	元	NH7-62	
	4.燃料	元	NH7-63	
	其中:现金性支出	元	NH7-64	
	5.用品	元	NH7-65	
	其中:耐用品	元	NH7-66	
	6.保险支出	元	NH7-67	
	其中:农业保险	元	NH7-68	
	养老保险	元	NH7-69	
	其中:新型农村养老保险	元	NH7-70	
	医疗保险	元	NH7-71	
	其中:新型农村合作医疗保险	元	NH7-72	
	7.生活服务支出	元	NH7-73	
	其中:医疗、住院费	元	NH7-74	
	8.文化服务支出	元	NH7-75	
	其中:学杂费	元	NH7-76	
	9.旅游支出	元	NH7-77	
	10.交通通信支出	元	NH7-78	
	11.其他	元	NH7-79	
	七、其他非借贷性支出	元	NH7-80	
	其中:赠送农村内部亲友	元	NH7-81	
	寄给或带给家庭非常住人口	元	NH7-82	

续表

	家庭全年收支情况	单位	代码	数值
资金往来	一、年末存款余额	元	NH7-83	
	二、年末手存现金	元	NH7-84	
	三、年末借出款余额	元	NH7-85	
	四、年末借入款余额	元	NH7-86	
	其中：银行、信用社贷款	元	NH7-87	
	五、年末家庭外投资余额	元	NH7-88	
	其中：债券	元	NH7-89	
	股票	元	NH7-90	
年内累计借入款情况	年内累计借入款金额	元	NH7-91	
	一、借入款来源	—	—	—
	1.银行贷款	元	NH7-92	
	2.信用社贷款	元	NH7-93	
	信用社农业生产贷款年利息率	%	NH7-94	
	3.私人借贷	元	NH7-95	
	其中：无息借款	元	NH7-96	
	私人借款月利息率	%	NH7-97	
	4.其他	元	NH7-98	
	二、借入款用途	—	—	—
	1.生活性借款	元	NH7-99	
	其中：上学借款	元	NH7-100	
	治病借款	元	NH7-101	
	2.生产性借款	元	NH7-102	
	其中：用于农林牧渔业生产	元	NH7-103	

续表

家庭全年收支情况		单位	代码	数值
粮食平衡表	一、年初粮食结存	千克	NH7-104	
	二、年内粮食收入合计	千克	NH7-105	
	1.自产	千克	NH7-106	
	2.购入	千克	NH7-107	
	3.借入	千克	NH7-108	
	4.收回借出粮	千克	NH7-109	
	5.其他	千克	NH7-110	
	三、年内粮食支出合计	千克	NH7-111	
	1.口粮	千克	NH7-112	
	其中:小麦	千克	NH7-113	
	稻谷	千克	NH7-114	
	玉米	千克	NH7-115	
	大豆	千克	NH7-116	
	薯类	千克	NH7-117	
	2.出售	千克	NH7-118	
	其中:出售给国家	千克	NH7-119	
	3.种子	千克	NH7-120	
	4.饲料	千克	NH7-121	
	5.借出	千克	NH7-122	
	6.归还借粮	千克	NH7-123	
	7.其他	千克	NH7-124	
	四、年末粮食结存	千克	NH7-125	
	其中:小麦	千克	NH7-126	
	稻谷	千克	NH7-127	
	玉米	千克	NH7-128	
	大豆	千克	NH7-129	
	薯类	千克	NH7-130	
	其中:口粮	千克	NH7-131	
	饲料	千克	NH7-132	
	种子	千克	NH7-133	

(六)全年主要食物消费量、主要耐用物品年末拥有量及居住情况

	食物、耐用品及居住情况	单位	代码	数值
全年主要食物消费量	1.粮食(原粮)	千克	NH8-01	
	其中:外购	千克	NH8-02	
	2.蔬菜	千克	NH8-03	
	3.豆制品	千克	NH8-04	
	4.植物油	千克	NH8-05	
	5.动物油	千克	NH8-06	
	6.猪肉	千克	NH8-07	
	7.牛肉	千克	NH8-08	
	8.羊肉	千克	NH8-09	
	9.牛、羊奶	千克	NH8-10	
	10.家禽	千克	NH8-11	
	11.蛋类	千克	NH8-12	
	12.鱼虾	千克	NH8-13	
	13.水果	千克	NH8-14	
	14.食糖	千克	NH8-15	
	15.卷烟	条	NH8-16	
	16.烟叶	千克	NH8-17	
	17.白酒	千克	NH8-18	
	18.啤酒	千克	NH8-19	
主要耐用物品年末拥有量	1.自行车	辆	NH8-20	
	2.缝纫机	架	NH8-21	
	3.电视机	台	NH8-22	
	其中:彩色电视机	台	NH8-23	
	4.录音机	台	NH8-24	
	5.音响	套	NH8-25	
	6.洗衣机	台	NH8-26	
	7.电风扇	台	NH8-27	

续表

	食物、耐用品及居住情况	单位	代码	数值
主要耐用物品年末拥有量	8.电冰箱	台	NH8-28	
	9.大型家具	件	NH8-29	
	10.照相机	架	NH8-30	
	11.摩托车	辆	NH8-31	
	12.录像机	台	NH8-32	
	13.固定电话	部	NH8-33	
	14.移动电话	部	NH8-34	
	15.空调	台	NH8-35	
	16.微波炉	个	NH8-36	
	17.电脑	台	NH8-37	
	18.小汽车	辆	NH8-38	
	19.热水器	台	NH8-39	
	20.电饭锅	个	NH8-40	
	21.影碟机	台	NH8-41	
农户居住情况	一、年末拥有居住房屋面积	平方米	NH8-42	
	年末拥有居住房屋原值	元	NH8-43	
	二、住房类型	—	—	—
	1.楼房	平方米	NH8-44	
	2.砖瓦平房	平方米	NH8-45	
	3.其他	平方米	NH8-46	
	三、住房结构	—	—	—
	1.钢筋混凝土结构	平方米	NH8-47	
	2.砖木结构	平方米	NH8-48	
	3.其他	平方米	NH8-49	

附录二：不同农业区村庄调查问卷

问卷编码：_____　　　【省名+县/市名+乡镇+村】
省代码：北京-11　山东-37　湖北-42　重庆-55
县/市、乡镇、村和户代码按照调研先后顺序填写。

"农业生产、土地利用变化及其政策调查"
村综合调查问卷

请调查员在调查开始时向调查对象宣读以下内容：

您好！为了了解当前农村的农业经营和土地利用情况，我们特此开展这项调查。请您按照本村的实际情况和自己的真实想法如实回答问题，我们将严格遵守统计法，对您的个人信息给予保密。谢谢合作！

地区	省	市(县)	乡(镇)	村	经度	纬度	高程

被调查者姓名：_____　　性别：_____　　年龄：_____
电话号码：_____
调查员：_____　　调查员电话：_____
访谈开始时间：_____年___月___日___时___分
访谈结束时间：_____年___月___日___时___分

1.村庄基本情况

村庄情况	代码	单位	数值
全村多少人	C1-01	人	
全村共多少户	C1-02	户	
全村劳动力人数	C1-03	人	

续表

村庄情况	代码	单位	数值
长期外出务工人数	C1-04	人	
人均纯收入	C1-05	元/人	
村内非农企业个数	C1-06	个	
距县城距离	C1-07	千米	
地势地貌(1.平原2.丘陵3.山地)	C1-08	—	
村内实际耕地面积	C1-09	亩	
其中:水田	C1-10	亩	
旱地	C1-11	亩	
水浇地	C1-12	亩	
闲置的面积	C1-13	亩	
退耕还林还草面积	C1-14	亩	
村内宅基地总面积	C1-15	平方米	
村内宅基地出售价格	C1-16	元/平方米	
若出售给外村人,宅基地的价格是多少	C1-17	元/平方米	
村是否进行了农村土地承包经营权确权工作	C1-18	1.是 2.否	
如果是,哪一年?	C1-19	年	
第一轮土地承包以来,土地调整次数	C1-20	次	

2.村基层组织情况

C2-01:村民委员会委员人数:_____人;

C2-02:村干部实际人数:_____人;

C2-03:村合作经济组织管理机构人数:_____人。

3.劳动力价格

C3-01:2016年,本地小麦、玉米等粮食作物作业的雇工费用:_____元/天;

C3-02:2016年,本地收获蔬菜、瓜果等经济作物的雇工费用:_____元/天。

4.社会保障与保险

社会保障与保险情况	代码	单位	数值
本村哪一年开始实施新型农村养老保险	C4-01	年	
本村哪一年开始实施新型农村合作医疗保险	C4-02	年	
已参加社会保险的户数	C4-03	户	
全村参加农业保险的户数	C4-04	户	
村中参加农村合作组织的户数	C4-05	户	

5.土地流转情况

土地流转情况	代码	单位	数值
是否有耕地流转	C5-01	1.是 2.否	
若有,流转耕地面积	C5-02	亩	
其中,流转水田面积	C5-03	亩	
平均流转价格	C5-04	元/亩	
流转旱地面积	C5-05	亩	
平均流转价格	C5-06	元/亩	
土地流转后的主要用途 (1.种植粮食作物 2.种植经济作物 3.其他用途)	C5-07	—	
本村对土地流转是否有条件限制,比如租赁面积、租入方身份、用途管制等	C5-08	1.是 2.否	
若有限制,请回答 租赁面积限制	C5-09	—	
若有限制,请回答 租入身份限制	C5-10	—	
若有限制,请回答 用途管制	C5-11	—	
2016年,村内有多少土地是通过村集体协调流转的	C5-12	亩	
2016年,多少土地是农户间磋商流转的	C5-13	亩	
乡镇是否提供土地流转相关服务	C5-14	1.是 2.否	
通过该服务流转的土地规模	C5-15	亩	
村里有几个种粮大户或者农业合作组织	C5-16	个	
规模共有多大	C5-17	亩	

6.受访者信息与访员观察

C6-01:受访者职务:_____;

1=村主任;2=村支书;3=村会计;4=居委会主任;5=其他,请注明_____

C6-02:该村有无可以通车的水泥路:_____;

1=有;　　　2=无

C6-03:该村经济状况:_____;

1.很穷　　　2.较穷　　　3.一般　　　4.较富　　　5.很富

C6-04:该村内马路的整洁程度:_____;

1.很乱　　　2.较乱　　　3.一般　　　4.整洁　　　5.很整洁

C6-05:受访者的态度:_____;

1.很不耐烦　2.较急躁　　3.一般　　　4.配合　　　5.很配合

C6-06:受访者的普通话程度:_____。

1.不会　　　2.很差　　　3.一般　　　4.较好　　　5.很好

附录三:不同农业区农户调查问卷

问卷编码:_____　　【省名+县/市名+乡镇+村+户】

省代码:北京-11　山东-37　湖北-42　重庆-55

县/市、乡镇、村和户代码按照调研先后顺序填写。

"农业生产、土地利用变化及其政策调查"
农村住户调查问卷

请调查员在调查开始时向调查对象宣读以下内容:

您好!为了了解当前农村的农业经营和土地利用情况,我们特此开展这项调查。请您按照自家的实际情况和自己的真实想法如实回答问题,我们将严格遵守统计法,对您的个人信息给予保密。谢谢合作!

地区	省	市(县)	乡(镇)	村	经度	纬度	高程

被调查者姓名:_____　性别:_____　年龄:_____

电话号码:_____

调查员:_____　调查员电话:_____

访谈开始时间:_____年____月____日____时____分

访谈结束时间:_____年____月____日____时____分

1.家庭劳动力情况

H1-01:2016年初您家有几口人:____人;

H1-02:家庭常住人口数:____;

H1-03:家庭经营主业:____。(1=种植业;2=林业;3=畜牧业;4=工业;5=建筑、运输等服务业;6=其他)

家庭成员情况	代码	1	2	3	4	5	6	7	8	9	10
与户主的关系 (1.户主 2.配偶 3.子女或其配偶 4.孙子女或其配偶 5.父母 6.祖父母 7.兄弟姐妹 8.其他)	H1-04										
性别 (1.男 2.女)	H1-05										
年龄/周岁	H1-06										
上过几年学/年	H1-07										
婚姻状况(1.结婚 2.离婚 3.丧偶 4.未婚 5.再婚)	H1-08										
是否为乡村干部 (1.是 2.否)	H1-09										
是否为党员 (1.是 2.否)	H1-10										
职业类型 (1.纯务农 2.兼业 3.纯务工)	H1-11										
打工地点 (1.本村 2.村外乡镇内 3.乡镇外县内 4.县外省内 5.外省 6.境外)	H1-12										
打工从事主要行业 (1.农业 2.建筑 3.制造业 4.服务业 5.运输 6.自营工商业 7.行政 8.其他)	H1-13										
打工类型(1.打整工-按月算;2.打零工-按天算,注意折算)	H1-14										
打工时长(月/年)	H1-15										
打工收入(元/月)	H1-16										

2.土地利用基本特征

H2-01:您家现在种几块地:____块;

H2-02:现在经营总面积:____亩;

H2-03:闲置的土地面积:____亩。

地块情况 (所有在种地块,包括租入)	代码	1	2	3	4	5	6	7	8	9	10
小地名	H2-04										
地块面积/亩	H2-05										
地块离家距离/米	H2-06										
水田还是旱地(1.水田2.旱地)	H2-07										
灌溉条件 (1.地表水2.地下水3.无)	H2-08										
土地等级(1.一等2.二等3.三等4.四等5.五等及其之外)注:一等最优	H2-09										
地块微地貌类型(1.平地2.坡地,请填坡度)	H2-10										
地块产权 (1.承包田2.自留地3.开荒地4.转入)	H2-11										
转入地块情况	哪年转入的	H2-12										
	与转出者的关系 (1.亲人2.熟人3.其他小户4.村集体5.其他)	H2-13										
	租金(元/亩·年)注:实物租金	H2-14										
	租入期限/年	H2-15										
	合同形式(1.口头2.书面)	H2-16										
	是否有担保(1.有2.没有)	H2-17										
	担保人是谁(1.亲戚2.熟人3.村干部4.其他)	H2-18										
	这块地现在种什么(1.粮食作物2.经济作物3.其他)	H2-19										
	这块地的粮食补贴归谁(1.没有补贴2.转入户3.转出户4.其他,请说明)	H2-20										
	该地块是否与您家地块相连(1.是2.否)	H2-21										

地块情况		代码	1	2	3	4	5	6
转出地块情况	小地名	H2-22						
	哪年转出/年	H2-23						
	地块面积/亩	H2-24						
	地块距家距离/米	H2-25						
	地块质量等级(1.一等2.二等3.三等4.四等5.五等及之外)注:一等为最优	H2-26						
	灌溉条件(1.地表水2.地下水3.无)	H2-27						
	转出原因(1.劳动力不足2.与自家地块不相连3.地块质量太差4.距离太远5.其他)	H2-28						
	转出期限/年	H2-29						
	与转入者关系(1.亲人2.熟人3.其他小户4.合作社5.其他大户或公司6.其他)	H2-30						
	租金(元/亩·年)	H2-31						
	合同形式(1.口头2.书面)	H2-32						
	是否有担保(1.有2.没有)	H2-33						
	担保人是谁(1.亲戚2.熟人3.村干部4.其他)	H2-34						
	这块地的粮食补贴归谁(1.没有补贴2.转入户3.转出户4.其他,请说明)	H2-35						
	该地块是否与转入者家地块相连(1.是2.否)	H2-36						

3.家庭生产经营情况

蔬菜、瓜果、水产养殖代码：1.西红柿 2.茄子 3.芸豆 4.豆角 5.辣椒 6.韭菜 7.芹菜 8.菠菜 9.大葱 10.大蒜 11.大姜 12.芦笋 13.萝卜 14.西葫芦 15.苦瓜 16.黄瓜 17.西瓜 18.甜瓜 19.草莓 20.油菜 21.芝麻 22.花生 23.养鱼 24.养泥鳅 25.其他

作物情况			代码	蔬菜、瓜果或水产养殖				小麦	玉米	水稻	其他
作物类型			H3-01								
种植面积/亩			H3-02								
其中,自家承包地面积/亩			H3-03								
一年种几茬/茬			H3-04								
亩产量/斤			H3-05								
单价(元/斤)			H3-06								
种子种苗费用	数量/斤/棵/块		H3-07								
	单价(元/斤)		H3-08								
农药	杀虫	次数	次	H3-09							
		每次花费	元	H3-10							
	除草	次数	次	H3-11							
		每次花费	元	H3-12							
肥料	底肥	类型	—	H3-13							
		用量	斤	H3-14							
		单价	元/斤	H3-15							
	追肥	次数	次	H3-16							
		类型	—	H3-17							
		每次用量	斤	H3-18							
		单价	元/斤	H3-19							
灌溉	次数		次	H3-20							
	每次费用		元	H3-21							

续表

作物情况			代码	蔬菜、瓜果或水产养殖						小麦	玉米	水稻	其他
机械与人工费用	耕田	自用工	小时	H3-22										
		雇工	元	H3-23										
		机械	元	H3-24										
	播种	自用工	小时	H3-25										
		雇工	元	H3-26										
		机械	元	H3-27										
	施肥	自用工	小时	H3-28										
		雇工	元	H3-29										
		机械	元	H3-30										
	喷药	自用工	小时	H3-31										
		雇工	元	H3-32										
		机械	元	H3-33										
	灌溉	自用工	小时	H3-34										
		雇工	元	H3-35										
		机械	元	H3-36										
	收割	自用工	小时	H3-37										
		雇工	元	H3-38										
		机械	元	H3-39										
	地膜的费用		元	H3-40										

4. 温室蔬菜大棚

蔬菜、瓜果代码: 1.西红柿 2.茄子 3.芸豆 4.豆角 5.辣椒 6.韭菜 7.芹菜 8.菠菜 9.大葱 10.大蒜 11.大姜 12.芦笋 13.萝卜 14.西葫芦 15.苦瓜 16.黄瓜 17.西瓜 18.甜瓜 19.草莓 20.油菜 21.芝麻

大棚情况		代码	单位	大棚1	大棚2	大棚3
大棚数量		H4-00	个			
您家有几亩蔬菜大棚		H4-01	亩			
2016年,您家蔬菜大棚里种植了几种蔬菜		H4-02	种			
分别是哪几种蔬菜		H4-03	蔬菜代码			
请注意,下面是每亩地的大棚成本						
您家的蔬菜大棚是包工包料吗		H4-04	1.是 2.否			
如果是,每亩大棚建造花多少钱		H4-05	元/亩			
如果不是	骨架多少钱	H4-06	元/亩			
	薄膜多少钱	H4-07	元/亩			
	其他设备多少钱	H4-08	元/亩			
	人工费用多少钱	H4-09	元/亩			
该种大棚大概能用几年		H4-10	年			
更换一亩地薄膜,需要薄膜多少斤或平方米或捆		H4-11	斤/平方米/捆			
每斤或平方米或捆薄膜多少钱		H4-12	元			
当初,每亩地需要买多少棉被		H4-13	元			
这些棉被能用多少年		H4-14	年			
其他开支		H4-15	元/亩·年			

5.家庭住宅与固定资产

H5-01:过去两年是否向银行贷过款:____;

1.有　　2.没有　　若没有,请跳转到H5-05.

H5-02:过去两年一共贷多少款:____万元;H5-03:利息大概多少:____;

H5-04:在贷款过程中,耕地是否可以作为抵押物品:____;

1.是　　2.否

H5-05:2016年,您家是否参加了专业合作经济组织(或农民专业协会等):____;

1.是　　2.否

H5-06:2016年,您家的宅基地占地面积多大:____平方米;H5-07:您家的房子使用面积(建筑面积)多大:____平方米;

H5-08:哪一年建成(或购买)的:____;H5-09:当时建房一共花多少钱:____万元;

H5-10:村里有没有宅基地买卖的情况:____;

1.是　　2.否(若否,下面无需再问)

H5-11:您家有没有买卖宅基地:____;

1.是　　2.否

H5-12:您家卖多大面积:____平方米;H5-13:卖了多少钱:____万元;

H5-14:您家有没有买过宅基地:____(1.是2.否);H5-15:哪年买的:____;

H5-16:买了多大面积:____平方米;H5-17:购买花多少钱:____万元;

2014年以来您家是否拥有以下固定资产/牲畜:____如果有请填写数量和现值。

生产性固定资产					畜牧业养殖资产			
名称	代码	数量	购买年份	购买价格(元)	名称	代码	数量	现值(元)
拖拉机	H5-18				生猪	H5-25		
机械用犁	H5-19				牛	H5-26		
水泵	H5-20				羊	H5-27		
脱粒机	H5-21				家禽	H5-28		
排灌机	H5-22				淡水养殖	H5-29		
三轮车	H5-23				其他养殖	H5-30		
汽车	H5-24				—	—	—	—

6.家庭全年总支出(2017年)

支出明细			代码	单位	数值
衣食住行	新添衣服费用		H6-01	元	
	能源消费	烧煤费用	H6-02	元	
		天然气或液化气	H6-03	元	
		电费	H6-04	元	
		水费	H6-05	元	
	食物消费	食物开支(如蔬菜、主食、水果、肉蛋奶、油盐酱醋等) 注:按月份问乘以12	H6-06	元	
	房屋租金(不含外出定居和务工人员)		H6-07	元	
	交通支出(比如油费、坐车费)		H6-08	元	
教育支出		人数	H6-09	人	
		总花费(中小学+大学)	H6-10	元	
医疗支出		住院花费	H6-11	元	
		日常药费	H6-12	元	
通信支出		手机话费	H6-13	元	
		固定电话费	H6-14	元	
		网费	H6-15	元	
		有线电视费	H6-16	元	
保险支出	农业保险	农业保险	H6-17	元	
	新型农村养老保险	参保人数	H6-18	人	
		缴费金额	H6-19	元/人·年	
	新型农村合作医疗保险	参保人数	H6-20	人	
		缴费金额	H6-21	元/人·年	
	您家是否参加商业保险		H6-22	1.是 2.否	
	商业养老保险	参保人数	H6-23	人	
		缴费金额	H6-24	元/人·年	
	商业医疗保险	参保人数	H6-25	人	
		缴费金额	H6-26	元/人·年	
	其他商业保险		H6-27	元/人	
旅游支出			H6-28	元	
您家除了上述开支之外,每月其他的开支(比如洗漱用品、卫生纸等)注:按月份问乘以12			H6-29	元	
其他支出			H6-30	元	

7.家庭全年总收入(2017年)

收入来源		代码	单位	数值
种植业收入	粮食作物卖多少钱	H7-01	元	
	经济作物(蔬菜瓜果等)卖多少钱	H7-02	元	
其他农业收入	果园(或观光园)	H7-03	元	
	林木	H7-04	元	
	畜禽养殖	H7-05	元	
	鱼塘	H7-06	元	
	其他农产品	H7-07	元	
农业补贴或农业支持保护补贴	补贴总数	H7-08	元	
	其中:良种补贴	H7-09	元	
	种粮直接补贴	H7-10	元	
	农资综合补贴	H7-11	元	
	农机购置补贴	H7-12	元	
	其他补贴,注明	H7-13	元	
土地流转收入	转出土地面积	H7-14	亩	
	转出土地单价	H7-15	元/亩	
退耕还林还草补贴		H7-16	元	
养老金		H7-17	元	
退休金		H7-18	元	
征地补偿		H7-19	元	
政府救济金(含精准扶贫等)		H7-20	元	
来自家庭成员之外的子女或亲戚		H7-21	元	
其他收入		H7-22	元	

8.访员观察

H8-01:受访者的态度:_____;

1.很不友好　　2.不友好　　3.一般　　4.友好　　5.很友好

H8-02:现场访谈中是否有村干部在旁边:_____;

1=有;　　2=没有

H8-03:现场访谈中有没有受访者小孩(尤其是三岁以下)在旁边:_____;

1=有;　　2=没有

H8-04:受访者的普通话程度:_____。

1.不会　2.很差　3.一般　4.较好　5.很好